KB019856

이호철 선생의 교실 혁명

살아 있는 그림 그리기 1

자세히 보고 그리기

이호철 선생의 교실 혁명

살아 있는 그림 그리기 1

자세히 보고 그리기

이호철

보리

초판 머리말

왜 살아 있는 그림을 그리게 해야 하는가?

언젠가 나는 어떤 아이가 그린 그림을 보고 사람 다리는 로봇 '아톰' 다리, 눈은 서양 아이 닮은 인형 눈, 웃음은 억지웃음, 또 새는 나무로 깎아 만든 새, 나무는 솜사탕 나무라고 말한 적이 있다. 그림에 생명이 없고 도식적이라는 뜻이다. 이와 같이 개성도 없고 내용도 별로 없는 그림, 머릿속에 굳어진 개념으로 그린 그림을 나는 '죽은 그림'이라고 부른다.

그런데 대부분 아이들이 그린 그림이 죽은 그림이다. 그도 그럴 것이 아이들이 늘 보는 텔레비전 만화 영화 그림이 그렇고, 가지고 노는 놀잇감이 로봇이나 서양 사람을 닮은 인형이며, 만화책에서 보는 그림 또한 그렇다. 학용품에 그려진 그림도 거의 그렇고, 아이들이 재미있게 보는 동화책의 그림도 만화 형식이 많다.

교과서 그림도 따지자면 죽은 그림이 대부분이다. 미술 학원도 감수성과 창조성을 기르기보다는 겉보기에 좋은 작품을 생산해 내는 데 좇아 잔재주만 키우며 '꼬마 미술가' 만들기 교육을 하는 곳이 많다.

아이들은 본디 모습대로만 자란다면 모두 시인이고 예술가일 수밖에 없다. 그래서 때 묻지 않은 아이들의 모습은 아름답고, 이 아이들이 빚어내는 모든 것 또한 아름답다. 어른들처럼 요것조것 계산하지 않고 구속되지 않는 아이들만의 세계가 있기 때문이다. 원시 자연에 가깝다고나 할까.

그러나 그런 아이들을 우리 어른들은 어떻게 교육하고 있는가? 말로는 인간성 교육이니 어쩌니 하지만 실제 교육은 지식 중심 교육이다. 환경 또한 인간성을 잃어버린 환경이 겹겹이 둘러싸고 있다. 그러다 보니 어느새 아이들은 본래 모습을 잃고 틀에 맞는 인간으로 변하면서 자기표현도 틀에 맞추어 하게 되었다.

감수성이 죽고 개성이 죽은 자리에 관념이 깊이 뿌리박혀 그것에서 벗어나지 않고는 본래의 모습을 찾기가 퍽 힘들어졌다. 아이들이 본래의 모습을 찾게 하려면 아이들 머릿속에 어른이 알게 모르게 주입해 놓은 관념을 몰아내고, 아이들 본래의 삶을 찾아 주어야 한다. 주입 교육의 해독을 풀어 주는 가장 좋은 방법은 글쓰기나 그림 그리기 같은 자기표현 활동이라 본다.

이 '살아 있는 그림 그리기' 지도는 아이들을 얄팍한 화가로 키우는 것이 목적이 아니다. 사물이나 세상의 일을 있는 그대로 바로 볼 수 있는 눈을 갖게 하고, 관념에서 벗어난 새로운 것을 찾아내고 창조할 수 있도록 하기 위한 것이다. 한마디로 삶을 풍부하게 가꾸어 주는 데 목적이 있다고 하는 것이 옳겠다. 이제부터 지난 몇 해 동안 내가 실천한 내용을 바탕으로, 주로 한 가지 색으로 살아 있는 그림을 그리게 하는 몇 가지 방법을 이야기하려고 한다.

1994년 3월 이호철

고침판 머리말

다시, 살아 있는 그림 그리기

《살아 있는 그림 그리기》가 처음 나온 때가 1994년 3월이니까 벌써 스물여섯 해도 더 지났네요. 처음 이 책이 나왔을 때, 많은 사람들에게 관심을 받았습니다. 그 뒤로도 나는 스무 해가 넘도록 학교 현장에서 아이들과 함께 그림 그리기를 해 왔습니다. 책 내용에 크게 공감한 선생님들 가운데는 나처럼 꾸준히 그림 그리기 지도를 하고 있는 분도 더러 있을 테지요.

미술교육에는 아이들에게 아주 중요한 조형 활동도 있고, 회화에서도 방법과 재료에 따라 다른 여러 가지 표현활동이 있습니다. 이 책에 내보이는 것들은 회화의 한 부분이지만 미술교육에서 차지하는 의미는 적지 않다고 봅니다.

나는 지금도 '살아 있는 그림 그리기'가 사물을 있는 그대로 볼 수 있는 눈을 갖게 하고, 새로운 것을 발견할 수 있게 한다고 생각합니다. 뿐만 아니라 감수성을 기르고, 아름다운 마음과 삶을 가꾸고, 새로운 것을 창조할 수 있는 싹을 틔울 수 있다고 믿습니다. 따라서 더 많은 분들이 이런 교육을 해 주기 바라고 있습니다. 그림 잘 그리는 능력은 덤으로 얻는 수확이라 해야겠지요.

나는 미술을 전공한 사람이 아닙니다. 전문 지식이 없을 뿐 아니라, 여러 가지로 모자라는 점이 많습니다. 하지만 오히려 정형화된 미술 전문 지식을 가지고 있지 않았기에 지도하면서 이것저것 새로운 시도를 해 볼 수 있었고, 이런 결과물을 내보일 수 있었다고 생각합니다.

이번에 《살아 있는 그림 그리기》 고침판을 내보이게 되었습니다. 초판에서 미처 담지 못한 내용과 그동안 몇 가지를 더 지도해 본 것을 보태어 내보입니다. 1장 '사람 보고 그리기'에는 '사람 몸 부분 자세히 그리기', '몸의 부분 모습 그리기' 내용을 더 보태었고, 3장 '대상을 자세히 관찰해 그리기'에 '유물과 유적 그리기'와 '풍경 그리기', '동물 관찰 그림 그리기' 같은 꼭지를 새로 넣었습니다. 또한 5장 '다양한 살아 있는 그림 그리기'에는 '저학년 그림 그리기 지도법'과 '채색 그림 그리기' 지도 내용을 담았습니다.

이번 고침판을 내며, 《살아 있는 그림 그리기》 2도 함께 내었습니다. 이 책이 '자세히 보고 그리기'가 중심이라면 2권은 '생각과 마음 담아 그리기'가 중심입니다. 따라서 《살아 있는 그림 그리기》 초판에 들어 있었던 '마음 그리기' 꼭지는 2권으로 옮겨 실었습니다. 2권은 1권보다 좀 더 깊이 있고 다양한 그림 그리기가 되겠네요.

'살아 있는 그림 그리기' 지도를 할 때 몇 가지 당부할 말이 있습니다. 너무 잘 그리게 하려고 지도하거나 좋은 결과물을 내려고 욕심내지 않았으면 합니다. 이 책에 실린 보기 그림들은 좀 더 나아 보이는 그림입니다. 그러니까 아이들 그림이 생각보다 조금 못 미친다 싶어도 겉보기로만 보지 말아야 합니다. 어떤 결과물이 나오든 열심히 한 과정만으로도 소중하니까요. 애쓴 마음을 공감해 주고, 격려해 주고, 나아가 스스로 그 기쁨을 느끼도록 해 주어야 합니다. 조금씩 천천히 끊임없이 즐거운 마음으로 그림을 그릴 수 있도록 지도하기 바랍니다.

다시, '살아 있는 그림 그리기'를!

2020년 5월 이호철

차례

2장 특징을 살려 그리기

3장 대상을 자세히 관찰하여 그리기

5장 다양한 살아 있는 그림 그리기 지도법

살아 있는 그림 그리기에 앞서

날마다 꾸준히 정성껏 그리기

아이들은 초등학교 3학년에서 6학년까지 자아의식이 생기고 바깥 사물을 객관으로 보려는 마음이 커져서 자기가 본 것을 사실대로 그리고 싶어지는 '사실기'에 접어듭니다. 그러나 아직 자리하고 있는 '도식기'의 습성이나 길들어진 관념에 방해를 받아 순수하게 자기가 본 대로 느낀 대로 표현하기가 쉽지 않습니다.

이는 두뇌와 관련이 깊다고 합니다. 우리의 두뇌는 왼쪽 두뇌와 오른쪽 두뇌로 나누어져 있습니다. 그 가운데 그림과 관련 깊은 두뇌는 오른쪽 두뇌입니다. 복잡한 사물을 그릴 때 오른쪽 두뇌가 열심히 잘 살펴보고 그리려고 하면 왼쪽 두뇌는 "뭘 그렇게 복잡하게 생각해. 얼굴은 둥글게 생겼잖아. 그냥 그렇게 그리면 돼." 이렇게 방해한다고 해요. 여기서 왼쪽 두뇌의 꼬임에 넘어가 버리면, 전에 머리에 담아 두었던 대로 사물을 단순화해서 그리게 된다고 합니다.

왼쪽 두뇌는 분석, 언어, 추리, 상징, 순서, 직선, 객관의 방식으로 정보를 처리하고, 오른쪽 두뇌는 직관, 주관, 연상, 총체적 방식이나 시간에 얽매이지 않는 방식으로 작용합니다. 오른쪽 두뇌가 창조성과 관련이 깊다고 하니, 오른쪽 두뇌가 더 활동할 수 있도록 해 주어야겠지요. 그래서 '베티 에드워즈'라는 사람은 오른쪽 두뇌로 그림 그리게 하기 위해 '거꾸로 그리기' 지도와 '여백 그리기' 지도를 했습니다.

내가 살아 있는 그림 그리기 지도를 하게 된 까닭은 아이들이 어떻게 하면 갇혀 있는 틀이나 관념에서 벗어나게 할 수 있을까 하는 단순한 생각에서였습니다. 그런데 아이들을 가르치다 보니 이 지도 방법이 사물을 보는 살아 있는 눈을 가지게 하고, 창조성을 기르고, 삶을 가꾸는 중요한 공부가 된다는 것을 알게 되었습니다. 관념을 깨트리려면 미술 시간에 가끔 그림 그리는 것으로는 어림없습니다. 무엇을 배우든 하다가 말다가 하면 그 능력은 제자리에서 맴돌지요. 그래서 나는 날마다(한 주에 세 번 이상) 아침 시간에 '보고 그리기' 시간을 가졌습니다.

보통 그림 그릴 대상은 단순한 사물에서 복잡한 사물로 차츰 넓혀 가지만 나는 처음부터 우리와 가장 가깝게 만나는 사람의 모습을 대상으로 삼았습니다. 사람의 모습은 우리와 늘 가깝게 있으면서도 저마다 독특한 특징을 가지고 있기 때문이지요. 사람의 모습을 잘 그릴 수 있게 되면 다른 사물의 모습은 좀 쉽게 그릴 수 있습니다. 이렇게 사람의 모습을 날마다 꾸준히 정성껏 그리도록 지도하면서 여러 가지 다른 그리기 지도를 해 본 것입니다.

그림 그리기를 지도할 때 그 어떤 간섭도 하지 말아야 한다고 말하는 분이 있는데 꼭 그렇지는 않습니다. 무조건 지시하고 간섭하거나, 교사의 생각을 주입하거나, 어떤 틀을 만들 수 있는 지도는 하지 않아야 합니다. 하지만 스스로 발견하도록 일깨워 주고, 보는 눈이나 생각을 넓혀 갈 수 있는 지도는 알맞게 해야 합니다.

내가 여러 해 동안 해 본 살아 있는 그림 그리기 기초 지도는 '사람 모습 날마다 보고 그리기', '정보가 뚜렷한 물건 그리기', '선의 변화 살려 그리기', '질감 살려 그리기', '관찰 그림 그리기', '생활 그림 그리기' 같은 것들입니다.

여기에 내보이는 그림 그리기 지도법은 주로 검은 사인펜이나 연필 같은 한 가지 색으로 그리는 그림 중심이라는 것도 한 번 더 알고 보길 바랍니다. 이제부터 하나하나 이야기해 보겠습니다.

1장

사람 보고 그리기

1. 사람의 전체 모습 그리기

사람의 전체 모습 가운데 가장 그리기 쉬운 것이 '서 있는 모습'입니다. 그래서 처음 얼마 동안은 서 있는 모습을 그리게 했습니다. 다음엔 의자에 앉아 있는 모습을 그리게 했고요. 같은 자세여도 다르게 보이는 여러 모습을 그리게 하면 좋겠다 싶어서, 같은 모습을 그려도 방향은 며칠에 걸쳐 조금씩 달리해서 그리게 했습니다. 그리고 한 사람의 모습 그리기가 익숙해졌을 때 여러 사람이 함께 있는 모습도 그리게 했습니다.

필기구는 사인펜이나 4B연필이면 됩니다. 처음에는 사인펜으로 그리게 하는 것이 좋은데, 그 까닭은 처음부터 연필로 그리게 할 경우 대충 그리다 자꾸만 지우개로 지워 버리고 다시 그리려 들기 때문입니다. 고학년 아이들은 수성펜, 붓펜, 잉크펜 같은 다른 여러 가지 필기구를 쓰게 해도 좋습니다. 다만 필기구마다 가진 특성을 잘 알고 쓰게 해야겠지요.

심이 굵은 필기구는 세밀하게 표현하기가 어렵고, 심이 가는 필기구는 세밀하게 표현하기는 좋지만 그림이 작아지기 쉽습니다. 그래서 사인펜으로 그리기가 얼마쯤 익숙해질 때쯤 연필로 그리게 했습니다. 도화지는 A4 크기의 스케치북을 썼고요.

나는 새 학년이 되면 우리 반 아이들과 아침 시간을 좀 더 알차게 보내자고 단단히 약속해 놓습니다. 아침부터 학과 공부에만 매달리게 해서 지치게 하거나 아침 시간을 여러 가지로 활용한다고 너무 들뜨게 하는 것은 좋지 않습니다. 아침 시간에도 학교에서 하는 행사가 많아 학급 활동을 제대로 못 하는 날이 많은데 그림 그리는 시간을 많이 내도록 애써야겠지요.

나는 공부 시간 삼사십 분 전에 반 아이들을 모델로 세워 놓고 '보고 그리기'

를 지도했습니다. 모델은 아이들 번호 차례로 정했습니다. 동무들 앞에 편한 자세로 서 있거나 앉아 있게 하는데, 아이에 따라 가만히 있는 것을 아주 힘들어하기도 합니다. 몸이 약한 아이 가운데는 모델을 서다 쓰러지는 아이도 있으니까 조심해야 합니다.

잘 보고 그리기

아이들은 그릴 대상을 잘 보고 있는 그대로 그리는 것이 쉽지 않습니다. 그릴 대상을 보고 있어도 머릿속으로는 이미 알고 있는 모습대로, 생각한 대로 보기가 쉽다고 했잖아요. 또 복잡한 사물은 단순화해 버리기도 한다고 했지요?

눈 하나만 보더라도 크고 작은 눈, 눈꼬리가 치켜 올라간 눈과 내려간 눈, 쌍꺼풀이 있거나 없는 눈이 있습니다. 코도 뾰족하거나 뭉툭한 코, 펑퍼짐한 코, 콧구멍이 크거나 작은 코가 있습니다. 입도 크거나 작은 입, 입술이 두텁거나 얇은 입, 입꼬리가 처지거나 올라간 입이 있습니다. 사람마다 생김새가 다 다르니 그 모습을 잘 살펴보아야겠지요. 잘 보는 것은 관념에서 벗어나는 첫걸음입니다.

얼굴을 그릴 때, 이것은 얼굴, 이것은 눈, 이것은 코, 이것은 입, 이것은 귀, 이렇게 이름 붙이는 것은 왼쪽 뇌입니다. 이 왼쪽 뇌는 사물에 이름이 붙는 그때부터 새로운 모습은 더 보지 않으려고 하지요. 그러니까 얼굴이나 어떤 물체를 그릴 때는 '이것은 사람 얼굴이다, 눈이다, 코다, 입이다, 귀다, 또는 어떤 물체다' 하고 생각하지 않는 게 좋습니다. 그냥 어떤 모양이 있는데 얼마만큼 들어갔는지, 얼마만큼 나왔는지, 얼마만큼 기울어졌는지, 얼마만큼 굽었는지 보이는 그대로 나타낸다는 생각으로 그려야 틀에 박힌 생각에서 조금씩 벗어날 수 있답니다.

그림 그릴 때는 언제나 눈은 그릴 대상에 가 있도록 하고, 잠깐씩 자기가 그리고 있는 화면을 보면서, 자기가 그리는 그림의 위치가 어긋나지 않았는지 살짝 본다는 생각으로 그려야 합니다. 화면을 많이 보면 지금 눈앞에 보고 있는 사물과의 연결이 끊기고, 그 자리에 관념이 다시 비집고 들어오려고 하기 때문입니다. 지도할 때는 그릴 대상이 어떻게 생겼는지 또렷이 살펴보도록 자주 일깨워 주어야 합니다.

천천히 정성껏 그리기

미술을 가르칠 때 처음부터 크로키를 지도하는 분들이 종종 있습니다. 크로키는 짧은 시간 안에 특징을 잡아 그리는 그림이잖아요. 아직 사물 보는 눈도 제대로 갖추지 못한 아이들이 어떻게 짧은 시간에 사물의 특징을 잘 붙잡을 수 있겠습니까. 그림 그리는 기초 능력도 제대로 갖추지 못했는데 빨리 그릴 수는 없겠지요.

필요 없는 선을 줄이고, 형태의 특징을 또렷이 나타내고, 곡선의 특징, 움직임의 특징 같은 것을 또렷하게 잘 살려 그리도록 하자면 정신을 집중해서 천천히 정성껏 그리게 해야 합니다. 그렇지 않으면 선을 정확하게 긋지 못하고 그림[가]처럼 쓸데없는 선을 많이 긋게 됩니다. 지우개도 자주 찾게 되지요. 아이들은 보통 빨리 대충 그리려고 하기 때문에 이런 버릇을 고치기는 쉽지 않습니다.

이렇게 지나치게 짧게 끊어서 여러 선으로 그리는 아이는 충동성이 강하거나 흥분을 잘하는 경향이 있기도 합니다. 충동성을 누그러뜨리고 흥분을 가라앉힐 수 있는 활동도 하며 지도하면 좋겠지요. 처음부터 너무 강요하지 말고 자꾸 일깨우며 조금씩 꾸꾸이 그리는 태도를 길러 주기 바랍니다. 천천히 잘 살펴보고

그림 [가1]

그림 [가2]

그림 [가3]

정성껏 그리는 동안 오른쪽 두뇌가 더 활발하게 움직입니다.

화면에 맞게 그리기

아이들 그림을 보면 그림 [나]처럼 화면에 견주어 너무 크게 그리는 아이도 있지만 그림 [다]처럼 아주 작게 그리는 아이도 있습니다. 이렇게 그리는 까닭은 화면의 크기와 사물의 크기를 견주는 능력이 모자라기 때문입니다. 또 그림을 많이 그려 보지 않았기 때문이겠지요.

크게 그리는 아이는 대체로 외향성이며 성격이 활달합니다. 한정된 공간 안에 자기표현을 조절하지 못했다는 점에서는 공격성이나 충동 조절 문제도 있을 가능성이 크다고 하네요. 반대로 작게 그리는 아이는 대체로 내향성입니다. 그림

그림 [나1] 그림 [나2] 그림 [나3]

그림 [다1] 그림 [다2] 그림 [다3]

으로 아이들 심리를 연구하는 사람의 말을 빌리면 이런 아이의 내면에는 열등감이나 부적절감이 있다고 합니다. 또 자신감이 없고, 매우 수줍어하며, 사회 상황에서 불안감을 느끼고, 지나치게 억제되어 있답니다.

이 밖에도 여러 가지 심리를 가지고 있다고 합니다. 그림의 위치에 따라서도 성격이 다르게 나타난다고 하네요. 알아 두면 지도에 도움이 되겠지요.

화면에 견주어 너무 크게 그리는 아이는 볼펜이나 연필같이 심이 가느다란 필기구로 그리도록 하고, 너무 작게 그리는 아이는 큰 화면에다 심이 굵은 크레파스나 매직펜, 사인펜 같은 것으로 그리도록 하면 도움이 될 것입니다.

균형과 비례에 맞게 그리기

아이들의 그림에서 잘 안 되는 것이 균형과 비례입니다. 사물 전체와 부분을 견주어 보는 눈이 아직 모자라기 때문이지요. 처음 사람을 보고 그리게 해 보면 그림 [라]에서 보듯이 머리는 큰데 몸통이 작다든지, 머리에 견주어 몸통이 아주 크고 뚱뚱하다든지, 팔다리가 가늘거나 굵다든지, 너무 길거나 짧다든지, 그 밖에도 균형과 비례가 잘 맞지 않아 대상과 전혀 닮지 않은 이상한 꼴이 되는 경우가 많습니다.

균형과 비례를 잘 볼 줄 알고 맞게 그리게 하려면 다음과 같이 지도하는 것이 좋습니다. 이 지도는 처음부터 잘 알도록 설명해 주기보다는 시행착오를 좀 거

그림 [라1]

그림 [라2]

그림 [라3]

그림 [라4]

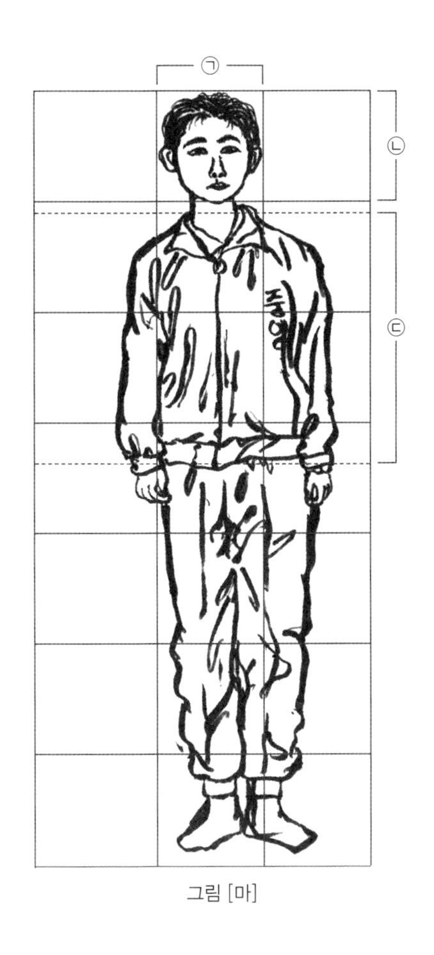

그림 [마]

친 다음에 하는 것이 더 효과가 있습니다.

첫째, 크기와 길이, 몸집의 비례를 잘 맞추어 그리도록 하는 것입니다. 내가 지도해 본 경험으로는 먼저 화면에 맞추어 머리 크기부터 정하여 그리게 합니다. 그다음 몸 윗부분은 그림 [마]처럼 머리 길이 ㉡의 몇 배쯤 되는지, 몸 아랫부분은 몸 윗부분 길이 ㉢의 몇 배쯤 되는지를 잘 견주어 그리게 합니다. 팔 길이는 몸통의 어느 부분까지 닿아 있는가를 보면 되겠지요.

몸집을 잘 견주어 나타내려면 몸 위에서 아래로 기준선 몇 개를 눈으로, 또는 실제로 긋습니다. 그러고는 이 기준선에서 얼마쯤 나가고 들어왔는지를 가늠하며 그리게 합니다.

어깨너비는 머리 너비 ㉠의 몇 배가 되는지를 견주기도 하고, 팔이나 다리의 굵기는 몸집에 견주며 그리게 하는 것이지요. 머리는 크게, 아랫부분으로 갈수록 가늘고 작게 그리는 아이는 밑에서부터 그리도록 해 보면 효과가 있습니다.

어떤 아이는 몸통을 조금 그리다 팔을 먼저 다 그려 놓고 다시 나머지 몸통 부분을 그리기도 하는데, 이렇게 하면 팔 길이가 비례에 맞지 않는 경우가 많습니다. 따라서 몸통과 팔을 같이 그려 가는 것이 좋습니다. 그리는 능력이 뛰어난 아이는 어느 부위를 먼저 그려도 괜찮겠지요.

앉은 자세를 그릴 때 그림 [바1]에서 보듯이 허리에서 무릎까지의 길이가 비례에 맞지 않게 그려서 서 있는 듯한 모습처럼 보이기 쉽습니다. 길이의 비례를 나타낼 때 눈에 보이는 대로가 아니라 서 있는 모습을 기억한 대로 그리기 때문입니다.

그림 [바2]처럼 앉아 있는 모습에서 ㉡ 부분을 그릴 때, 보는 사람의 눈높이에서 길이의 비례가 어떤지 연필을 세워 그 길이를 가늠하고 그리게 하면 좀 나아질 것입니다.

둘째, 기울기를 같게 그리도록 하는 것입니다. 아이들 그림 가운데는 기울기가 맞지 않아 이상한 모습이 되는 경우가 많습니다. 그래서 그림 [사]의 점선처

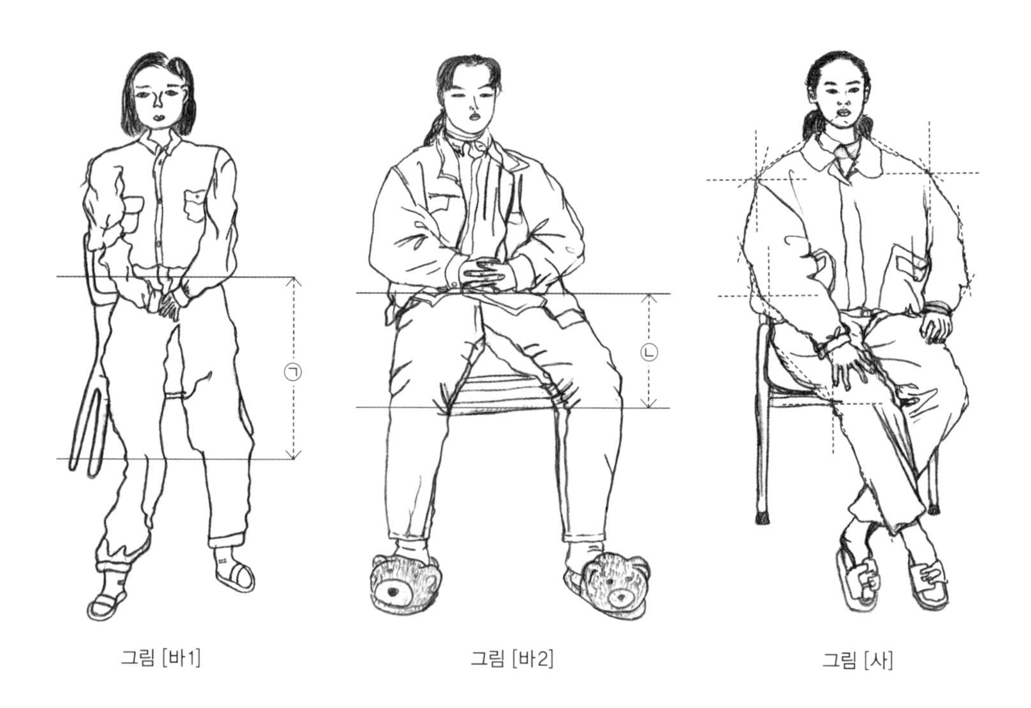

그림 [바1]　　그림 [바2]　　그림 [사]

럼 그릴 대상과 종이에 눈으로 기준선을 그어서 기울기의 정도를 맞춰 가며 그리도록 하면 도움이 됩니다.

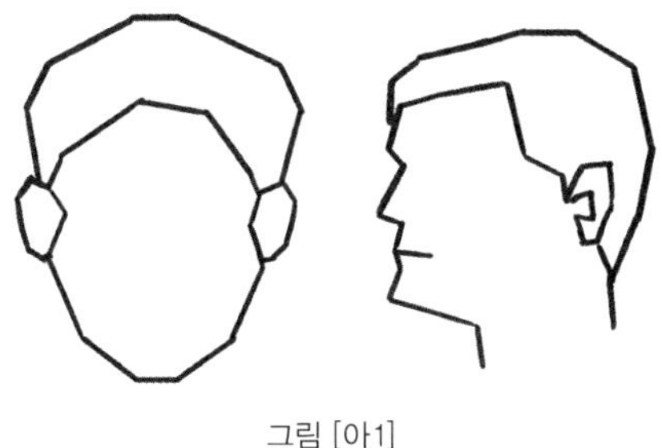
그림 [아1]

몸의 어느 부분이든 기울기가 바로잡혀야 하지만, 그 가운데도 얼굴 윤곽선의 기울기는 정확하면 정확할수록 더 닮게 됩니다. 그래서 그림 [아1]처럼 그려서 설명해 줄 필요가 있습니다.

셋째, 눈이나 코, 입, 귀도 얼굴 전체에 견주어 균형 잡힌 크기로 그리도록 하고, 그 위치도 바르게 놓이도록 해야 합니다. 먼저 짝이나 앞사람의 얼굴을 크기와 길이를 가늠하며 다음 내용들을 알아보도록 합니다.

'코끝은 얼굴의 어디쯤 자리 잡고 있을까요? 가운데서 조금 아래에 자리 잡고 있지요? 입술은 코와 턱 사이의 어디쯤일까요? 눈과 눈 사이의 간격을 한쪽 눈의 길이와 견주어 봐요. 비슷하지요? 얼굴에서 눈은 어디쯤 자리 잡고 있습니까? 눈에서 수평으로 줄을 그으면 얼굴의 어디에 닿게 됩니까? 목 굵기는 어느 정도 됩니까?'

이런 것들을 아이들끼리 이야기해 보도록 하는 것도 좋겠습니다. 그림 [아2]를 보여 주며 지도하면 더 좋겠지요.

아이들은 흔히 글씨 쓰듯 고개를 숙여 화면과 눈과의 거리를 아주 가깝게 하

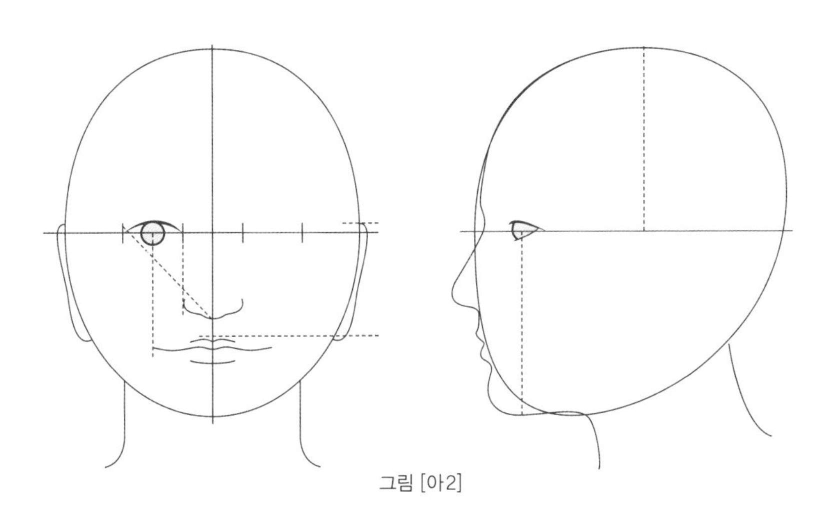
그림 [아2]

고 그림을 그리는데 그러면 시야가 좁아져 전체를 잘 보지 못합니다. 허리를 펴고 바르게 앉아, 그리는 대상과 그림을 자주 견주어 보면서 그려야 전체 비례를 잘 볼 수 있습니다.

곡선 잘 살려 그리기

인공물이 아닌 자연물이나 사람은 어느 한 곳도 직선으로 된 것이 없습니다. 그런데 아이들은 사람을 모델로 세워 그릴 때 직선으로 선을 긋는 일이 참 많습니다. 곡선도 실제 모습과 달리 매우 서툴게 긋습니다. 어느 부분이 어떤 곡선 모양으로 되어 있는지 자주 강조해서 지도하지 않으면 그냥 대충 그려 넘기기 십습니다.

곡선을 가르칠 때는 크게 둘로 나누어 알려 줍니다. 그림 [자]처럼 구부린 팔을 그린다면 팔 구부린 모습을 전체 곡선 ㉠선이라고 하고, 옷의 주름 같은 것들을 부분 곡선 ㉡선이라고 이름을 붙입니다. 전체 곡선은 사물의 균형을 살리는 중요한 곡선입니다.

옆에 있는 짝의 몸에서 전체 곡선과 부분 곡선을 찾아보는 것도 곡선을 잘 알고 깨우치게 하는 좋은 방법입니다.

지금까지 한 사람이 서 있는 모습이나 앉아 있는 모습 그리기 중심으로 이야기했는데, 이 그림 그리기가 어느 정도 익숙해지면 다른 동작을 한 모습이나 여러 사람의 모습 그리기는 어렵지 않을 것입니다. 또 두드러지는 특징을 대담하게 그리는 태도와 아울러 머리카락 한 가닥 한 가닥, 몸에 나 있는 솜털까지 꼼꼼하게 그리려는 마음도 길러 주길 바랍니다.

그림 그릴 때는 분위기도 참 중요합니다. 가장 중요한 것은 끝까지 집중해서 그리도록 하는 것이지요. 아이들이 그림을 그리는 동안 떠들거나 장난치지 않도록 해야 합니다. 연필도 깎아 두고 화장실도 미리 다녀오게 해서, 그림 그릴 때 방해되지 않도록 해야겠지요. 그리고 조용하고 따뜻한 분위기를 만들어 주어야 합니다. 나는 부드럽고 조용한 음악을 은은하게 들려주기도 합니다.

먼저 다 그린 아이는 자기가 그린 그림을 찬찬히 살펴보면서 빠진 부분이나

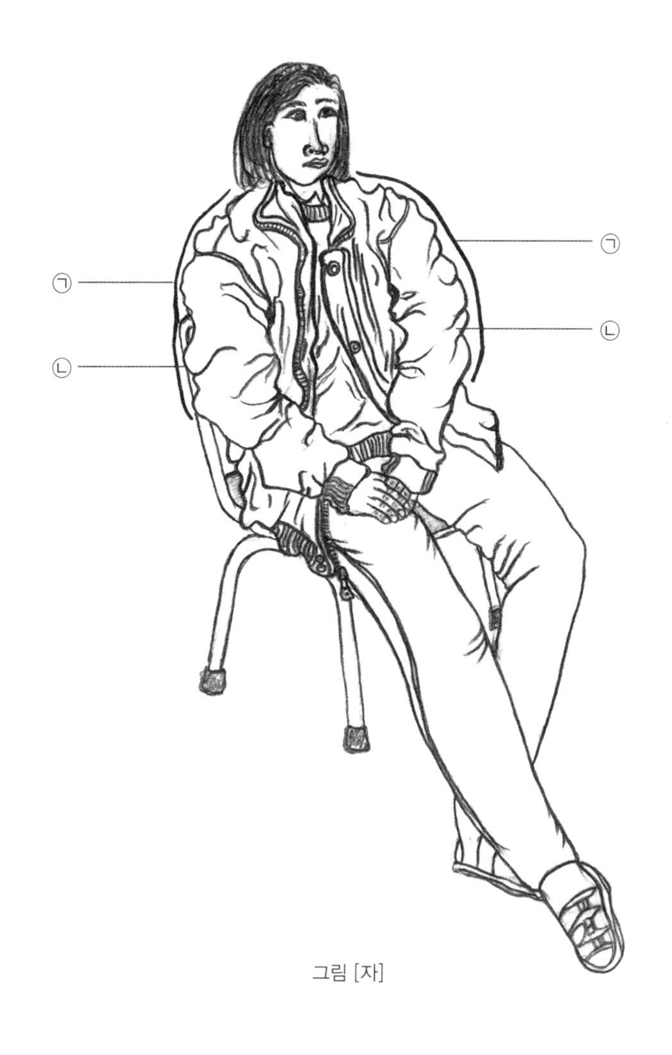

그림 [자]

잘못된 부분, 보충할 부분을 찾아 더 보충하고 다듬도록 하면 좋겠지요. 시간이 오래 지나면 지루하고 눈도 피로하니까 그때는 잠깐 쉬기도 해야 합니다. 특히 개별 지도할 때는 비판하거나, 너무 간섭하거나 잔소리하지 말아야 하고, 자기 개성을 잘 살려 그릴 수 있게 해야 한다는 것을 잊지 않아야 합니다.

사람의 전체 모습 그리기

서 있는 모습

박소영의 모습

경북 경산 부림초등학교 5학년 이효숙, 1989년 5월 22일

사람의 전체 모습 그리기

서 있는 모습

유은향의 모습

경북 경산 중앙초등학교 6학년 안연경, 1993년 6월 4일

사람의 전체 모습 그리기

서 있는 모습

강다은의 모습

대구 동호초등학교 4학년 최지현, 2010년 7월 12일

사람의 전체 모습 그리기

서 있는 모습

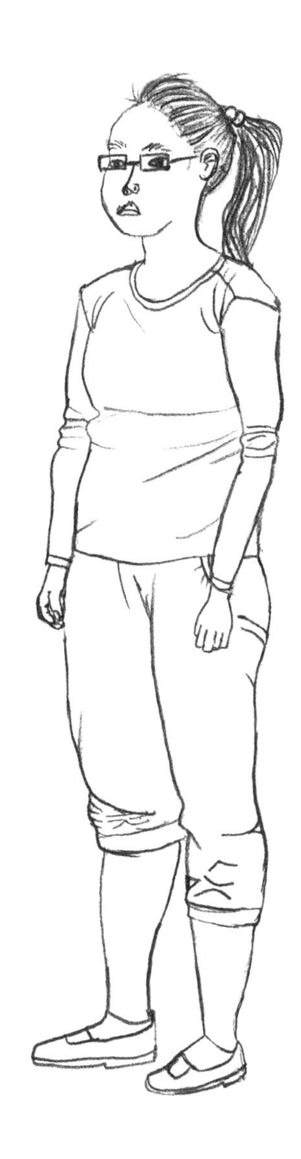

장수빈의 모습

경북 경산 동부초등학교 4학년 김수연, 2011년 9월 7일

사람의 전체 모습 그리기

서 있는 모습

김희성의 모습

경북 경산 동부초등학교 4학년 홍태검, 2013년 2월 13일

사람의 전체 모습 그리기

앉아 있는 모습

박동진의 모습

경북 경산 부림초등학교 6학년 이유찬, 1992년 2월 8일

사람의 전체 모습 그리기

앉아 있는 모습

김종진의 모습

경북 경산 부림초등학교 6학년 허병대, 1992년 2월 10일

사람의 전체 모습 그리기

앉아 있는 모습

조영호의 모습

경북 경산 부림초등학교 6학년 허미경, 1992년 2월 10일

사람의 전체 모습 그리기

앉아 있는 모습

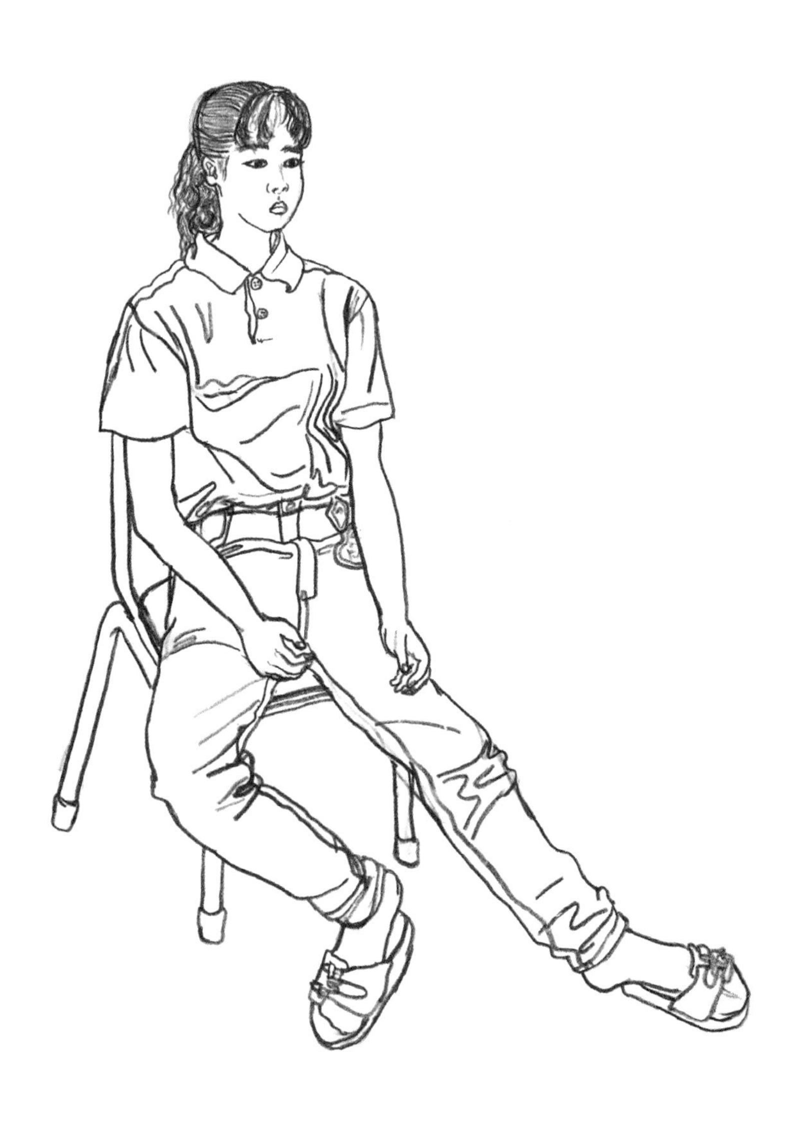

윈수영의 모습

경북 경산 중앙초등학교 6학년 안연경, 1993년 9월 15일

사람의 전체 모습 그리기

앉아 있는 모습

이승재의 모습

경북 경산 중앙초등학교 6학년 원수영, 1993년 10월 14일

앉아 있는 모습

박은정의 모습

경북 청도 덕산초등학교 5학년 김동율, 1996년 10월 29일

사람의 전체 모습 그리기

앉아 있는 모습

김영석의 모습

경북 청도 덕산초등학교 5학년 최승기, 1996년 10월 29일

사람의 전체 모습 그리기

앉아 있는 모습

박채원의 모습

경북 경산 성암초등학교 6학년 김형우, 2004년 10월 29일

사람의 전체 모습 그리기

앉아 있는 모습

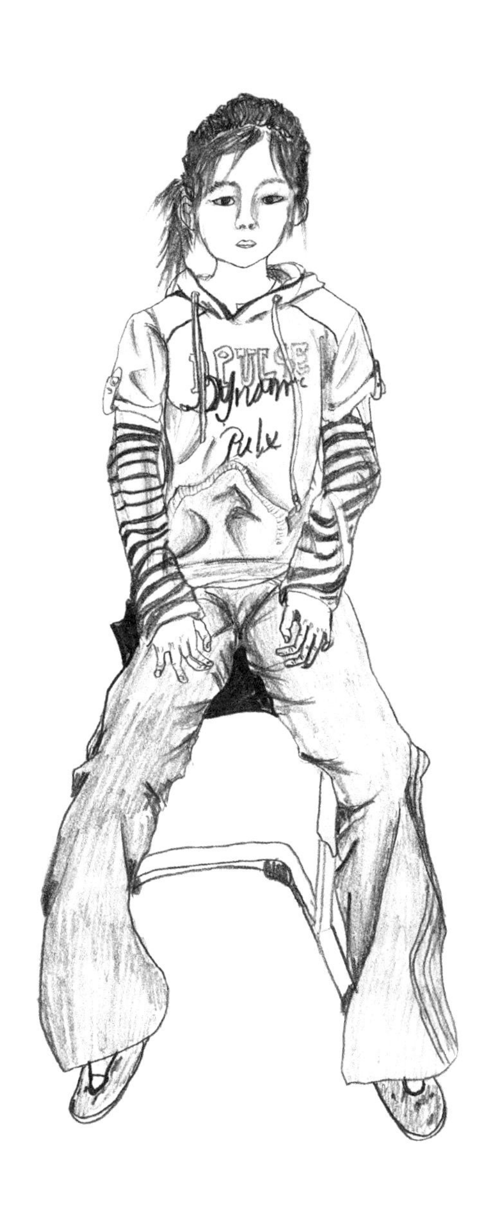

신현지의 모습

경북 경산 성암초등학교 5학년 이나영, 2007년 2월 7일

사람의 전체 모습 그리기

여럿이 있는 모습

김진석과 장정순의 모습

경북 경산 부림초등학교 6학년 허병대, 1992년 2월 13일

사람의 전체 모습 그리기

여럿이 있는 모습

장혜진과 손희진의 모습

경북 경산 동부초등학교 4학년 이재혁, 2013년 2월 8일

여럿이 있는 모습

이민석과 이동훈의 모습

경북 경산 동부초등학교 4학년 홍태검, 2013년 2월 8일

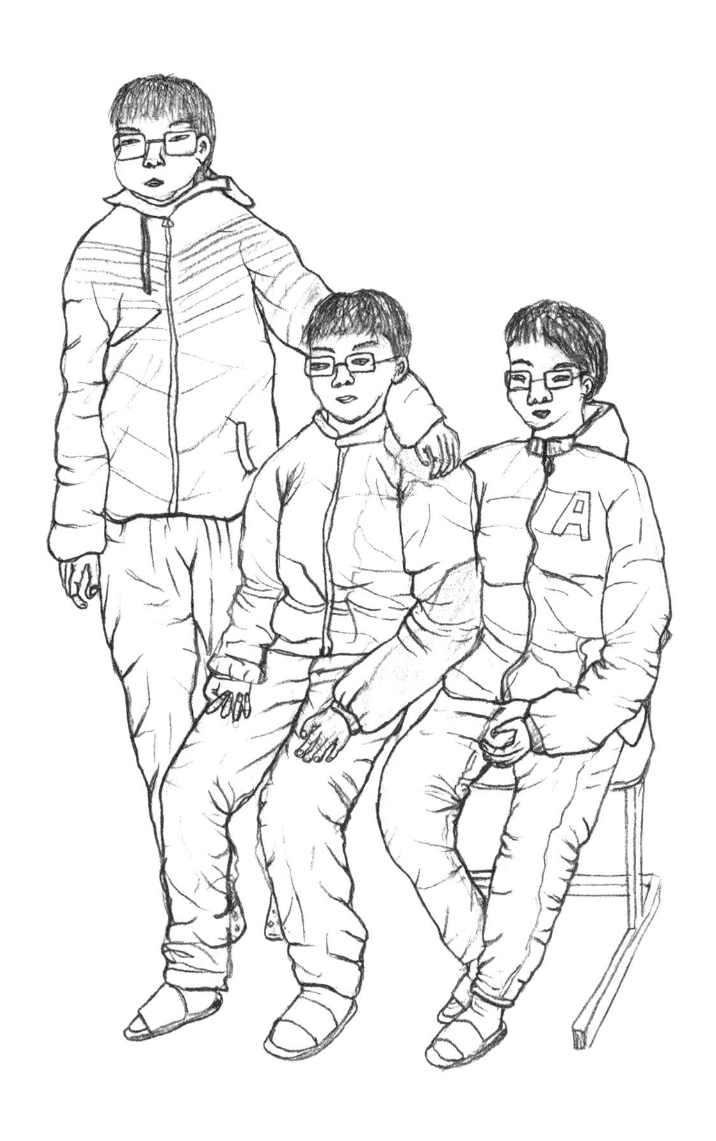

정은규, 우권성, 서재덕의 모습

경북 경산 동부초등학교 4학년 이환진, 2013년 2월 7일

2. 사람 몸 부분 자세히 그리기

'사람의 전체 모습 그리기'를 지도하는 동안 때때로 몸 부분을 아주 세밀하게 그려 보아야 합니다. 전체 모습만 그리다 보면 몸 부분은 대충 그리기 쉽거든요. 작은 부분을 더 가깝게 보고 그리면 몰랐던 새로운 모습을 발견할 수 있는데, 이것은 관념에서 깨어나게 해 주는 좋은 실마리가 됩니다. 머리(얼굴), 몸통, 팔다리로 나뉘는 부분 모습도 그리고, 눈, 코, 입, 귀, 손, 발, 살갗처럼 더 작은 부분도 가깝게 보고 그리게 합니다.

얼굴 테두리와 머리카락 그리기

한 사람의 모습을 가장 또렷하게 나타내는 데 아주 중요한 부분은 얼굴입니다. 얼굴 테두리를 보면 저마다 다른 특징을 가지고 있지요? 내가 칠판에 우리 반 어떤 아이의 얼굴 테두리만 그려 놓고 누구냐고 물어보았더니 대체로 누군지 다 알아맞혔습니다. 그만큼 얼굴 테두리 모양은 중요합니다.

얼굴 그릴 때는 먼저 얼굴 모양을 구체로 일깨워 주는 게 좋습니다. 동그란지, 달걀처럼 생겼는지, 네모난지, 아래위로 길쭉하게 네모난지, 위가 넓은 사다리 모양인지, 아래가 넓은 사다리 모양인지, 세모 모양인지, 아래위로 길쭉한 육각형 모양인지……. 아이 스스로 정확하게 보는 능력을 기를 수 있을 때까지 천천히 자세히 살펴보도록 지도합니다. 처음에는 교사가 어떤 아이의 얼굴 모양을 그려 보여 주고 어떤 아이를 그렸는지 아이들과 함께 찾아보게 할 수도 있습니다.

얼굴형을 마음속으로 그려 본 다음, 머리털부터 실제로 그려 나갑니다. 머리

털 한 가닥을 그릴 때도 어디에서 어느 방향으로 얼마만큼의 길이로 뻗어 있는지 여러 번 보라고 일깨워 주는 게 좋습니다. 머리카락은 수없이 많으니까 대충 그려 버리는 아이들이 많습니다. 그냥 까맣게 칠하듯 그리거나 테두리 선을 긋고 그 안을 새카맣게 칠해 버리는 것입니다.

또 머리카락을 한 가닥 한 가닥 그리더라도 길이를 또렷이 가늠하지 못하고 그냥 머리 가장 위쪽에서부터 끝까지 그어 버리는 경우가 많습니다. 머리카락은 머리 곳곳에 뿌리박고 뻗어 있는데 그걸 잘 생각하지 않는 것이지요. 따라서 머리카락 한 가닥 한 가닥이 어디서 어디까지 어떻게 뻗었는지를 깨우쳐 주어야 합니다. 또 그릴 대상과 얼마나 떨어져 있느냐에 따라 눈에 보이는 대로 또렷함을 달리해서 그려야 하는 것도 깨우쳐 주어야 하고요. 한 가닥 한 가닥 또렷이 보이면 또렷이 보이는 대로, 어슴푸레하게 보이면 어슴푸레하게 보이는 대로요.

머리카락을 어느 정도 그리면 얼굴 테두리를 그려야 하는데, 먼저 앞에서 말한 얼굴형을 한 번 더 생각하고, 거기에서 또 다른 특징이 있는지 잘 살펴보도록 합니다. 광대뼈가 튀어나왔는지 밋밋한지, 볼이 볼록한지 들어갔는지, 턱이 뾰족한지 뭉툭한지……. 또 얼굴 테두리는 그냥 두루뭉술한 것 같아도 각져 있다는 것도 알려 줘야 합니다.

그림 [아1](23쪽)처럼 칠판에 학급의 어떤 아이 얼굴을 각지게 그린 다음, 각진 곳을 아주 조금씩 깎으며 닮아 가는 모습을 보여 주면 그 사람의 얼굴 모양이 아주 또렷이 잡힌다는 걸 깨닫게 될 것입니다. 얼굴 테두리는 선의 기울기와 각진 정도가 아주 조금만 달라도 다른 얼굴로 보입니다. 더 나아가 얼굴 뼈대도 생각하며 그리면 좋겠지요.

눈, 코, 입, 귀 그리기

얼굴 테두리만큼이나 얼굴 안에 있는 눈썹, 눈, 코, 입, 귀도 중요합니다. 부위마다 정확한 위치에 알맞은 크기로 그리지 않으면 엉뚱한 모습이 되어 버립니다. 아이들이 눈썹 그리는 걸 보면 그냥 선 하나로 그어 버리는 경우가 많습니다. 눈썹 털도 한 가닥 한 가닥이 어느 쪽으로 어떻게 뻗었는지 잘 보고 자세하

그림 [차]

게 그려야 한다는 것을 강조해서 지도해야 합니다. 속눈썹도 마찬가지고요.

아이들은 눈을 인형 눈처럼 동그랗게 그리는 경우가 많습니다. 그건 만화 캐릭터나 인형의 눈을 본 대로 그리기 때문이지요. 실제로 오랫동안 '보고 그리기'를 해도 눈의 모양은 그림 [차]처럼 길쭉한 원에 눈동자를 조그마한 점같이 그려 넣거나, 고양이 눈동자처럼 그리거나, 또 여러 가지 이상한 형태로 쉽게 그려 버립니다. 양쪽 눈꼬리 부분이나 쌍꺼풀은 더 꼼꼼히 보고 그리도록 깨우쳐 주어야 합니다. 얼굴 정면 너비를 다섯 부분으로 나누었을 때, 눈은 한 부분 정도 너비를 차지한다는 것도 알려 주면 좋겠지요.

어떤 아이는 몇 달이 지나도 그림 [차]의 모양에서 벗어나지 못하기도 합니다. 때로는 교사가 몇 사람의 눈을 보기로 들어 특징을 그려 보이기도 하고, 아이들이 여러 사람의 눈을 관찰해서 그려 보게 할 수도 있습니다.

그다음 코는 끝이 뭉텅하거나 펑퍼짐한지, 뾰족한지, 콧구멍은 크거나 작은지, 입은 크거나 작은지, 입술은 두터운지 얇은지, 입꼬리는 또 어떤지 살펴보게 합니다. 귀를 볼 때도 귓밥은 어떤 모양인지, 귓바퀴는 어떤 모양인지 하나하나 짚어 주면 도움이 될 것입니다.

보는 방향에 따라 얼굴 모습이나 눈, 코, 입, 귀 모양이 많이 달라지니까 여러 방향에서 그려 보아야 합니다. 얼굴 그릴 때 얼굴 전체 모습 속에서 눈, 코, 입, 귀를 그리지만, 부분만 따로 떼어서 크게 그리기도 해 보아야 몸 전체 모습을 그릴 때도 뚜렷하게 나타낼 수 있습니다.

또 한 가지! 얼굴은 화가 나거나, 기쁘거나, 슬프거나, 걱정스러울 때처럼 감정에 따라 표정이 달라진다는 것도 깨우쳐 주면 더욱 좋겠습니다.

사람 몸 부분 자세히 그리기

내 눈
대구 동호초등학교 4학년 김민규, 2010년 12월

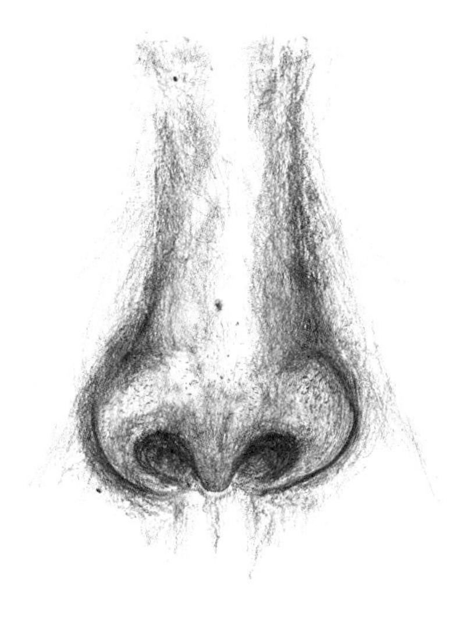

내 코
대구 동호초등학교 4학년 이민희, 2010년 12월

내 입술
대구 동호초등학교 4학년 최다예, 2010년 12월

사람 몸 부분 자세히 그리기

얼굴

전혜영의 모습

경북 경산 중앙초등학교 4학년 권지은, 1992년 10월

사람 몸 부분 자세히 그리기

얼굴

진해원의 모습

경북 경산 중앙초등학교 4학년 이단, 1992년 10월 8일

아이들이 '작은 거인' 해도 해원이는 그냥 씩 웃는다. 시험도 좀 잘 쳐서 상을 타기도 한다.
해원이는 화를 낼 때도 있지만 웃을 때가 더 많다. 온순한 편이고 아이들에게 잘 대해 준다. 성격이 좀 차분하다.
자기 물건을 쓰려고 하면 해원이는 "써라." 하고 그냥 말한다. 나는 그런 아이가 좋다.

사람 몸 부분 자세히 그리기

얼굴

김윤선의 모습

경북 경산 중앙초등학교 4학년 이진호, 1992년 10월 8일

나의 짝 윤선이의 좋은 점은 특히 장난으로 앞에 있는 친구를 때렸을 때 친구가 나보고 왜 때리냐고 하면 자기가 때렸다고 바른대로 말한다. 다른 아이 같으면 내가 아니라고 할 것인데 윤선이는 바른대로 말한다. 두 번째로 내가 때렸을 때는 화가 나 있다가도 내가 이상한 짓을 해서 웃기면 화가 금방 풀린다. 그리고 내가 책을 잊고 가져오지 않았을 때는 내가 말을 안 해도 보여 준다. 칠하는 것이 있을 때도 가져오지 않으면 "자, 이거 써라." 하며 빌려준다. 그럴 때면 윤선이한테 고맙다. 윤선이는 정말 착한 아이이다. 윤선이가 내 짝이 된 것이 참 잘되었다.

사람 몸 부분 자세히 그리기

얼굴

오정희의 모습

경북 경산 중앙초등학교 4학년 김혜현, 1992년 10월 8일

정희는 아주 침착하다. 그리고 친구들과도 친하게 지낸다. 언제나 친구들의 싸움을 말려 준다.
또 내가 잘못한 것은 너그럽게 잘 이해해 준다.
공부는 보통 정도로 하고 마음이 너무 좋다. 그만두지 않고 끝까지 하는 아이다.
그래서 마무리를 잘한다. 얌전하고, 신경질은 좀 내지만 좋은 내 친구다.

사람 몸 부분 자세히 그리기

얼굴

내 얼굴

대구 동호초등학교 4학년 김민규, 2010년 12월 9일

사람 몸 부분 자세히 그리기

얼굴

내 얼굴

대구 동호초능학교 4학년 선서영, 2010년 12월 13일

내 얼굴형은 약간 갸름한 편이다. 내 머리 스타일은 앞머리가 길어서 눈썹이 가려지고 옆머리인 잔머리가 있다.
나는 머리를 거의 한 가닥으로 묶어서 정면으로 봤을 때 옆이 조금 튀어나와 있다. 내 눈은 옆으로 째졌고 눈꼬리가 길다.
귀는 다른 아이들보다 끝이 뾰족하다. 하지만 나처럼 생긴 귀를 복귀라고 해서 내 귀가 자랑스럽다.
코는 오뚝하고 폭이 적당해서 내가 가장 자랑스러워하는 부위다.

사람 몸 부분 자세히 그리기

얼굴

내 얼굴

대구 동호초등학교 4학년 장윤정, 2010년 12월 10일

내 얼굴형은 감자처럼 생겼다. 내 성격은 활발하고 장난기가 많다. 내 머리는 곧은 머리이다. 만지면 부드럽다. 눈은 그냥 나뭇잎처럼 생겼으며, 속눈썹이 옆으로 툭 튀어나온 것도 있고 안으로 들어간 것도 위로 뾰족하게 올라갔다. 코는 포도 두 알이 겹친 것 같고 콧구멍은 동그랗게 생겼다. 입은 오리너구리처럼 툭 튀어나왔고 두툼하게 입술이 있다. 그리고 코 밑에, 코 옆에, 입 조금 위에 점이 있다.

사람 몸 부분 자세히 그리기

얼굴

내 얼굴

대구 동호초등학교 4학년 최지현, 2010년 12월 10일

내 눈썹은 많이 긴 것 같다. 그리고 눈 윗부분이 너무 경사가 급한 것 같다. 코와 입은 다른 사람들과 비슷한 것 같다. 내 이마에는 점이 하나 있다. 이 점은 머리카락 때문에 가려졌지만 나는 이 점이 왠지 자랑스럽게 생각된다. 나의 턱은 아주 뾰족하다. 언니의 어깨에 턱을 갖다 대면 언니는 "아! 아프다! 네 턱 왜 이렇게 뾰족한데?" 하고 말한다. 또 나는 뭔가 목적을 정했을 때 그 목적을 달성하지 못하면 잠자지 못한다. 그리고 성격이 급해서 뭐든 빨리빨리 해야 한다. 선생님이 내주시는 숙제를 다 하지 못하면 잠이 오지 않는다. 왠지 모르겠다.

손 그리기

사람의 전체 모습 그릴 때 특히 잘 안 되는 것 가운데 하나가 손입니다. 처음에는 그림 [카 1], [카 2]처럼 단풍나무 잎처럼 대충 그려 버립니다. 그다음에는 그림 [카 3],[카 4]처럼 마치 발 다섯 개 달린 갈고리 모양으로 그린 뒤에 그림 [카 5],[카 6]처럼 손톱을 그려 넣습니다.

오랫동안 그려도 자주 깨우쳐 주지 않으면 손가락 마디 같은 것은 잘 그리지 않습니다. 크기 비례도 잘 맞추지 못하고 아주 작게 그리는 경우가 많습니다.

손 그리기를 지도할 때에는 자기 손 모양을 잘 살펴보게 합니다. 특히 손가락 마디를 잘 살펴보고 그리도록 해야 합니다. 손 크기를 잘 가늠하지 못할 때는 앉은 자세에서 손을 허벅지에 얹어 놓았을 때 손이 허벅지 너비 어느 정도를 차지하고 있는지 잘 살펴서 크기를 가늠하도록 하면 좋습니다.

이렇게 지도하다 보면 그림 [카 7]처럼 제대로 된 손 모양이 나오게 됩니다. 그래도 제대로 그리는 아이는 한 반에서도 손꼽을 정도고, 대체로 그림 [카 5], [카 6]처럼 그리는 아이들이 많습니다.

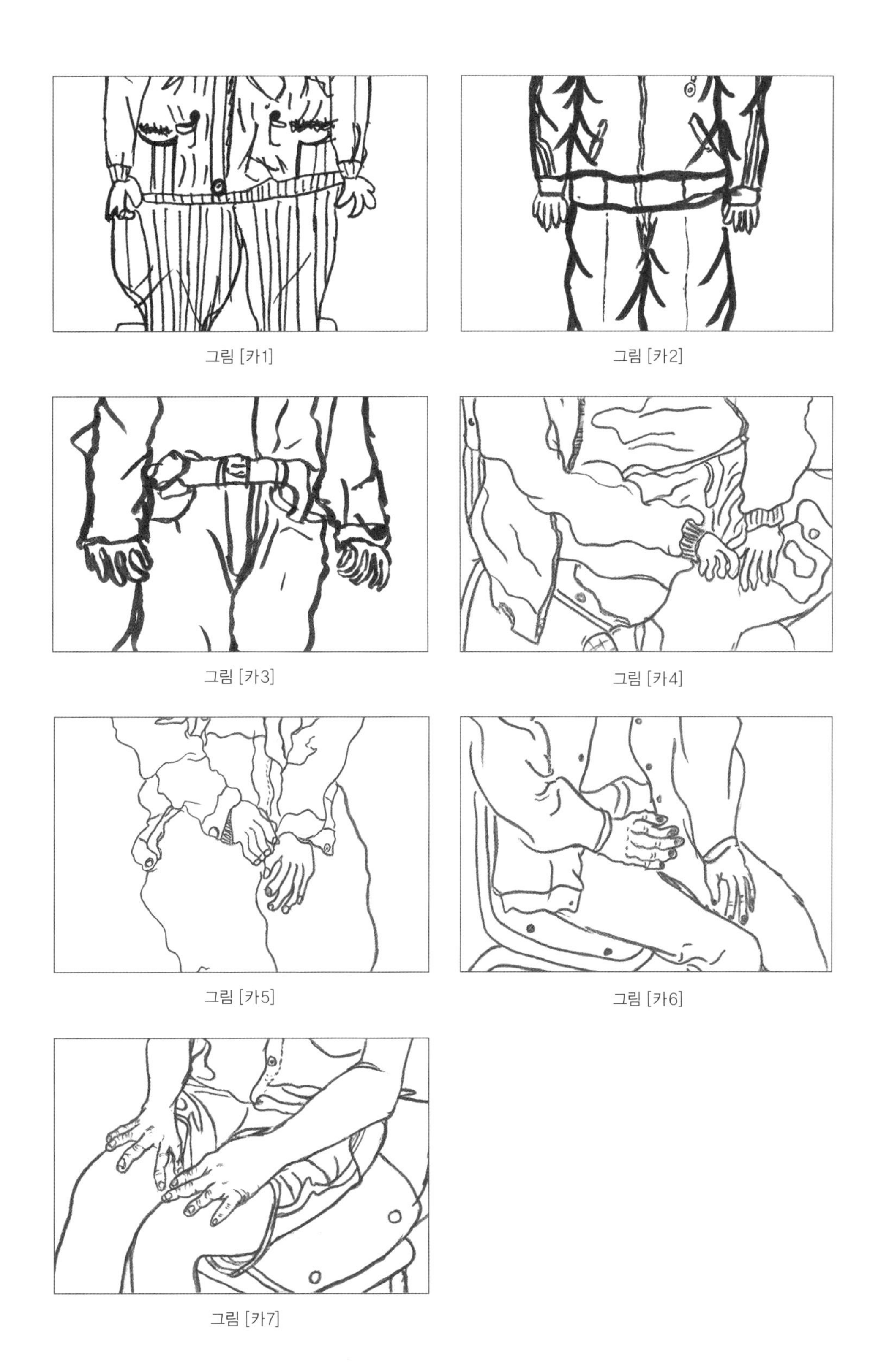

그림 [카1]

그림 [카2]

그림 [카3]

그림 [카4]

그림 [카5]

그림 [카6]

그림 [카7]

팔다리, 발 그리기

팔과 다리의 곡선도 매우 중요한데 아이들이 그릴 때 잘 안 되는 부분입니다. 부드러운 곡선에 따라 굵기를 잘 조정해서 그리도록 깨우쳐 주어야 합니다. 특히 손목이나 발목은 조금 가늘게 그려야 하는데 굵기를 가늠하지 못해서 잘 안 되기도 하지요.

오랜 시간 동안 몸 윗부분을 그리다 보면 지쳐서 그런지 발은 대충 그리는 아이들이 많습니다. 또 발 크기를 잘 가늠하지 못해 아주 작게 그리거나 크게 그리기도 합니다. 그때는 허벅지 너비에 견주어 크기를 가늠하도록 하면서 그릴 수 있도록 해야 합니다.

발을 너무 작게 그리는 아이는 아예 발부터 거꾸로 그리도록 하는 것도 한 방법입니다. 손과 발만 따로 떼어 여러 방향에서 세밀하게 그리게 해 보는 것도 좋습니다.

날마다 '사람의 전체 모습 그리기' 할 때 하루에 한 부분씩 더 마음을 두고 관찰해 그리도록 지도해 볼 수도 있습니다. 또 그림을 그린 뒤에는 아이 스스로 어디가 어색한지, 무엇이 잘못되었는지 찾아보게 하거나 교사가 아이마다 한두 가지씩 짚어 주면 좋습니다. 그러면 다음에 그릴 때는 지적한 것을 좀 더 마음에 두고 그리겠지요.

어떤 그림이든 마찬가지지만 그림을 아주 세밀하게 그릴 때는 심이 가는 펜이나 볼펜, 샤프 같은 필기구로 그리든지 연필을 자주 가늘게 깎아 그리도록 해야겠지요. 얼굴처럼 시간이 조금 지나도 큰 변화가 없는 대상은 그리다가 조금 힘겹다 싶으면 하루쯤 쉬었다가 이어 그려도 됩니다.

사람 몸 부분 자세히 그리기

손

내 손

대구 동호초등학교 4학년 최지현, 2010년 12월 13일

나는 몸이 좀 작으니까 손도 좀 작은 편이다. 그래도 주먹을 쥐면 아주 단단해 보인다. 내 손에 한 방 맞으면 엄청 아프다. 손을 자세히 보면 선이 수없이 그어져 있다. 그물처럼 막 엉켜 있다. 손바닥에는 지문도 있고 손금도 나 있다. 손등 주름진 곳에는 털이 송송 나 있다. 나는 다른 아이들보다 털이 더 많아 조금 부끄럽다. 엄지손가락 둘째 마디에는 털이 더 길게 나 있다. 털이 너무 많아서 싫다.

사람 몸 부분 자세히 그리기

손

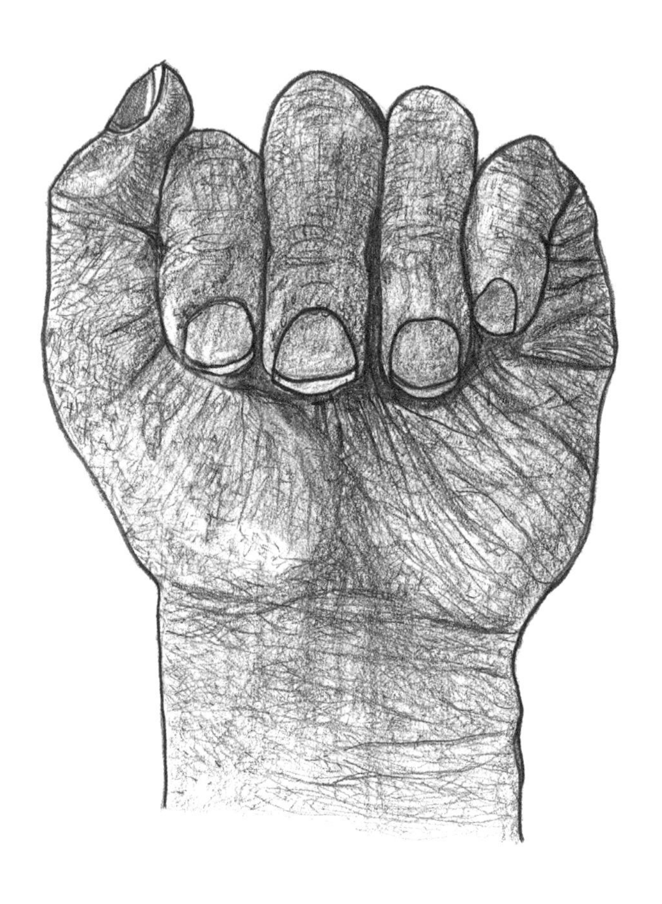

나의 손

대구 동호초등학교 4학년 장윤정, 2010년 12월 16일

사람 몸 부분 자세히 그리기

손

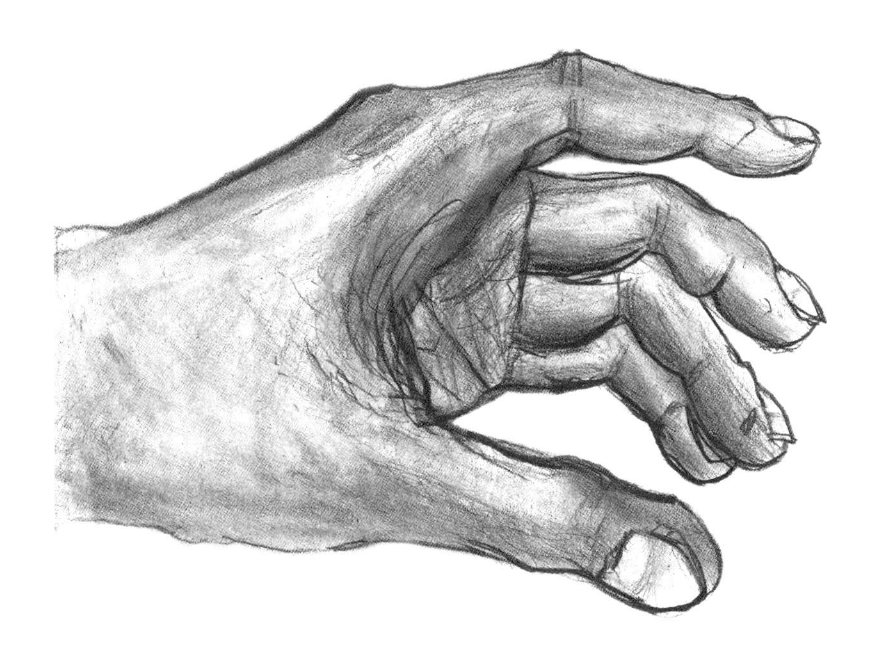

손의 모습

대구 동호초등학교 4학년 김민규, 2010년 9월 1일

사람 몸 부분 자세히 그리기

발

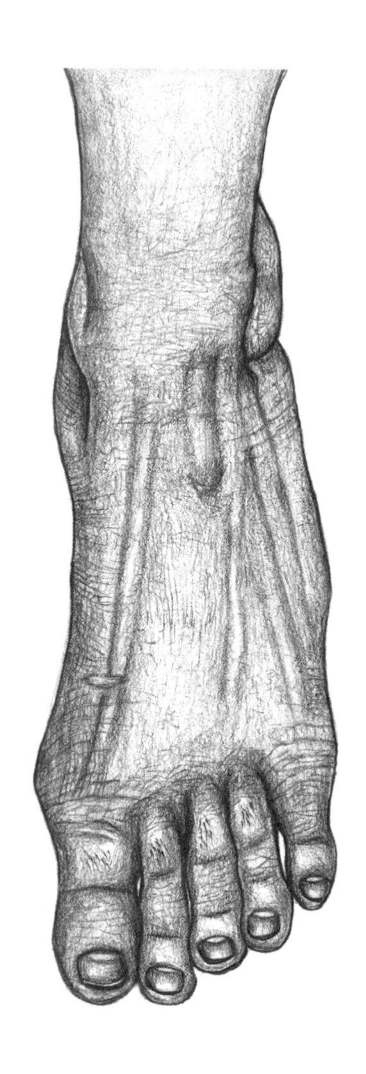

내 발

대구 동호초등학교 4학년 전서영, 2010년 12월 8일

내 발은 그렇게 크지도 않고 그렇게 작지도 않은 그냥 보통 크기의 발이다.
내가 엄마에게 "엄마, 나는 무슨 발이야?" 하니까, "네 발은 칼 발이다." 했다.
내 발은 내가 보기에도 예쁘게 생겼고, 굳은살이나 티눈 같은 것도 없이 매끈하다. 발톱은 조금 못생겼다.
오른쪽 윗부분에 조그만 흉터가 있다. 발에 힘을 주면 핏줄이나 발가락뼈가 튀어나온다.

3. '날마다 동무 보고 그리기' 발달 과정

이번에는 한 해 동안 '날마다(아침마다) 보고 그리기'를 하면서 아이들의 그림이 어떻게 바뀌어 가는지 살펴보겠습니다. 그림 그리기를 지도한 기간은 3월 16일부터 12월 2일까지 열 달 동안이지만, 여러 가지 학교 행사로 한 주에 세 번 정도밖에 그릴 수 없었고, 여름방학에도 쉬었으니까 실제 그린 횟수는 그렇게 많지 않은 편입니다.

이렇게 그린 그림을 수준에 따라 나누어 보았습니다. 한 반 마흔 명 아이들 가운데 예닐곱 명은 능력이 많이 나아졌는데, 그림 [타 1] [타 2] [타 3][타 4] 사례입니다. 처음 3월에 그린 그림과 나중에 그린 그림을 보면 사람 그리기가 얼마나 좋아졌는지 알 수 있습니다. 능력이 그렇게 나아지지 않은 아이도 두세 명 있는데, 그림 [타 5]가 그 가운데 한 아이의 그림입니다.

아이들이 그림 그릴 때마다 지도한다고는 했지만, 사실 아침 시간에 사무를 보느라 그냥 놓아 둔 때가 많았습니다. 게다가 처음부터 제대로 체계를 세워 지도하지 못해 시행착오도 많았습니다. 그저 잘 관찰하고 천천히 그리라고 강조했지요. 내 지도 능력으로는 이 정도 수준으로밖에 끌어올릴 수가 없었습니다.

2010년에 지도한 아이들이 그린 [타 3]과 [타 4]의 11월 그림을 보면 아이 스스로 명암도 살짝 살려 그렸네요. 지도할 때 시간이 나면 명암도 살려 그리면 좋겠다고 한 말을 귀담아들었던 것 같습니다.

능력이 나아진 아이 그림 사례

6학년
소미령
그림

3월

그림 [타1-1] 이승재의 모습
1993년 3월 16일

12월

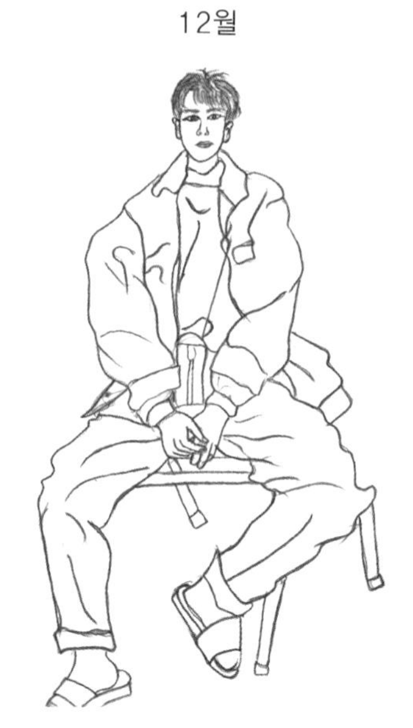

그림 [타1-2] 고성현의 모습
1993년 12월 2일

6학년
원수영
그림

3월

그림 [타2-1] 이승재의 모습
1993년 3월 16일

12월

그림 [타2-2] 태혜선의 모습
1993년 12월 2일

4학년
김민준
그림

3월

그림 [타3-1] 김민규의 모습
2010년 3월 2일

11월

그림 [타3-2] 김민규의 모습
2010년 11월 2일

4학년
최지현
그림

3월

그림 [타4-1] 김민규의 모습
2010년 3월 2일

11월

그림 [타4-2] 김지민의 모습
2010년 11월 3일

능력이 나아지지 않은 아이 그림 사례

6학년 여 그림	3월	12월

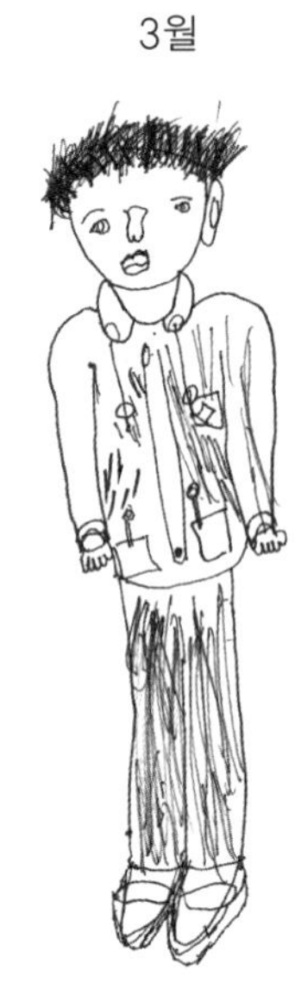

그림 [타5-1] 이승재의 모습
1993년 3월 16일

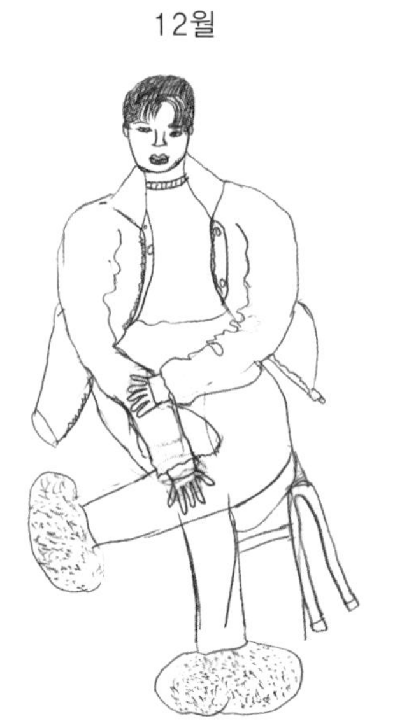

그림 [타5-2] 원수영의 모습
1993년 12월 1일

한 해 동안 그리기 지도를 받은 아이 그림 사례

한 반 아이들 가운데는 능력이 많이 나아지는 아이도 있지만 대부분 아이들의 능력은 보통 수준입니다. 그림 [파]와 그림 [하]를 보면 보통 수준 아이들이 한 해 동안 어떻게 변해 가는지 알 수 있을 것입니다. 선 자세를 그린 시간은 이삼십 분 정도, 앉은 자세 그리기 시간은 삼사십 분 정도입니다.

그림 그리기를 지도하다 보면 두세 달쯤 될 무렵 아이들이 한동안 늪에 빠지기도 하는데, 이것은 이런저런 지도를 제대로 소화하지 못하고 혼돈 속에서 헤매느라 그렇게 된 것이 아닌가 생각합니다. 또 선 자세 그림에서 앉은 자세 그림으로 넘어가는 과정을 보면 조금 서툴고 어색한 모습으로 나타납니다.

6학년
고성현
그림

그림 [파1] 이승재의 모습
1993년 3월 16일

4월

그림 [파2] 남우정의 모습
1993년 4월 16일

5월

그림 [파3] 이해영의 모습
1993년 5월 14일

6월

그림 [파4] 권혁준의 모습
1993년 6월 18일

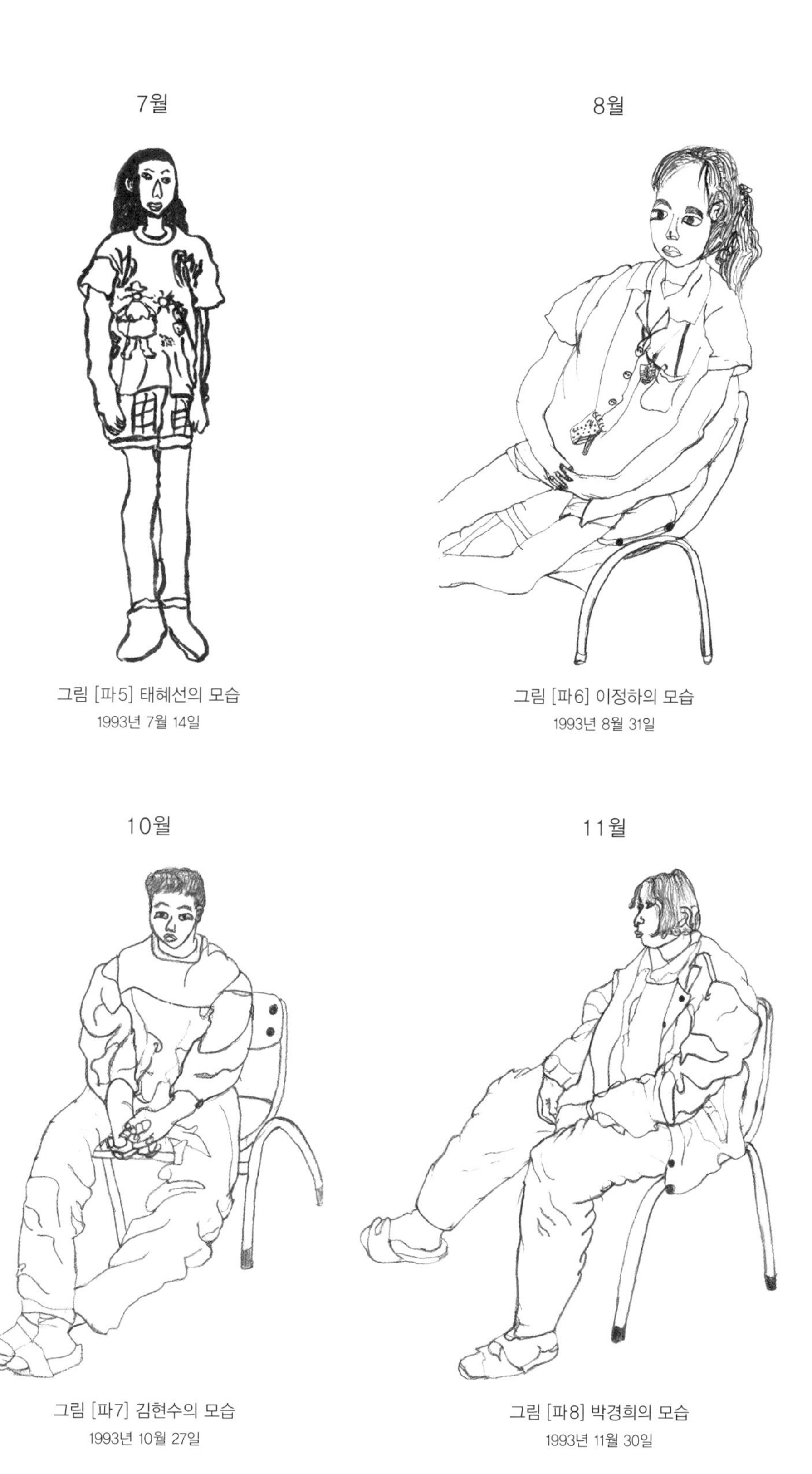

7월

그림 [파5] 태혜선의 모습
1993년 7월 14일

8월

그림 [파6] 이정하의 모습
1993년 8월 31일

10월

그림 [파7] 김현수의 모습
1993년 10월 27일

11월

그림 [파8] 박경희의 모습
1993년 11월 30일

4학년
이재혁
그림

3월

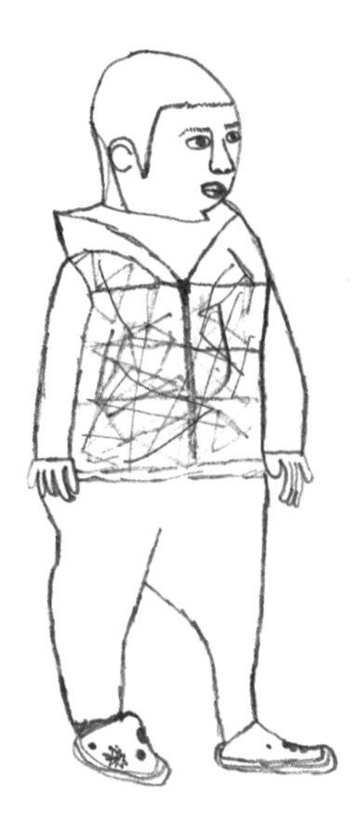

그림 [하1] 김명원의 모습
2012년 3월 22일

4월

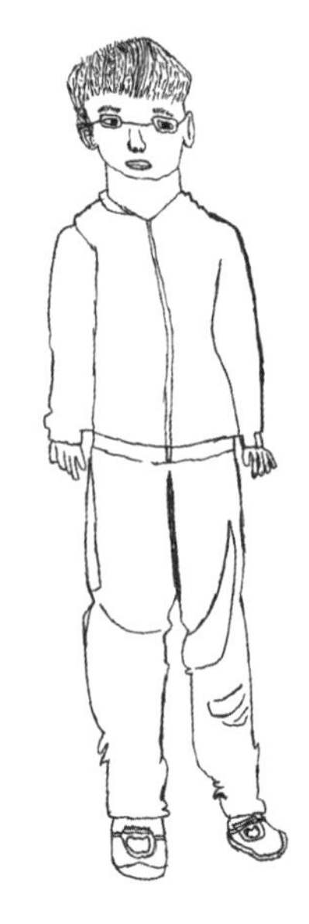

그림 [하2] 우권성의 모습
2012년 4월 25일

5월

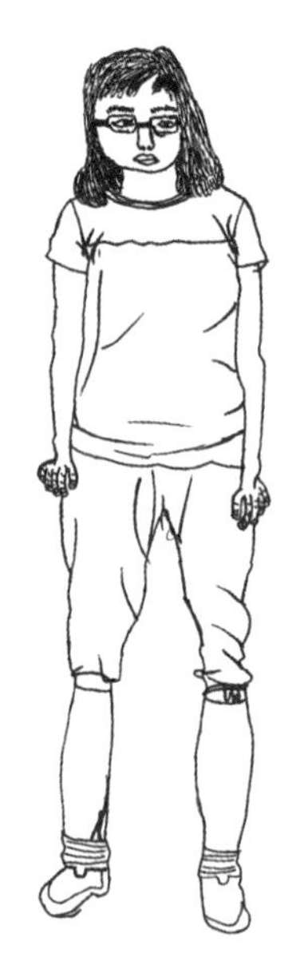

그림 [하3] 박현진의 모습
2012년 5월 21일

6월

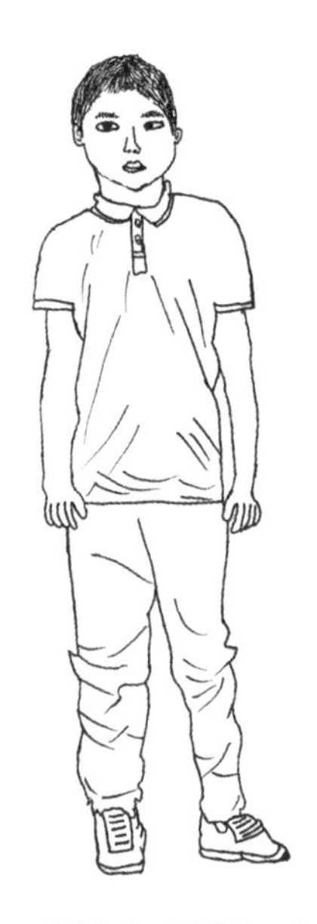

그림 [하4] 김명원의 모습
2012년 6월 25일

7월

그림 [하5] 예영준의 모습
2012년 7월 4일

8월

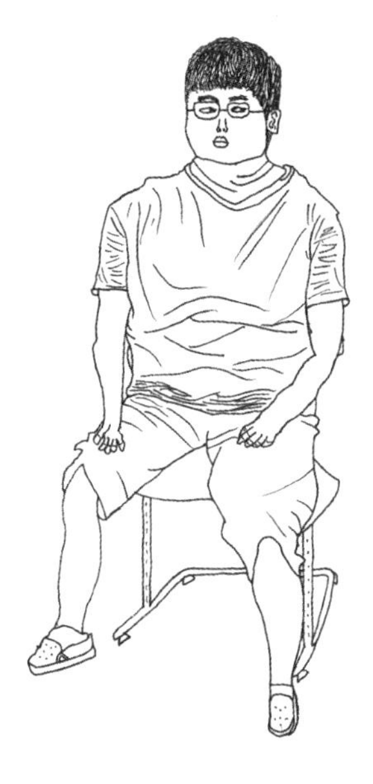

그림 [하6] 정은규의 모습
2012년 8월 29일

9월

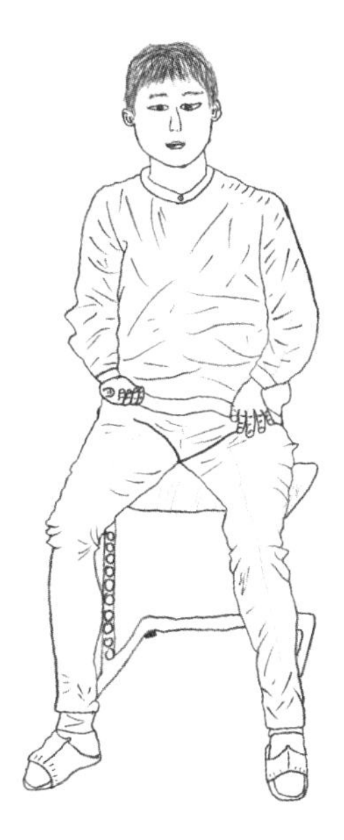

그림 [하7] 박재영의 모습
2012년 9월 24일

10월

그림 [하8] 이민석의 모습
2012년 10월 17일

2장

특징을 살려 그리기

1. 선의 변화 살려 그리기

'선'은 점이 모여 생기는 도형을 말합니다. 선은 물체의 테두리 형태를 만들어 주기도 하고 이것과 저것 사이를 가르기도 하지요. 또 선은 보이지 않는 마음의 울타리, 정해진 기준, 다른 것과 맺고 있는 관계를 뜻하기도 합니다. 그러니까 그림에는 보이는 선과 보이지 않는 선이 함께 표현되어 있는 것이지요.

누가 아무 생각 없이 선을 하나 그어 놓았다고 합시다. 이것을 보는 사람은 그냥 '선이 하나 그어져 있구나.' 하고 단순하게 느끼거나 생각할 것입니다. 그린 사람이 별 뜻 없이 그렸기 때문이기도 하겠지만 보는 사람이 별 뜻 없이 보았기 때문이지요.

하지만 선을 찬찬히 들여다보세요. 무언가를 읽을 수 있을 것입니다. 선을 그린 사람이 본디 가지고 있는 성격이나 심리, 정서 같은 것 말입니다. 그래서 같은 모양 선을 그린다고 해도 사람에 따라 다르게 나타납니다. 그 사람만 가지고 있는 보이지 않는 어떤 성질이 숨겨져 있기 때문이지요.

선의 종류에 따라 느낌은 어떻게 달라질까요? 굵은 선과 가는 선, 무딘 선과 날카로운 선, 직선과 곡선 이 세 가지를 생각해 봅시다.

먼저, '굵은 선'은 어떤 느낌이 들까요? 무게감이나 안정감을 느낄 수 있겠지요. 믿음직스럽고 푸근하게 느껴지지만 깔끔하지 못한 느낌도 듭니다. 속도감으로 보면 아주 느린 느낌이 들 테지요. 반대로 '가는 선'은 가볍고 불안정한 느낌이 들지요. 깔끔한 느낌이 들고, 속도감으로 보면 빠른 느낌이 들 것입니다.

'무딘 선'은 둔한 느낌이 들긴 하지만 차분하고 안정된 느낌도 듭니다. '날카로운 선'은 뾰족하고 날이 선 느낌, 쫓기는 느낌, 불안정한 느낌이 듭니다. 아주 빠른 느낌, 아주 차가운 느낌도 들고요.

직선보다는 곡선에서 여유나 부드러움과 아름다움이 더 느껴지지요? 같은 곡선이라도 빠르게 그린 것은 힘이 있고 시원한 느낌이 들고, 천천히 느리게 그린 것은 꼼꼼하고 섬세하며 신중한 느낌이 듭니다.

또 선은 시작과 끝을 어떻게 하느냐에 따라서도 느낌이 아주 다릅니다. 처음과 끝이 날카로우면 스쳐 지나는 느낌이 들지요. 명암으로 말하면 차츰 어두워졌다가 차츰 밝아지는 느낌이 나기도 합니다.

더욱 중요한 것은 선 끝의 방향입니다. 이것이 조금만 달라져도 아주 다른 그림처럼 보일 수 있기 때문이지요. 이를테면 짧은 치마 입고 서 있는 모습을 그릴 때 다리를 보면, 다리 선의 방향이 안 맞아 이상하게 서 있는 모습으로 보입니다. 바르게 그리려면 치마에 가려서 안 보이는 부분의 다리가 어디로 이어지는지 생각하며 그려야 합니다.

또 한 가지, 선이 끝나야 할 곳에서 정확하게 끝나지 않고 엇나갔다든지 이어야 할 곳을 끊어 그리는 것도 아무렇지 않게 생각할 때가 참 많습니다. 지도할 때는 그런 점까지 꼼꼼하게 깨우쳐 주는 게 좋겠습니다.

선에 대한 일반 이야기는 이쯤 해 두고 아이들에게 '선의 변화 살려 그리기'를 지도해 본 경험 몇 가지를 이야기하겠습니다.

전선 그리기

먼저, '전선 그리기'입니다. 복잡하게 얽혀 있는 전선은 언뜻 보면 뒤섞여 있어서 어지럽기만 합니다. 그러나 이것이 뻗어 있는 모습도 잘 살펴보면 참 재미있습니다. 마치 생명의 끈 같지요. 모든 사람이 핏줄처럼 그 선으로 서로 관계를 맺으며 살아간다고 생각하면 얼마나 뜻있어집니까. 그 자체만으로도 아름답습니다. 매끈하게 뻗은 선보다는 복잡하게 얽혀 있는 선에서 삶이 더 느껴지지요. 전선 그림을 그릴 때는 전선 하나하나가 어디에서 어디로 뻗어 가는지 뚜렷하게 그리도록 해야 합니다.

선의 변화 살려 그리기

전선

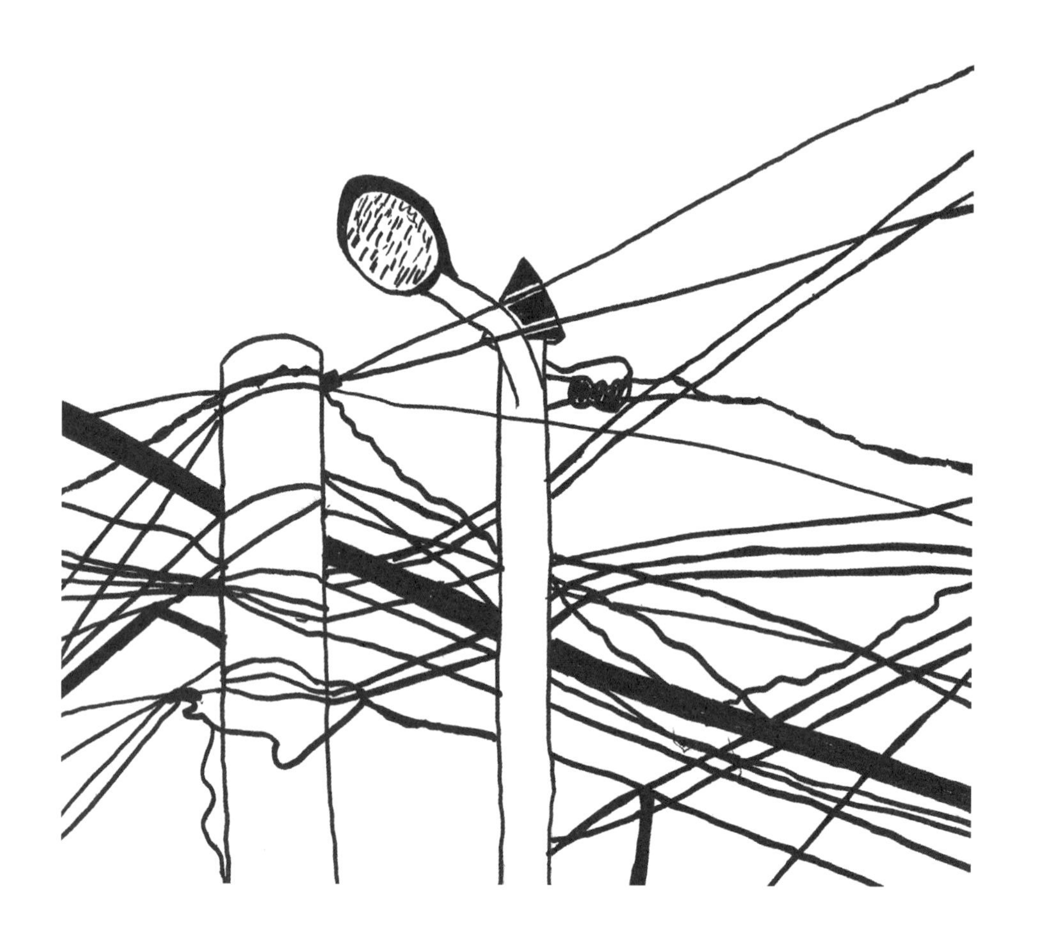

전깃줄

경북 경산 부림초등학교 6학년 주동민, 1991년 12월 16일

선의 변화 살려 그리기

전선

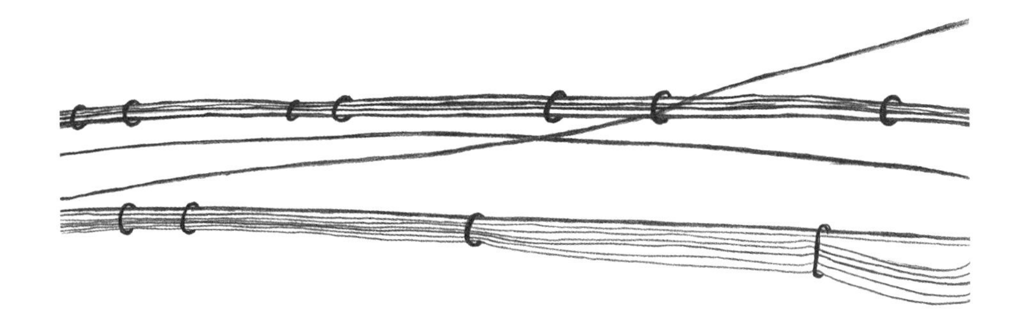

전깃줄 묶음

대구 동호초등학교 4학년 장희연, 2010년

선의 변화 살려 그리기

전선

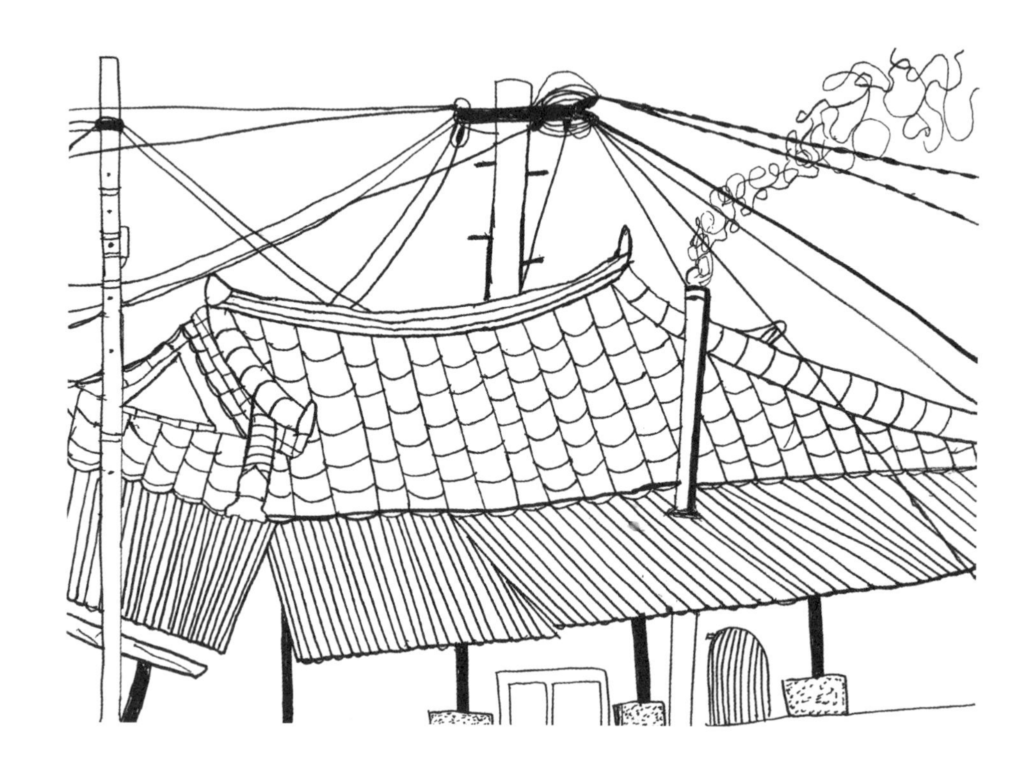

전깃줄과 연기

경북 경산 부림초등학교 6학년 이유찬, 1991년 12월 16일

선의 변화 살려 그리기

전선

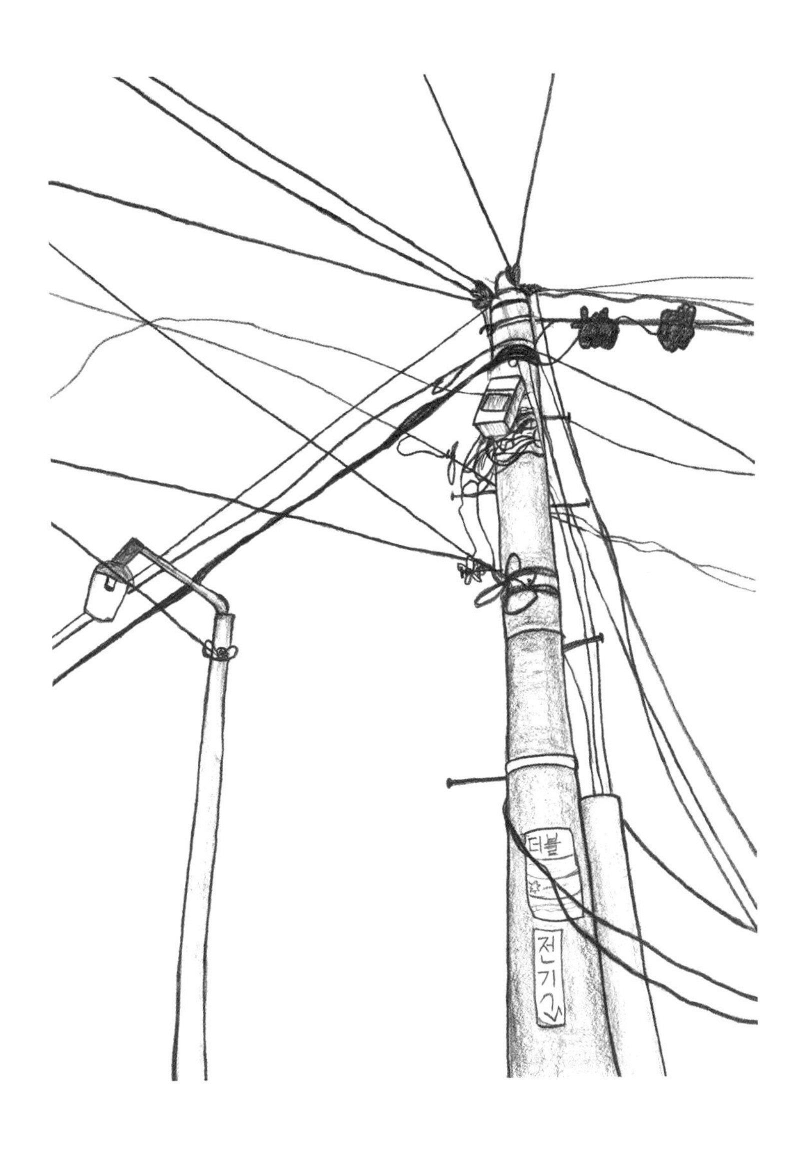

전봇대와 전깃줄

대구 동호초등학교 4학년 최지현, 2011년 2월 6일

선의 변화 살려 그리기

잎맥

나뭇잎의 잎맥

경북 경산 부림초등학교 6학년 이동혁, 1991년 12월 10일

선의 변화 살려 그리기

금

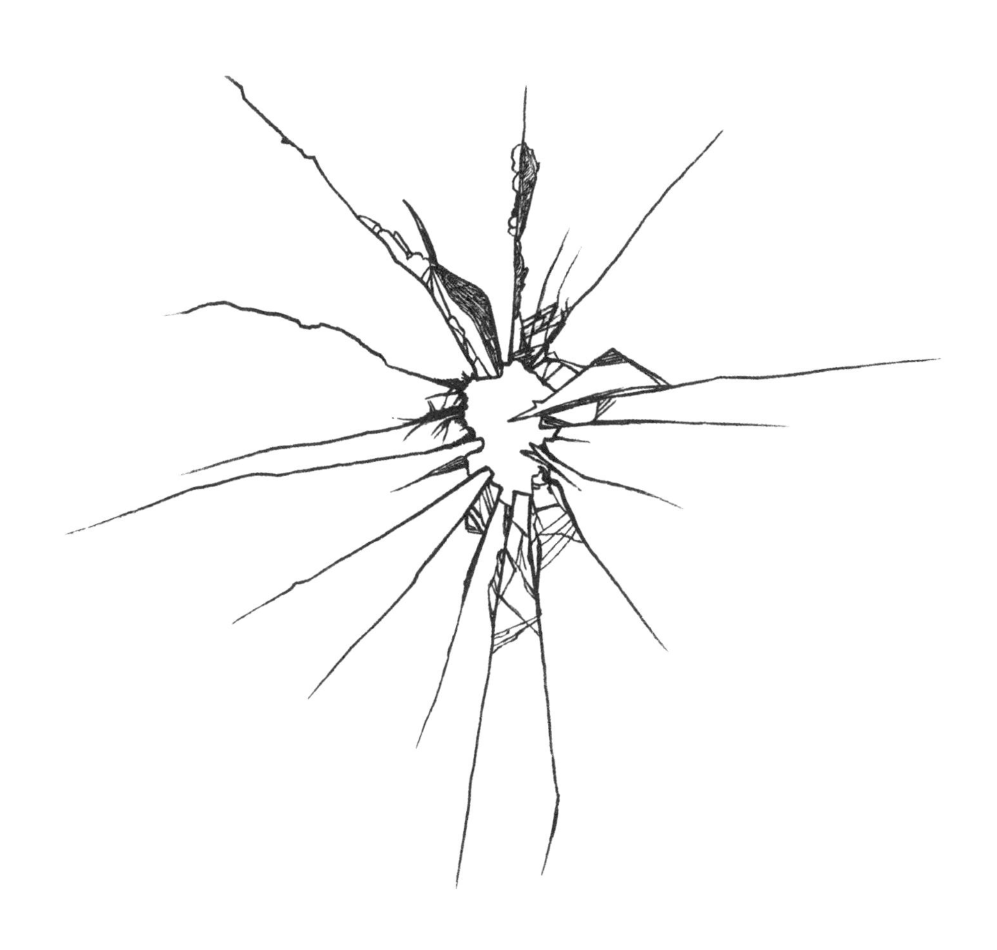

금이 간 유리

대구 동호초등학교 4학년 장윤정, 2010년

나뭇가지와 덩굴 선 그리기

다음은 '나뭇가지와 덩굴 선 그리기'입니다. 겨울에 옷 벗고 서 있는 나무의 맨몸과 가지의 아름다운 선을 보면 늘 감탄합니다. 가지가 질서 없이 얽혀 있는 것 같아도 제멋대로 뻗어 있는 건 하나도 없습니다. 나뭇가지는 선 자체도 아름답지만 공간 구성이 아주 잘되어 있지요. 자연이 만든 걸작입니다.

나뭇가지를 그릴 때는 가지 하나하나가 어디에서 어디로 뻗어 있는지 꼼꼼하게 그리지 않으면 그 나무가 지닌 아름다움을 살릴 수 없습니다. 나무마다 가지가 붙어 있는 모습, 뻗어 있는 모습, 가지 끝의 모습이 다 다릅니다.

성격이 급하거나 견딜성이 모자라는 아이는 대충 그리고 마는데, 하나하나 꼼꼼하게 그리도록 일러 주어야 합니다. "이 나뭇가지가 떨어져 있네? 어디에 어떻게 이어져 있는지, 어떻게 뻗어 있는지 잘 살펴보고 다시 그려 보세요." 하는 식으로요.

선의 변화 살려 그리기

나뭇가지와 덩굴 선

나뭇가지

경북 경산 부림초등학교 6학년 송현, 1991년 12월 16일

선의 변화 살려 그리기

나뭇가지와 덩굴 선

나뭇가지

경북 경산 부림초등학교 6학년 김영국, 1991년 12월 16일

선의 변화 살려 그리기

나뭇가지와 덩굴 선

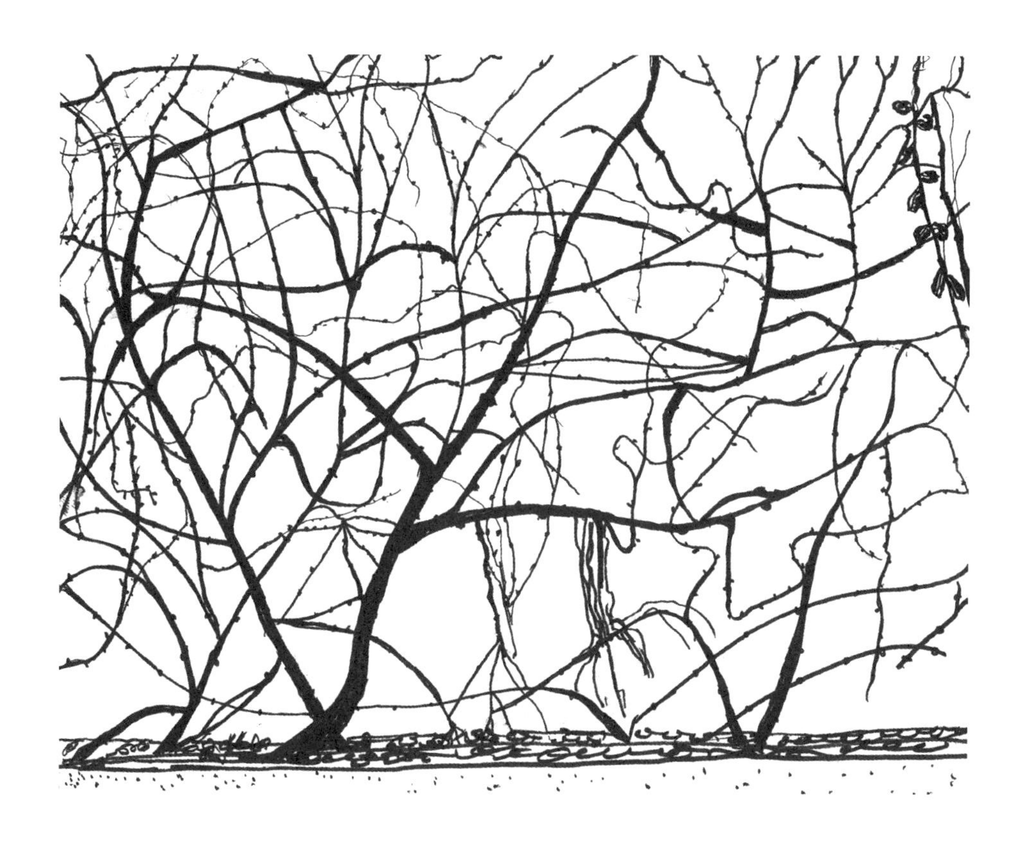

담쟁이덩굴

경북 경산 부림초등학교 6학년 박동진, 1991년 12월 16일

선의 변화 살려 그리기

나뭇가지와 덩굴 선

수양버들

경북 경산 부림초등학교 6학년 이제한, 1991년 12월 16일

선의 변화 살려 그리기

나뭇가지와 덩굴 선

나뭇가지

경북 경산 부림초등학교 6학년 양정실, 1991년 12월 16일

선의 변화 살려 그리기

나뭇가지와 덩굴 선

버드나무

경북 경산 부림초등학교 6학년 허미경, 1991년 12월 16일

선의 변화 살려 그리기

나뭇가지와 덩굴 선

목련나무

경북 청도 덕산초등학교 5학년 김지연, 1995년

선의 변화 살려 그리기

나뭇가지와 덩굴 선

등나무

경북 청도 덕산초등학교 5학년 문지혜, 1995년

선의 변화 살려 그리기

나뭇가지와 덩굴 선

나무

경북 청도 덕산초등학교 5학년 김선애, 1995년

선의 변화 살려 그리기

나뭇가지와 덩굴 선

석류나무

경북 청도 덕산초등학교 5학년 송은광, 1995년

선의 변화 살려 그리기

나뭇가지와 덩굴 선

담쟁이덩굴

대구 동호초등학교 4학년 최지현, 2011년 2월 9일

사물이 움직이는 흔적을 선으로 그리기

우리 눈에 뚜렷하게 보이지는 않지만 움직이는 선, 이를테면 사물이 움직인 흔적을 나타내는 선을 그려 낼 수도 있습니다. 벌레가 기어가는 길, 새가 날아가는 길, 나뭇잎이 날려서 떨어지는 길, 자전거 바퀴의 움직임이나 바퀴가 굴러가는 흔적, 수돗물이 떨어지는 모습, 개울물이 흘러가는 모습, 깃발이 날리는 흔적 같은 것입니다.

새 한 마리가 하늘을 날아간다면 그 모습을 보는 사람은 새만 보지 않고 그 새가 움직여 나가는 길(선)도 생각하니까 더욱 아름답게 느끼는 것 아니겠습니까. '움직이는 흔적 선 그리기'는 지나간 시간의 흔적을 붙잡아 그리는 것이라고 하면 좋겠습니다.

아이들에게 '움직이는 흔적 선 그리기'를 지도해 보면 어른이 상상하지 못하는 뜻밖의 그림이 나오기도 합니다. 이런 것을 볼 때 '선의 변화 살려 그리기'에도 아이들의 상상력과 창조성이 나온다는 것을 알 수 있습니다.

선의 변화 살려 그리기

움직이는 흔적 선

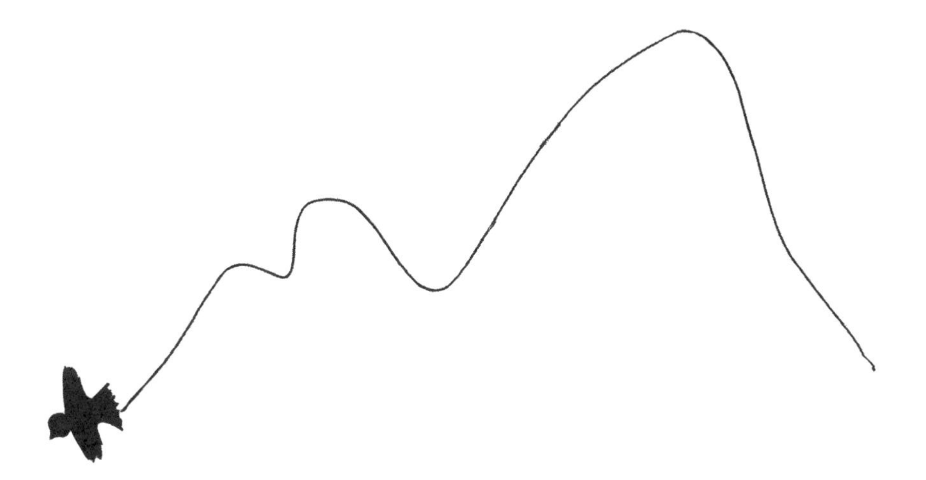

새가 날아가는 모습

경북 경산 부림초등학교 6학년 장정순, 1991년 12월 16일

선의 변화 살려 그리기

움직이는 흔적 선

벌이 날아가는 모습

경북 경산 부림초등학교 6학년 서현철, 1991년

선의 변화 살려 그리기

움직이는 흔적 선

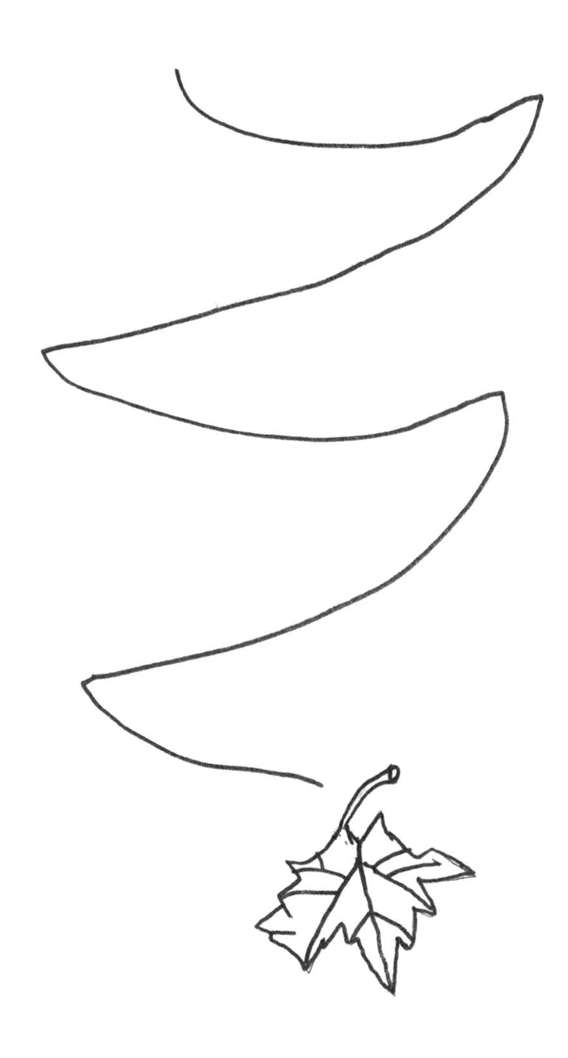

나뭇잎 떨어지는 모습

경북 경산 부림초등학교 6학년 김종진, 1991년

선의 변화 살려 그리기

움직이는 흔적 선

나비 날아오름

대구 동호초등학교 4학년 전서영, 2010년

선의 변화 살려 그리기

움직이는 흔적 선

연의 움직임

경북 경산 부림초등학교 6학년 지동수, 1991년

선의 변화 살려 그리기

움직이는 흔적 선

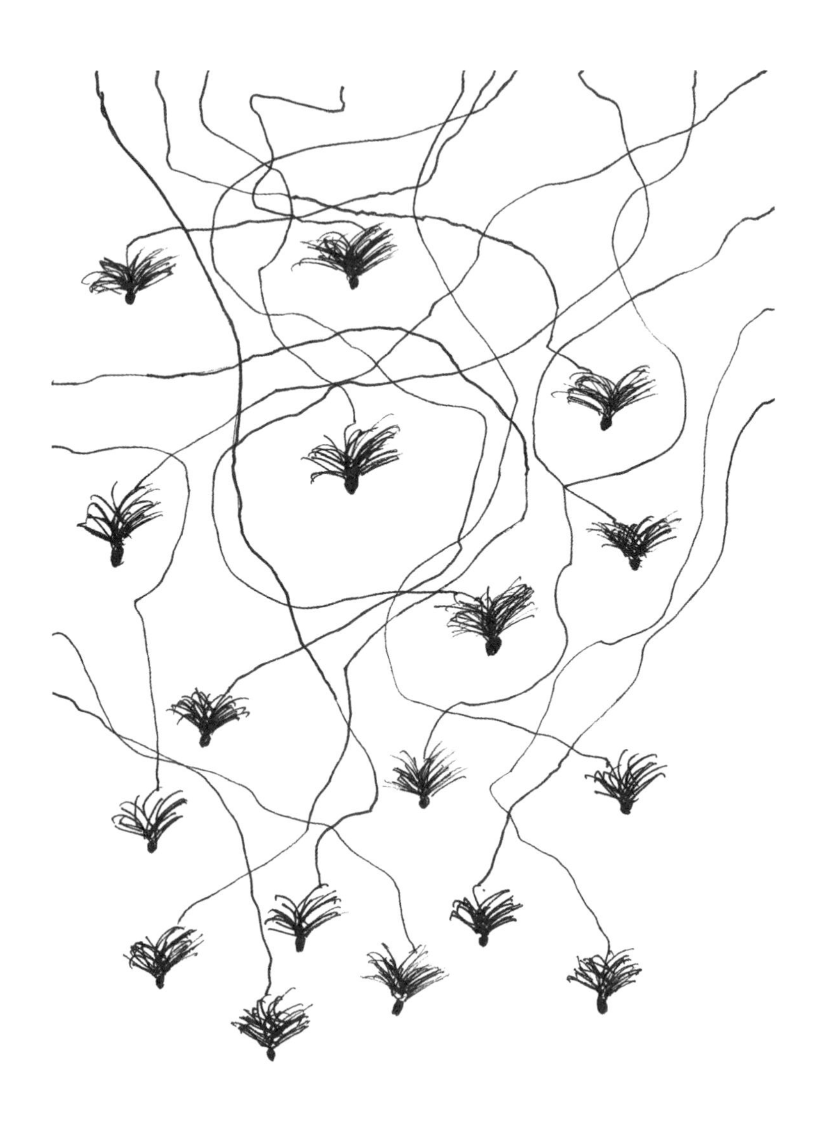

민들레 씨앗이 떨어지는 모습

경북 경산 부림초등학교 6학년 김진석, 1991년 12월 6일

선의 변화 살려 그리기

움직이는 흔적 선

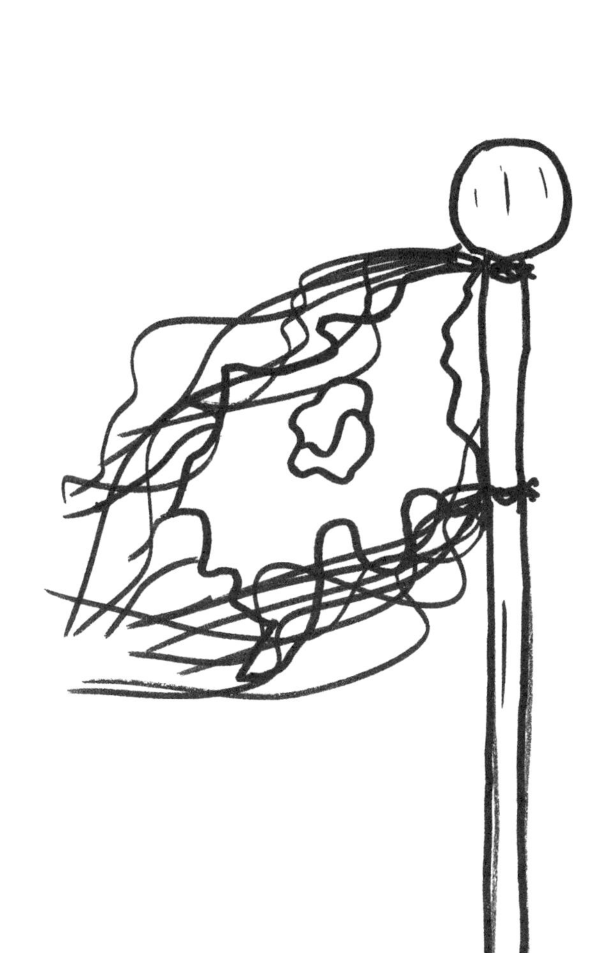

휘날리는 태극기

경북 경산 부림초등학교 6학년 허병대, 1991년 12월

선의 변화 살려 그리기

움직이는 흔적 선

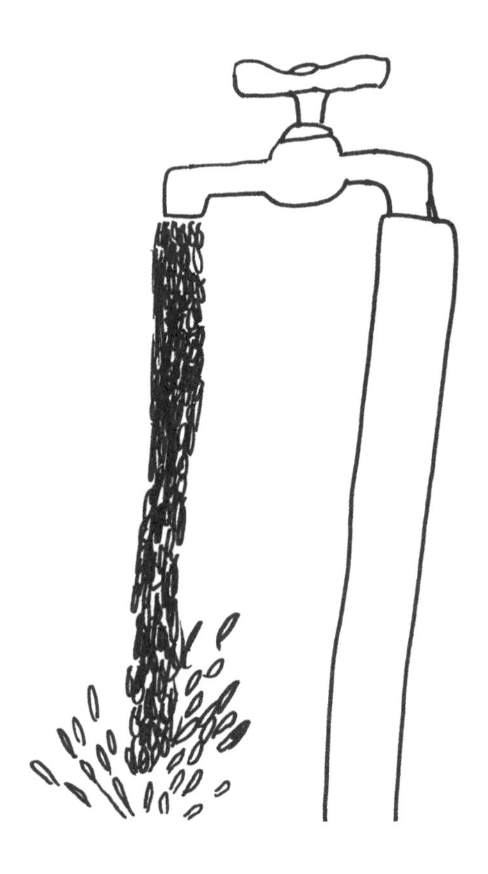

수돗물이 나오는 모습

경북 경산 부림초등학교 6학년 지동수, 1991년

선의 변화 살려 그리기

움직이는 흔적 선

칼싸움

경북 경산 부림초등학교 6학년 허병대, 1991년 12월 16일

선의 변화 살려 그리기

움직이는 흔적 선

자전거 타기

경북 경산 부림초등학교 6학년 지동수, 1992년 2월 17일

움직이는 열선 그리기

피어오르는 연기나 아지랑이, 물안개, 난로에서 올라오는 뜨거운 기운 같은 것을 선으로 나타내 볼 수도 있습니다. 뚜렷하지 않은 선의 모습을 실제 모습으로 한 가닥 한 가닥 그려 나가는 데 묘한 재미가 있지요.

아이들이 같은 모습을 다 같이 보고 그려도 똑같은 그림은 하나도 없습니다. 그걸 보면 아이들이 사물을 보고 그려도 제 나름대로 창조해서 그린다는 것을 알 수 있습니다.

'선 그림 그리기' 필기구로는, 가늘고 날카로운 선 그릴 때는 잉크 펜이 좋고, 부드러우면서도 진하기나 굵기로 강약을 나타내려면 연필이 좋습니다. 붓이나 붓펜을 쓰면 아주 부드러운 선을 나타낼 수 있겠지요. 어떤 선 그릴 때 어떤 필기구를 쓰면 좋을지 아이들이 스스로 찾아보도록 하는 것도 좋은 공부가 될 것입니다.

선의 변화 살려 그리기

움직이는 열선

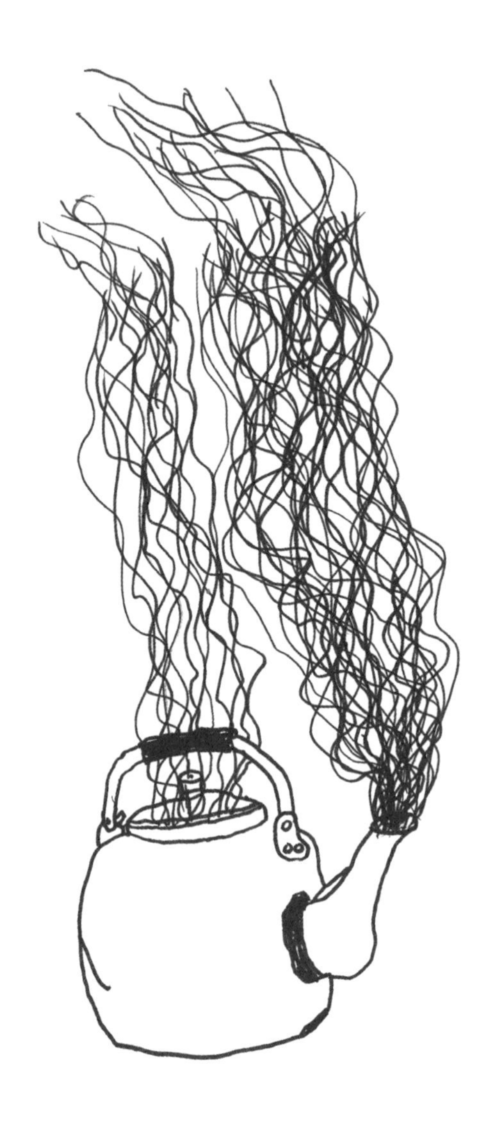

주전자에서 나오는 김

경북 경산 부림초등학교 6학년 김대근, 1991년 12월 16일

선의 변화 살려 그리기

움직이는 열선

냄비에서 나오는 김

경북 경산 부림초등학교 6학년 주동민, 1991년 12월 16일

선의 변화 살려 그리기

움직이는 열선

열선

경북 경산 부림초등학교 6학년 이유찬, 1991년 12월 16일

선의 변화 살려 그리기

움직이는 열선

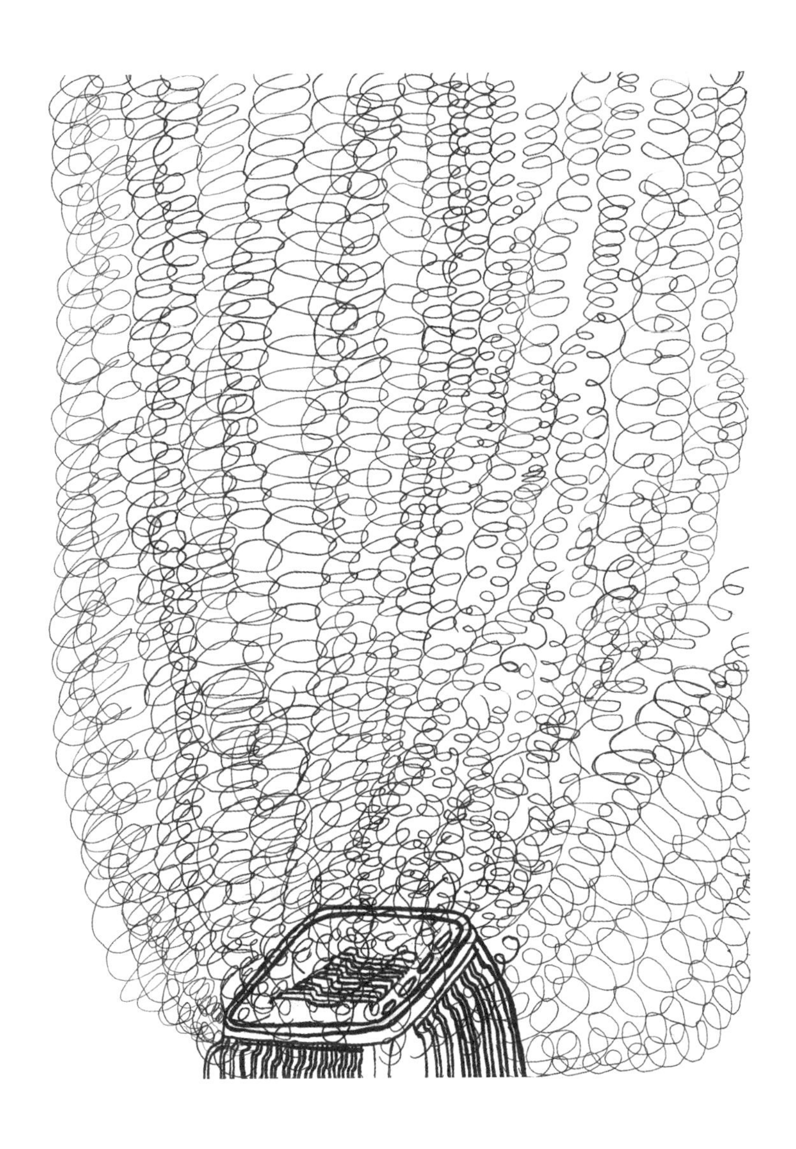

열선

경북 경산 부림초등학교 6학년 김영국, 1991년 12월 6일

선의 변화 살려 그리기

움직이는 열선

석유난로 열선

경북 경산 부림초등학교 6학년 신남철, 1991년 12월 16일

선의 변화 살려 그리기

움직이는 열선

열선

경북 경산 부림초등학교 6학년 이동혈, 1991년 12월 16일

성격 따라 다른 열선 모양

난로에서 올라오는 뜨거운 기운을 그린 그림들을 보면 그림에 따라 아이들의 성격도 어느 정도 알아낼 수 있습니다.

활발한 아이 선이 꼬불꼬불하면서도 아주 힘차게 뻗어 나갑니다.

성격 급한 아이 직선에 가깝고 매우 날카롭습니다.

명랑한 아이 둥글둥글하게 올라가는데, 전체가 크고 매끄럽습니다.

생각이 좁은 아이 선 전체 크기가 매우 작습니다.

꼼꼼하고 내성적인 아이 하나하나 꼼꼼하게 선을 그립니다.

열선

경북 경산 부림초등학교 6학년 허병대, 1991년 12월 16일

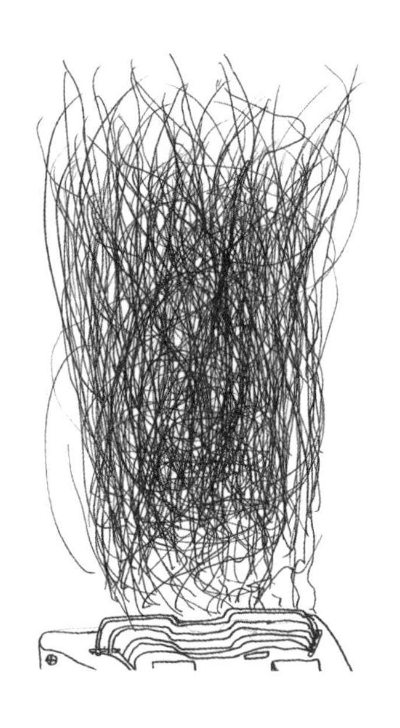

석유난로 열선

경북 경산 부림초등학교 6학년 지동수, 1991년 12월 16일

석유난로의 열

경북 경산 부림초등학교 6학년 허미경, 1991년 12월 16일

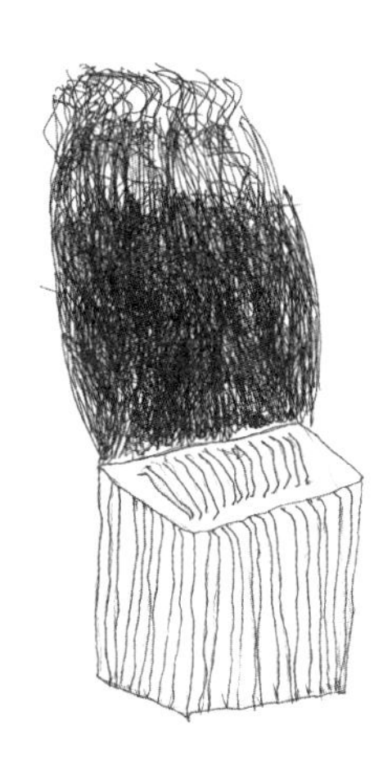

열선

경북 경산 부림초등학교 6학년 김진석, 1991년 12월 16일

열선

경북 경산 부림초등학교 6학년 김승웅, 1991년 12월 16일

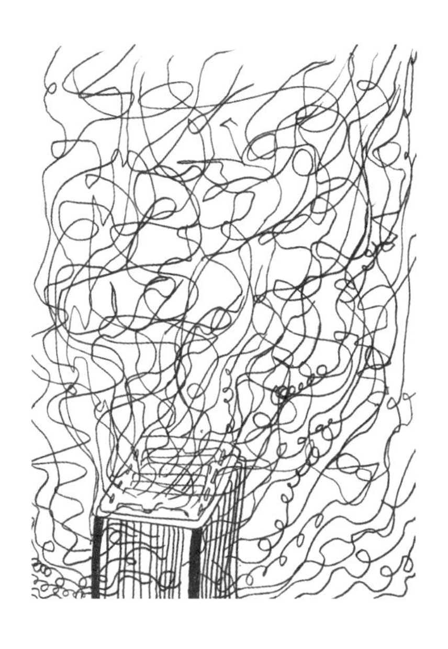

열선

경북 경산 부림초등학교 6학년 주동민, 1991년 12월 16일

2. 질감 살려 그리기

질감이란 재료의 성질에 따라 달라지는 독특한 느낌을 말합니다. 부드럽거나 단단한 느낌, 매끄럽거나 까칠까칠한 느낌, 딱딱하거나 폭신한 느낌 같은 것 말입니다. 넓게는 맛이나 냄새, 소리까지 질감에 넣을 수 있겠지요. '질감 나타내기'는 양감, 입체감, 원근감과 함께 그림이 마치 실물처럼 보이도록 하는 아주 중요한 방법입니다.

그렇다면 손으로 만져 보고, 입으로(혀로) 맛보고, 코로 냄새 맡아 보고, 귀로 소리를 들어 보아야 느낄 수 있는 그 물질의 독특한 성질을 어떻게 눈으로만 보고도 느낄 수 있을까요? 그건 지금까지 실제 생활 속에서 여러 물질을 대하면서 감각을 익혀 왔기 때문이지요. 따라서 어릴 때부터 오감 기관으로 많이 느껴 보도록 해야 합니다.

그런데 요즘 아이들은 감각이 둔해져서 살짝 걱정이 됩니다. 특히 도시 아이들은 회색 시멘트나 아스팔트, 원색 간판과 현란한 네온사인 같은 것을 많이 보고 자라서인지 자연이 보여 주는 갖가지 아름다운 색감을 잘 느끼지 못하기도 합니다.

냄새도 마찬가집니다. 인공으로 만들어진 자극 강한 냄새들에 익숙해져서 은은한 자연 냄새는 잘 느끼지 못합니다. 맛도 그래요. 단것을 너무 많이 먹어서 혀의 감각이 무뎌진 것 같습니다. 감이나 밤, 감자, 고구마처럼 자연에서 나는 온갖 열매의 달짝지근한 맛이나 구수한 맛은 잘 못 느끼지요.

그렇다면 느낌에는 어떤 것들이 있을까요? 눈으로는 볼 수 있는 것으로는 색깔이나 밝기, 반짝임 같은 것이 있지요. 또 손으로 만졌을 때 매끌매끌하거나 까칠까칠한 느낌, 말랑말랑하거나 딱딱한 느낌, 부드럽거나 폭신한 느낌, 따뜻하거나 차가운 느낌, 가볍거나 무거운 느낌 같은 것도 있지요. 이것은 질감을 표현할 때 중요한 느낌들입니다.

코로 맡는 냄새는 구수한 냄새, 향긋한 냄새, 썩는 냄새, 구린내, 비린내, 신 냄새 같은 것들이 있습니다. 혀로 느끼는 것은 단맛, 짠맛, 신맛, 쓴맛, 고소한 맛, 매운맛, 떫은맛 같은 것들이 있을 테고요. 귀로 느끼는 것은 사람 소리, 동물 소리, 자연 소리(바람 소리나 물소리 따위), 무엇이 부딪히는 소리, 무엇을 끄는 소리 같은 것들이 있습니다. 이 밖에도 헤아릴 수 없을 만큼 많은 느낌들이 있습니다.

이런 여러 가지 느낌을 눈으로 보기만 해도 느낄 수 있도록 그리는 것이 '질감 살려 그리기'입니다. 밝고 어두움을 달리한다든지, 선을 긋는다든지, 점을 찍는다든지, 무늬를 그린다든지, 물감을 두껍게 칠하거나 긁어내고 뿌리고 흘리기를 한다든지 해서 나타내지요. 그뿐만 아니라 화면에 다른 재료를 붙일 수도 있는데, 종이나 헝겊을 오리거나 찢어서 붙이기도 한답니다. 여기서는 연필 한 가지로 질감을 표현하는 방법만 이야기하겠습니다.

사물의 부분 질감 나타내기

먼저 사물의 한 부분 질감을 나타내어 봅니다. 가죽의 한 부분, 나무껍질의 한 부분, 원목 장롱 나무의 한 부분, 갈라진 논바닥의 한 부분, 살갗의 한 부분, 대바구니의 한 부분 같은 것 말입니다.

천은 올의 굵기와 종류, 얽혀 있는 모양에 따라서 다를 테니 잘 살펴서 그려야겠습니다. 나무껍질 또한 나무마다 특징을 잘 살펴야 하고요. 흙은 점을 찍어서 나타낼 때가 많고, 갈라진 논바닥은 갈라진 모습을 잘 살펴 나타내어야겠지요. 살갗은 주름과 솜털을, 손바닥은 지문과 손금을 잘 나타내어야 할 테고요.

연습 삼아 처음 그릴 때는 그리는 면을 너무 넓게 잡으면 힘들 테니까, 가로세로 10센티미터 되는 넓이쯤 잡아 그리는 것이 좋습니다.

질감 살려 그리기

사물의 부분 질감

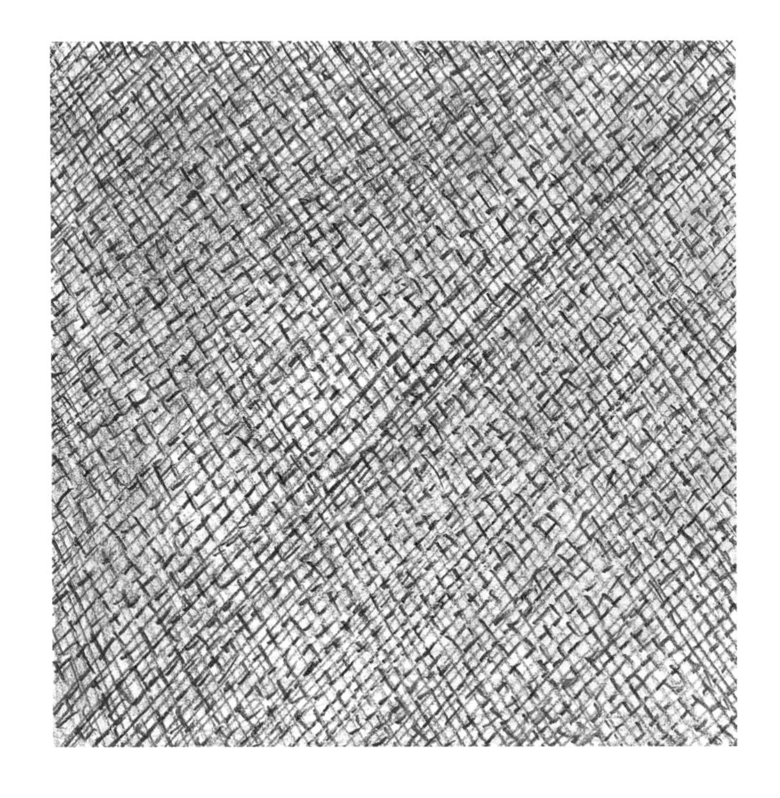

천

경북 경산 중앙초등학교 6학년 이미례, 1993년 10월 8일

질감 살려 그리기

사물의 부분 질감

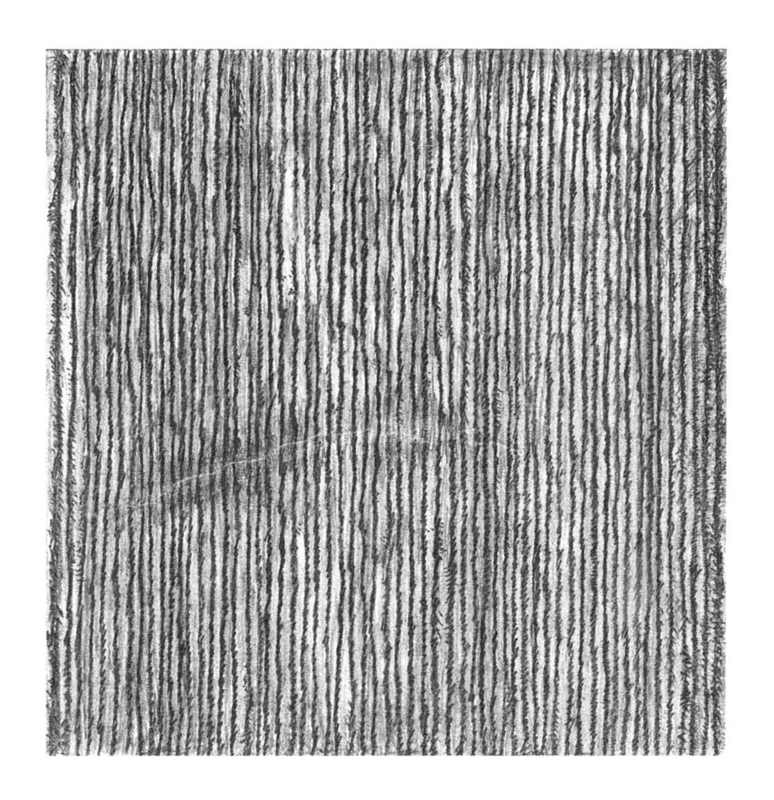

골덴 바지

경북 경산 중앙초등학교 6학년 은정, 1993년 9월 26일

질감 살려 그리기

사물의 부분 질감

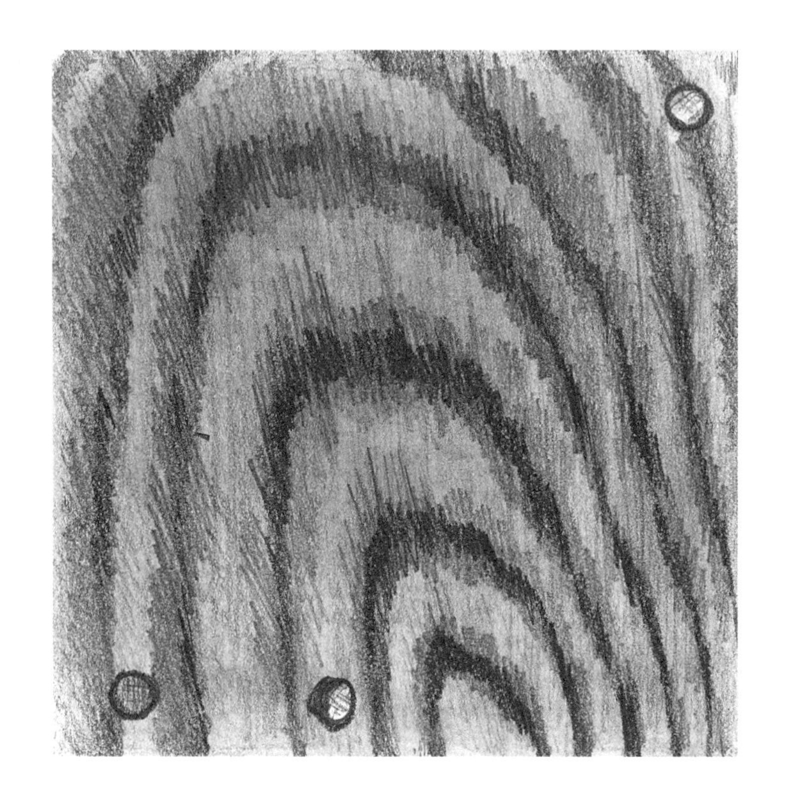

책상의 나무

경북 경산 중앙초등학교 6학년 이정남, 1993년 10월 3일

질감 살려 그리기

사물의 부분 질감

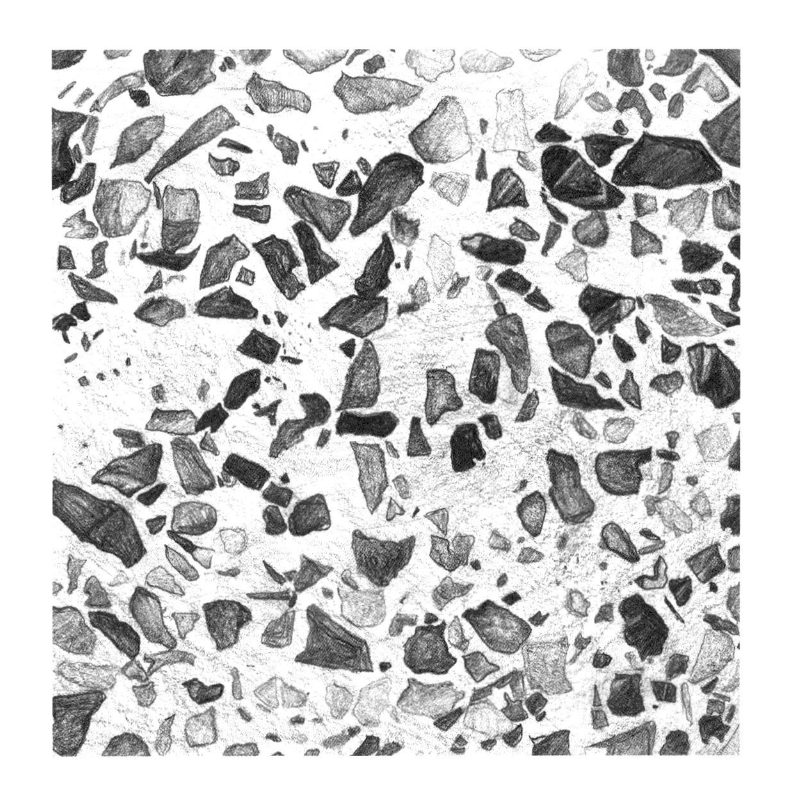

시멘트 바닥

대구 동호초등학교 4학년 진흥림, 2010년 11월

질감 살려 그리기

사물의 부분 질감

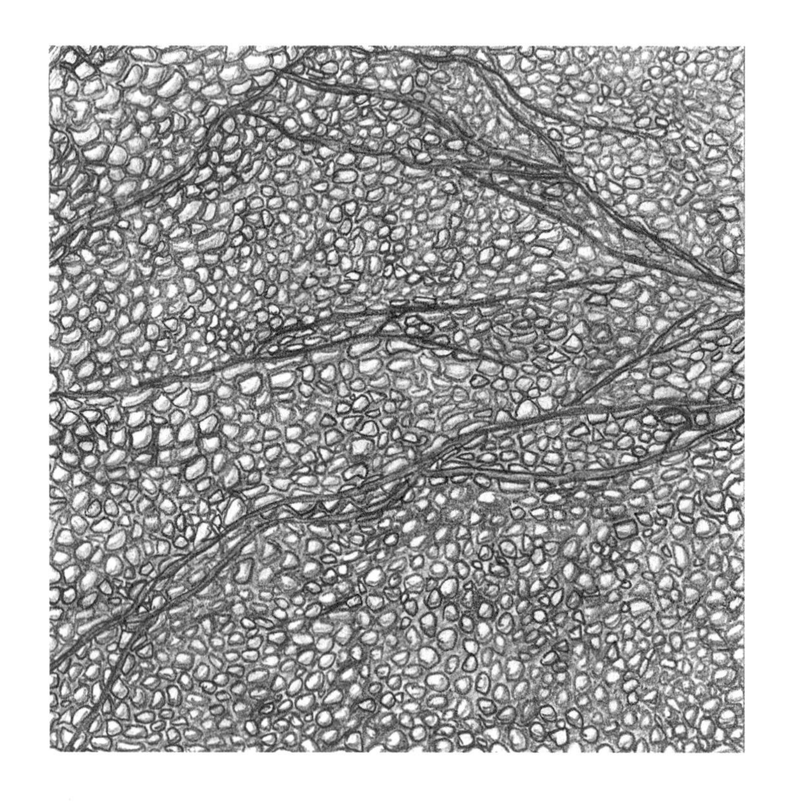

도시락 가방의 인조가죽

경북 경산 중앙초등학교 6학년 태혜선, 1993년 10월 3일

질감 살려 그리기

사물의 부분 질감

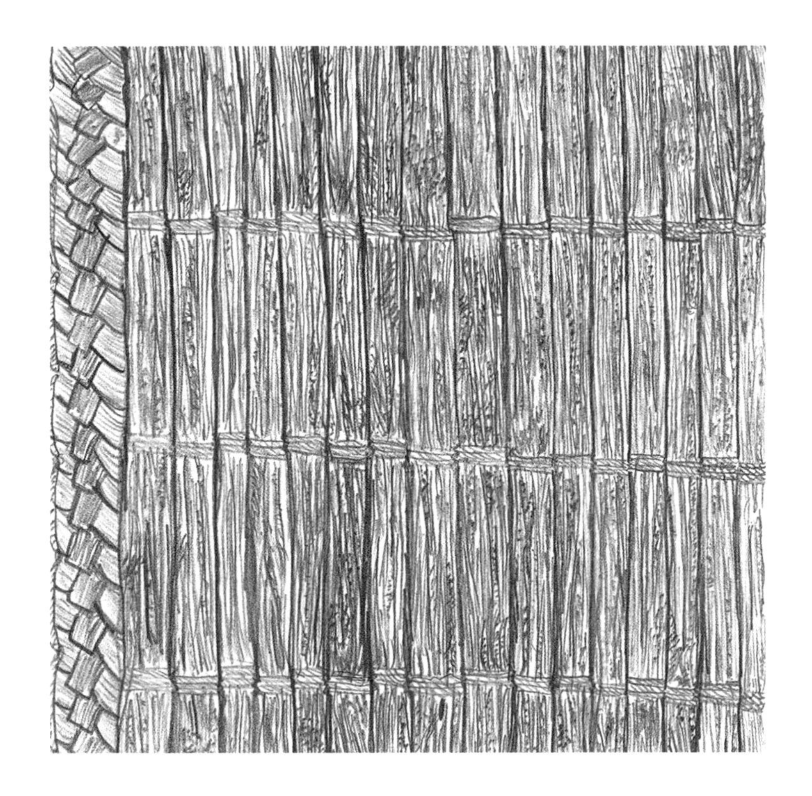

대자리

경북 경산 중앙초등학교 6학년 안연경, 1993년 10월 3일

사물의 전체 질감 나타내기

사물의 부분 질감 표현을 어느 정도 할 수 있게 되면 사물의 전체를 온전히 그리면서 질감을 나타내도록 합니다. 나무, 옷, 쇠붙이 들 그 무엇을 그리든 질감을 잘 나타내면 실물에 거의 가까운 모습으로 보입니다.

질감 표현 가운데도 물(액체)이나 투명한 유리 같은 것은 나타내기가 어렵습니다. 물을 그린다면 물결, 물 겉면에 드리운 그림자, 물속에 아른거리며 비치는 빛, 물속에 있는 무언가가 겉면에 비치는 모습 같은 것들로 나타내는 방법이 있겠지요. 유리는 유리 너머에 있는 것, 또는 유리에 비치는 물체의 모습, 유리에 반사되는 반짝임 들로 나타낼 수 있겠고요. 상황에 따라 여러 가지 방법이 있을 것입니다.

그림에서 냄새나 맛까지 느낄 수 있도록 나타내면 더없이 좋겠지요. 기름기가 좌르르 흐르는 따뜻한 쌀밥은 어떻게 그리면 될까요? 밥알이 반짝이는 모습이나 김이 모락모락 올라오는 모습으로 나타낸다든지 여러 가지 방법이 있습니다. 실제로 쌀밥을 먹으면서 잘 살펴보면 좋은 방법을 찾아낼 수 있지 않을까요? 또 삶은 감자의 구수한 맛은 어떻게 표현하면 좋을까요? 잘 익은 감자에서 김이 모락모락 나는 모습을 그릴 수도 있습니다. 달콤하고 시원한 아이스크림 맛을 느끼도록 그리려면 어떻게 하면 될까요? 또 냄새는 어떻게 나타낼까요? 쉽지 않겠지만 찾아보면 좋은 방법이 얼마든지 있을 것입니다. 실제로 느껴 보기도 하면서 특징을 잘 잡아 그려야겠지요.

질감을 잘 나타내려면 오랫동안 끈기 있게 정신을 모아야 할 때가 많습니다. 무엇을 그리느냐에 따라 연필심 굵기도 다르게 해야 더욱 또렷하게 잘 드러낼 수 있습니다.

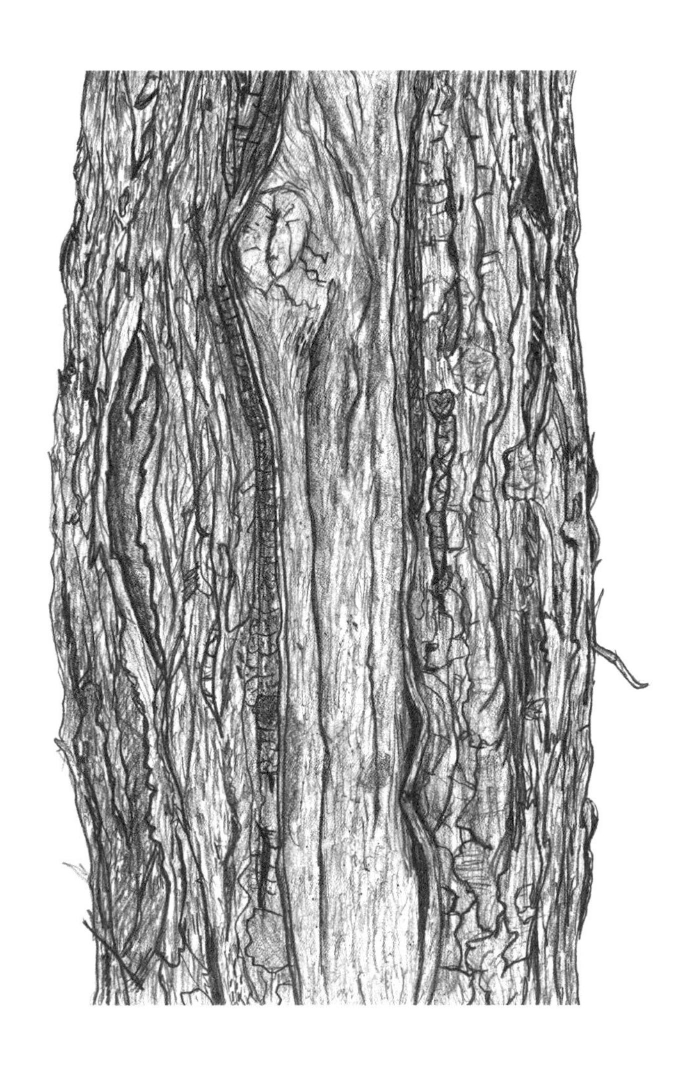

메타세쿼이아

대구 동호초등학교 4학년 최지현, 2010년 10월

메타세쿼이아 껍질은 짙은 살색에 가까운 붉은색이다. 다른 껍질보다는 덜 꺼칠꺼칠하다.
겉껍질은 아래위로 얇게 일어나 벗겨지기도 한다.
내가 그린 메타세쿼이아 나무는 가운데 부분이 가로로 껍질이 벗겨져 속나무가 다 드러났다.

질감 살려 그리기

사물의 전체 질감

벚나무

대구 동호초등학교 4학년 장윤정, 2010년 10월

내가 관찰한 벚나무 껍질은 더덕더덕 붙어 있고 만져 보면 까칠까칠하다.
색깔은 짙은 회색 아니면 검은색에 가깝다. 다른 벚나무들을 보니까 대부분 가로로 줄도 죽죽 그어져 있는데
내가 그린 벚나무는 그런 것이 조금밖에 없다. 점이 많이 있다. 어린 벚나무는 껍질이 곱고 가로줄이 많이 그어져 있고 점도 많다.

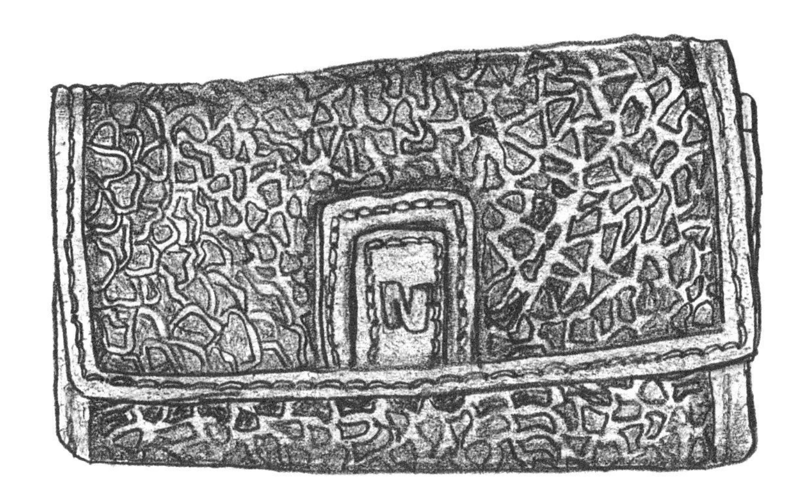

지갑

경북 경산 중앙초등학교 6학년 원수영, 1993년 9월 17일

질감 살려 그리기

사물의 전체 질감

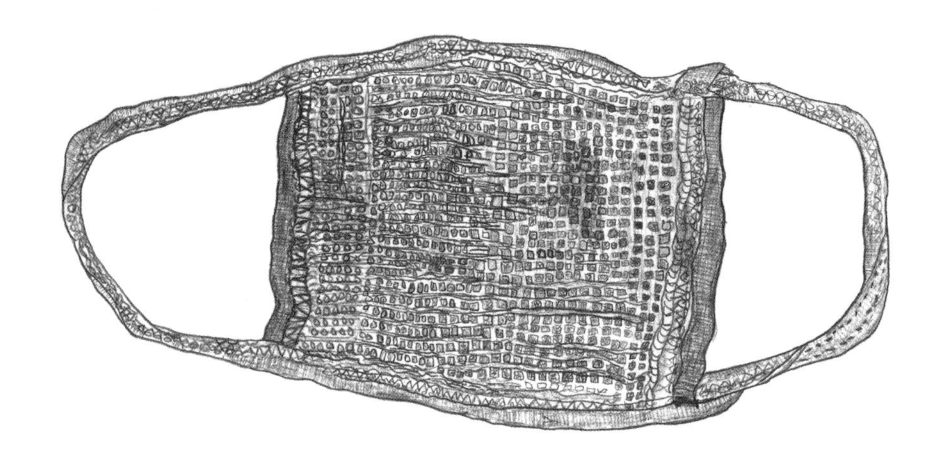

마스크 질감

대구 동호초등학교 4학년 김민규, 2010년 12월 22일

질감 살려 그리기

사물의 전체 질감

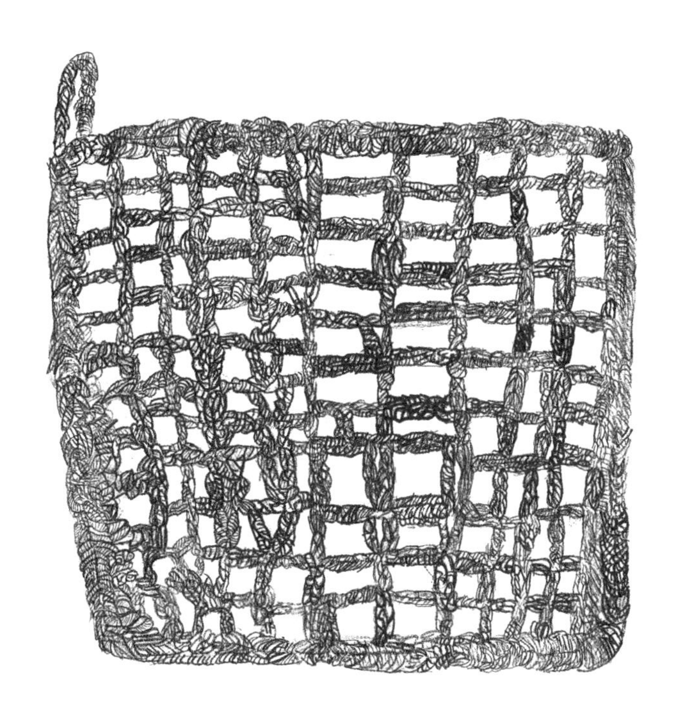

굵은 실망 질감

대구 동호초등학교 4학년 임혁규, 2010년 11월

3장

대상을 자세히 관찰하여 그리기

1. 정보가 뚜렷한 물건 그리기
2. 식물 관찰 그림 그리기
3. 동물 관찰 그림 그리기
4. 유물과 유적 그리기
5. 풍경 그리기

1. 정보가 또렷한 물건 그리기

처음으로 '보고 그리기'를 할 때는 단순한 물건부터 그리기 시작하지만, 나는 얼마 동안 먼저 사람의 모습을 그리게 한 뒤에 '물건 그리기'를 했습니다. 특별히 다른 뜻이 있었던 건 아니었지만, 그렇게 했더니 좋은 점을 발견할 수 있었습니다.

생김새가 복잡한 사물을 보면 누구나 혼란스러워합니다. '왜 저렇게 복잡할까!', '너무 복잡해서 뭐가 뭔지 잘 모르겠는걸.' 이러면서요. 그리고 눈으로 들어오는 물건의 복잡한 정보에 짓눌리기도 하지요.

그러면 의식 속에서는 물건의 세밀한 실제 모습을 받아들이지 않으려고 합니다. 정보를 받아들일 때는 보는 사람 나름대로 어떤 질서를 세워 분석해야 하는데, 그걸 제대로 못 하면 그림도 제대로 그리지 못하게 되지요.

나무를 그릴 때 '아휴! 저 많은 나뭇잎을 어떻게 그려.' 이렇게 지레 겁을 먹고는 솜사탕처럼 두루뭉술하게 그리고 맙니다. 나뭇잎을 꼼꼼하게 그리는 아이는 그리 많지 않습니다. 복잡한 사물은 이렇게 자기 머릿속에서 어떤 상징으로 단순화해 버리는데, 그림을 그릴 때 사물은 잘 살펴보지도 않고 그 상징을 끄집어내어 그리기가 쉽습니다.

간단한 물건 그리기

그래서 보통 그림 그리기를 시작할 때는 모양을 쉽게, 뚜렷이 받아들일 수 있는 단순한 사물부터 그립니다. 연필, 볼펜, 집게, 컵, 그릇, 주전자, 숟가락, 필통, 병, 우유갑, 펜치, 칼 같은 것들이지요. 이런 단순한 사물을 그리더라도 아이들에게는 그 사물을 자세하게 설명해 줄 필요가 있습니다.

컵을 그린다고 합시다. 위에서 내려다보면 원으로 보이지만 자기 눈높이에서는 타원형으로 보인다는 것을, 아이가 직접 살펴보게 하고 교사가 그려 보이기도 하며 설명해 주면 좋겠지요.

네모난 상자를 그릴 때도 자기 눈높이에서 어떤 모양과 크기, 길이로 보이는지 아이가 볼 수 있게 하면서 설명해 줍니다. 세로 모서리 조금 위쪽에서 비껴보며 상자를 그린다고 할 때, 상자 윗면의 사각형은 정사각형이나 직사각형이 아니라 마름모나 평행사변형으로 보입니다. 옆면은 멀어질수록 좁아지는 사다리꼴이 되고요. 세로 모서리 길이는 멀리 있는 것이 더 짧게 보이지요.

여기서 실제로는 크기가 같은 사물이라도 눈과 가까울수록 더 크게 보이고 멀수록 더 작아 보이는 원근 개념도 배경과 견주어 설명해 주면 좋습니다. 그 밖에도 다른 여러 방향에서 볼 때는 어떤 모양, 크기, 길이로 보이는지 설명해 줍니다.

칼을 그린다면, 칼날 부분인 쇠와 손잡이 부분인 플라스틱의 느낌을 잘 살려 그려야 한다고 알려 줍니다. 특히 칼날은 날카롭게 보이도록 그려야 한다는 것도 이야기해 주면 좋겠지요.

물건을 그릴 때 가끔은 뜻있는 대상을 정해서 그려 보는 것도 좋습니다. 이를테면 자기가 가장 아끼는 장난감, 가장 좋아하는 물건, 사연이 담긴 물건 같은 것 말이지요. 이런 물건 속에는 이야기도 많이 들어 있을 것입니다. 물건을 얻게 된 과정, 물건에 얽힌 이야기, 물건의 모양 같은 것을 다음과 같이 한 도막 적어 보면 더 좋겠지요.

내 운동화

경북 경산 중앙초등학교 강동윤, 1993년 9월 17일

내 운동화 한 짝 끝에는 불에 탄 자국이 조금 남아 있다. 그 까닭은 어머니께서 신발을 급히 말린다고 가스레인지 위쪽에 놓아두셨는데 불길이 너무 세서 끝이 좀 타 버렸기 때문이다.

또 난 신발을 아끼지 않는다. 저번에 일부러 모래를 차서 신발이 먼지투성이가

> 되어 집에 오니 어머니께서 "니 신발 그래 신고 다닐래, 엉!" 하셨다. "땅이 말라서 그래요." 했다. 그때는 별로 죄송한 생각이 없었는데 지금 생각하니 부모님께 대꾸하지 않고 신발을 깨끗이 해서 다녀야겠다.

또 주전자와 컵, 우유갑이나 병, 과일 같은 몇 가지 물건을 한자리에 놓고 그려 보기도 합니다. 물건을 어떻게 놓으면 짜임새가 있고 보기가 좋을지 설명해 주면 좋습니다. 이때 아이들에게 구도가 어떠니 하는 어려운 설명보다는 아이들이 쉽게 이해할 수 있게 이야기해 주어야겠지요.

그다음, 물건들 가운데 어느 물건이 중심이 되는 물건인지를 찾아보도록 합니다. 주로 큰 물건이나 앞쪽, 또는 가운데 있는 물건이 중심이 되는 물건이지요. 대체로 중심 물건을 먼저 그리고 옆쪽에 있는 다른 물건, 뒤쪽에 있는 물건 차례로 그리면 되겠지요. 여기서도 어떤 공식이 정해져 있는 것은 아니니까 자기 방식대로 그리면 될 것입니다.

아주머니께서 사 주신 시계

경북 경산 중앙초등학교 6학년 윤지현, 1993년 9월 5일

경산으로 이사 오기 하루 전, 옆집 환이 어머니께서 오셨다. 환이는 나와 같은 또래였기 때문에 친했지만, 아주머니와는 더욱더 가까운 사이였다. 언제나 따뜻하게 대해 주시던 아주머니라 헤어지기가 무척 섭섭했다. 그런데 아주머니께서 오신 것이다. 아주머니께서 내게 지금의 이 손목시계를 주셨다. 흠도 많이 나고 했지만, 아주머니를 영영 잊지 않으며 끼고 다닐 것이다.

정보가 뚜렷한 물건 그리기

간단한 물건

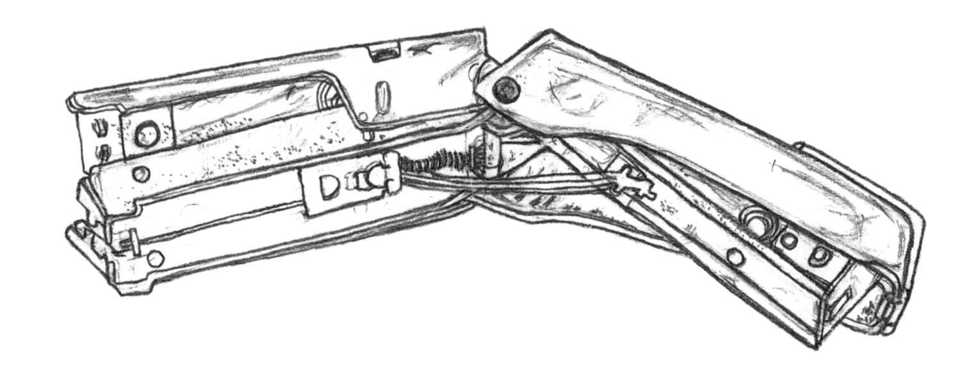

호치키스

경북 경산 중앙초등학교 6학년 이명훈, 1993년 9월 2일

이것은 3년 전에 테이프로 붙이거나 줄로 묶는 것이 귀찮아서 아빠가 사 오셨다. 우리 집은 물건을 잘 잃어버리지 않아 지금까지 있다. 철이 아닌 모든 것을 집을 수 있어 편리하다. 그런데 내가 4학년 때 이것으로 장난하다가 찍힐 뻔했다. 그 뒤부터는 장난치지도 않고 아껴 왔다. 하지만 닦지도 않아 너무 더러워졌다. 이제는 열심히 닦고 아껴 오래 간직하고 싶다.

간단한 물건

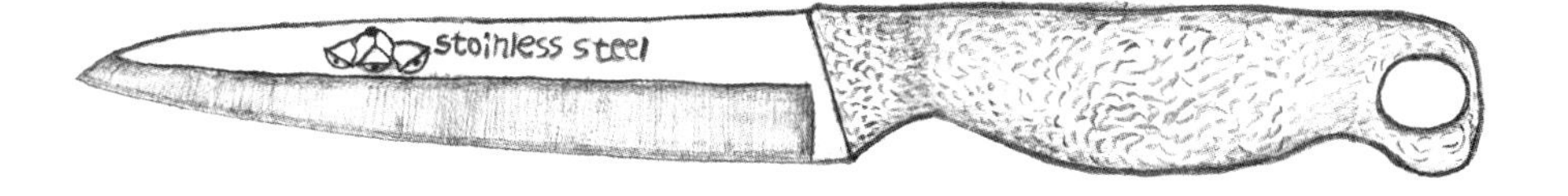

칼

경북 경산 부림초등학교 6학년 신남철, 1991년 12월 13일

정보가 뚜렷한 물건 그리기

간단한 물건

멍키

경북 경산 부림초등학교 6학년 김대근, 1992년 2월 11일

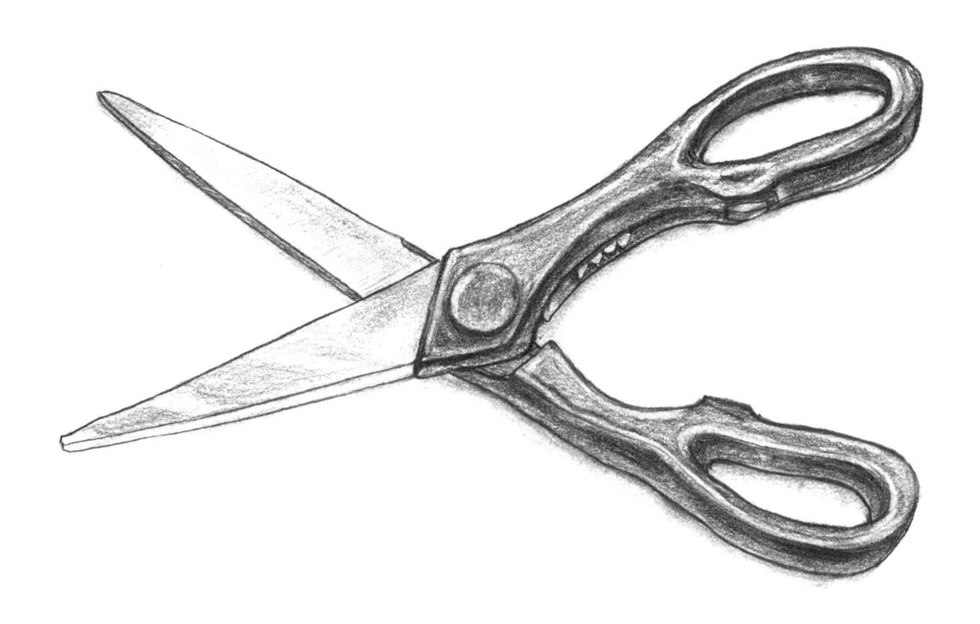

가위

대구 동호초등학교 4학년 최지현, 2010년 12월 18일

가위는 손잡이 부분과 무엇을 자르는 날 부분이 있다. 손잡이 부분은 플라스틱으로 되어 있는데,
동그런 곳에 손가락을 끼워 잡을 수 있게 해 놓았다. 손잡이 아랫부분은 조금 둥근 모양인데,
그 둥근 모양 사이에 쇠가 뾰족뾰족하게 나와 있다. 왜 그렇게 해 놓았을까? 무엇을 집는 데 쓸까? 아니면 병뚜껑 따는 데 쓸까?
그리고 가위 두 쪽을 고정시키는 동그란 쇠가 가운데 끼워져 있다. 날은 좀 날카롭게 되어 있다.

정보가 뚜렷한 물건 그리기

간단한 물건

지갑

경북 경산 부림초등학교 6학년 장정순, 1992년 2월 11일

정보가 뚜렷한 물건 그리기

간단한 물건

박카스 병

대구 동호초등학교 4학년 오채민, 2010년 12월 20일

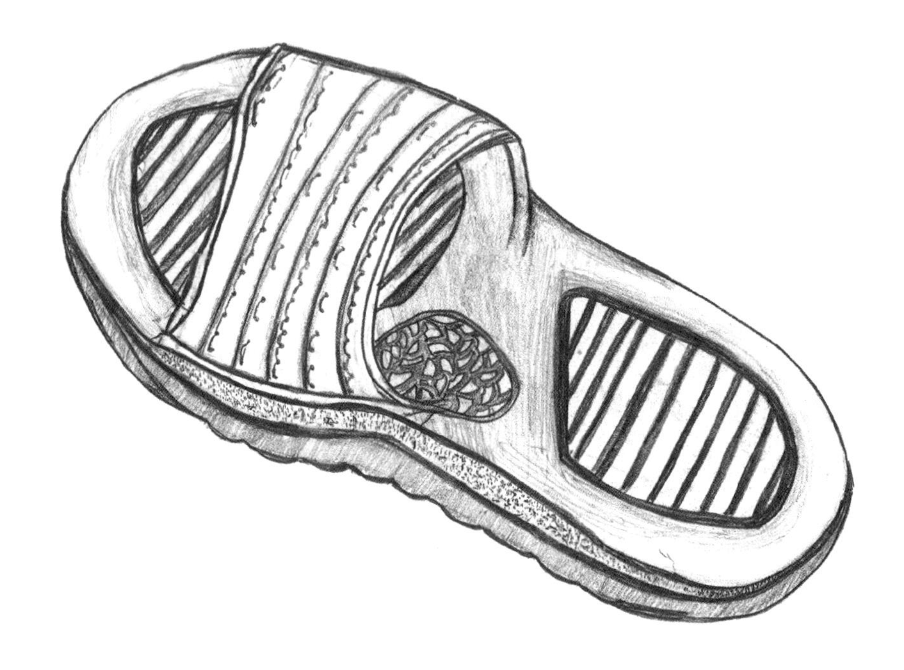

슬리퍼

경북 경산 중앙초등학교 6학년 박정미, 1993년 9월

나는 동생과 발 크기가 똑같다. 그래서 내 동생 진완이는 이제 내 슬리퍼를 자기 것처럼 신고 다니며 논다. 신지 않고 다른 신발 신으라고 하면 나에게 "좀 신자, 누나야 돈으로 산 거 아니잖아." 라고 말하면 할 말이 없어진다. 그래서 내 슬리퍼를 나보다 동생이 더 많이 신고 다닌다.

정보가 뚜렷한 물건 그리기

간단한 물건

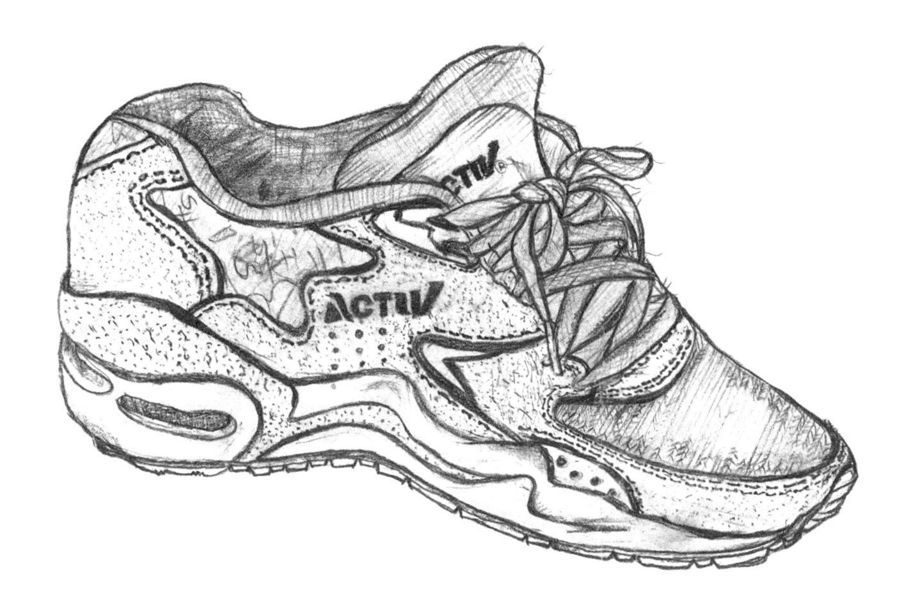

내 신발

경북 경산 중앙초등학교 6학년 권혁준, 1993년 9월 14일

4월쯤인가? 아빠와 신발을 사려고 프로스펙스, 아디다스, 퓨마, 아식스 같은 신발점을 다 뒤져 봤다.
그런데도 내 마음에 드는 신발은 없었다. 마지막으로 남은 신발점이 코오롱 스포츠였다!
들어가서 보니, 마음에 드는 신발이 눈에 들어왔다. 그게 바로 지금 요 신발이다.

정보가 뚜렷한 물건 그리기

간단한 물건

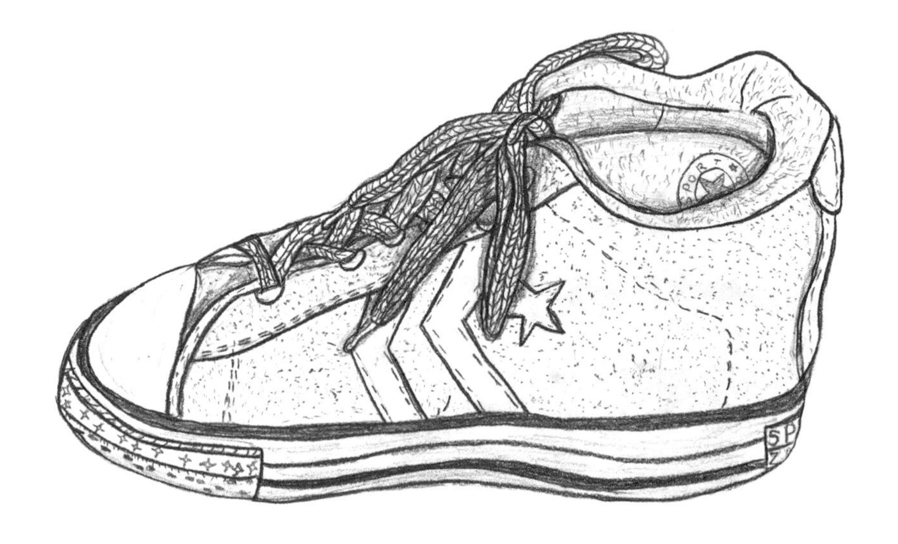

신발

경북 경산 성암초등학교 6학년 권향금, 2006년 1월 3일

옛날에 쓰던 대소쿠리
경북 경산 부림초등학교 6학년 주동민, 1991년 12월 18일

대바구니

경북 청도 덕산초등학교 5학년 1반 윤영웅, 1996년 11월 1일

우리 집에는 대나무로 만든 바구니가 많이 있다. 그 가운데서 둥근 모양의 바구니를 가장 좋아한다.
대나무 살로 하나하나 정성 들여 만들었다. 누가 만들었는지는 모르지만 한 살 한 살 엮는 데 정말 큰 정성이 들어 있을 것이다.
미로같이 얽혀 있다. 나는 이 바구니를 보면 기분이 좋다.

복잡한 기계 그리기

간단한 물건을 어느 정도 제대로 그릴 수 있을 때 좀 더 복잡한 물건이나 기계를 그리도록 합니다. 자전거, 오토바이, 승용차, 트럭, 굴착기 같은 기계의 겉모습이나 구조를 그리도록 하는 것이지요. 부속품 하나하나까지 빠트리지 않고 제자리에 정확하게 그리게 합니다. 가끔은 자기가 그린 도구나 기계의 부속품 하나하나가 어떤 역할을 하는지 설명하도록 지도하는 것도 좋겠습니다.

기계에 관심이 많은 아이는 아주 복잡한 기계도 열심히 그리는 모습을 볼 수 있는데, 이런 아이에게는 앞으로 기계를 잘 다루는 기술자나 새로운 것을 발명하는 훌륭한 과학자가 될 것이라고 칭찬해 주면 더 좋겠지요.

학교에서는 해마다 '과학의 달'인 4월을 맞이해 여러 가지 과학 행사를 합니다. 그 가운데 '과학 상상 그림 그리기' 대회도 있지요. '과학 상상 그림 그리기'도 필요하겠지만 그보다 먼저 복잡한 기계를 아주 자세하고 정확하게 그리는 것부터 지도해야 합니다. 상상이라도 현실에서 너무 떠나 있으면 뜬구름 잡기처럼 되거든요. 추상화도 사실 그림의 바탕 위에 나와야 한다고 생각합니다.

참! 밝고 어두움(명암)에 대한 이야기는 하지 않았지요? '사물 그리기'를 할 때는 조금씩 이야기해 주는 것이 좋겠습니다. 내가 지금껏 그림의 밝고 어두움 표현에 대해 별로 말하지 않았던 것은 사물의 형태를 더 정확하게 그리도록 하기 위해서였습니다. 밝고 어두움을 나타낼 때는 가장 밝은 곳, 조금씩 어두워지는 곳, 가장 어두운 곳, 또 반짝이는 곳은 어디인지 아이 스스로 찾아보게 하거나 교사가 구체로 짚어 줍니다. 그러면서 밝은 곳은 밝게, 어두운 곳은 어둡게 그려야 한다는 이야기를 자주 해 주면 아이 스스로 깨달아서 제대로 표현하게 될 것입니다.

다시 말하지만 간단한 물건 하나를 그리더라도 이렇게 친절하게 설명해 주는 시간도 가져야 합니다. 그러다 창의력을 죽일 수도 있다고요? 그렇지 않습니다. 잘 살펴보고 알게 되면 오히려 창의력을 더욱 살릴 수 있습니다.

정보가 뚜렷한 물건 그리기

복잡한 기계

자전거

경북 경산 중앙초등학교 4학년 김혜현, 1992년 10월 7일

이 자전거는 오빠와 내가 돈을 모아서 산 것이다. 그런데 오빠는 자기 것이라고 생각하고 있다.
먼지가 약간만 묻어 있으면 "김혜현 걸레!" 하고 소리를 지른다. 정말 성격이 예민한 것 같다.
"그게 오빠야 꺼가? 생각이 완전히 다 지워져 버렸재, 치이."
그러면 오빠 얼굴은 붉어지고 아무 말도 못 한다. 그럴 때마다 기분이 좋다.

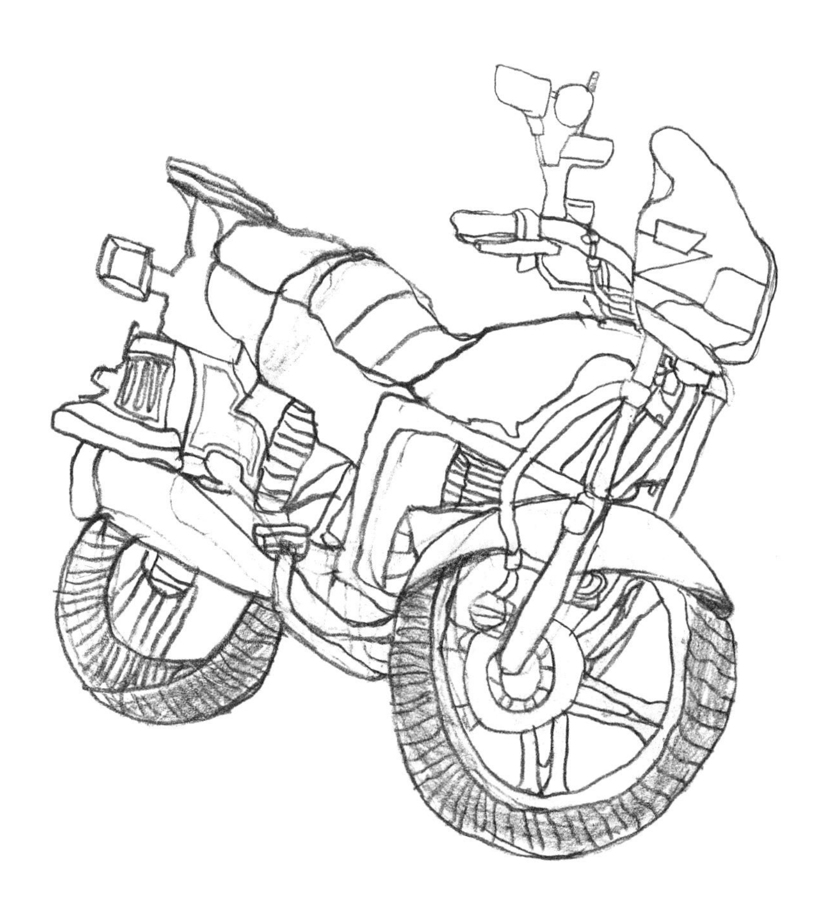

오토바이

경북 경산 중앙초등학교 4학년 이진호, 1993년 2월

정보가 뚜렷한 물건 그리기

복잡한 기계

자동차

경북 경산 중앙초등학교 4학년 박언주, 1993년 2월 10일

대현이랑 기계 그림을 그리는데 차 주인이 와서 타고 가 버렸다. 그래서 옆에 있는 프라이드 차를 그렸다.
한 시간 반 동안 그리니까 점점 어두워져서 안 보인다. 추워서 손도 못 움직일 것 같아서 입으로 호호 불어 가며 마무리를 지었다.
고생은 했지만 완성해서 다행이다.

짐차

경북 경산 중앙초등학교 4학년 김대현, 1992년 10월 7일

정보가 뚜렷한 물건 그리기

복잡한 기계

짐차

경북 경산 중앙초등학교 4학년 김대현, 1992년 10월 7일

저녁이었다. 아이들이 뒷동네 한길 중간에 있는 짐차에 올라갔다. 나도 올라갔다. 아이들이 다시 내려왔다.
그래서 나도 내려오는데 영호 형이 막 당겼다. "놔라!" 하니 계속 붙잡고 당겨 무릎이 까지니까 놔주었다.
집에 와서 무릎에 연고를 바르는데 따가워 "아야!" 하며 고함을 질렀다.
누나한테 "와 이래 따갑노?" 하며 물으니, "몰라." 하였다. 내가 올라간 것이 잘못이여. "아이, 씨." 하며 후회하였다.

정보가 뚜렷한 물건 그리기

복잡한 기계

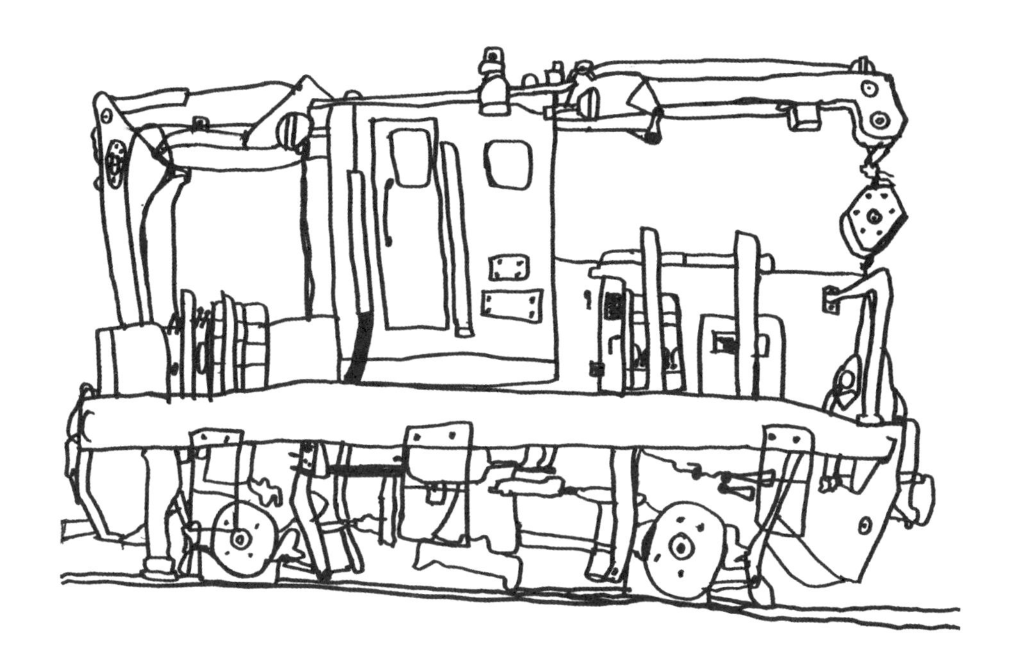

철도에 사고 나면 끄는 차

경북 경산 중앙초등학교 4학년 김대현, 1992년 10월 8일

철도 있는 데 가니 철도에 사고 나면 끄는 차가 있었다. 너무 신기했다.
바퀴 밑에 기계를 보니 복잡했다.

정보가 뚜렷한 물건 그리기

복잡한 기계

포크레인

경북 경산 중앙초등학교 4학년 이단, 1992년 10월 7일

포크레인의 팔 같은 부분을 보니 복잡했다. 포크레인은 또 거인 같다. 어쩌면 저렇게 크지. 힘든 공사도 해 주니 얼마나 고맙노.

정보가 뚜렷한 물건 그리기

복잡한 기계

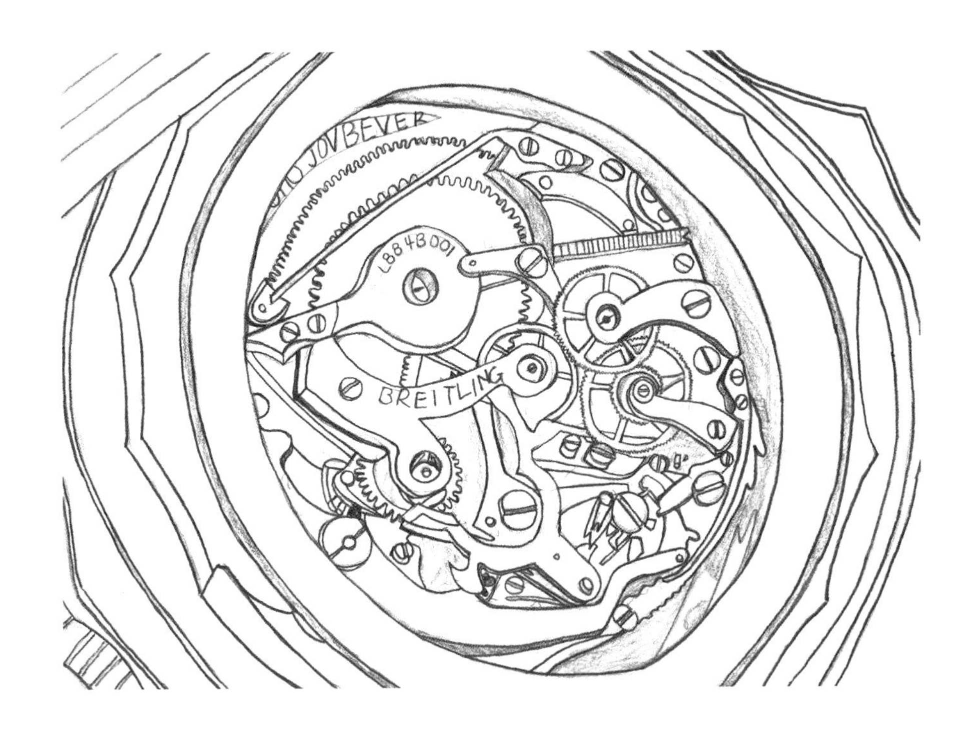

손목시계 속

대구 동호초등학교 4학년 최지현, 2010년

2. 식물 관찰 그림 그리기

관찰은 사물의 모습이나 현상을 있는 그대로 주의 깊게 살펴보는 것입니다. 또한 사물이 드러내는 실체를 감각으로 느끼고 알아 가는 것이지요. 우리는 사물을 스쳐볼 때가 많습니다. 어느 정도 관심을 가지고 보더라도 머릿속에 있는 정보를 떠올리기 마련이지요. 따라서 사물의 실체를 관찰하며 세밀하게 그리는 것이 매우 중요합니다.

나무 전체 모습 그리기

나무 전체 모습을 관찰 그림으로 그릴 때는 '저건 나무다'라고만 할 게 아니라 '저건 참나무다', '저건 소나무다'라고 또렷이 깨닫고 살펴보는 것부터 시작해야 합니다. 그러면서 그 나무의 특징을 하나하나 찾아내어야 하지요. 나뭇가지가 붙어 있는 모양이 어긋나기, 마주나기, 돌려나기, 뭉쳐나기 가운데 어떤 것인지 잘 살펴야 하고, 나뭇가지가 어떤 모습으로 뻗어 있는지 눈여겨보아야 합니다. 겨울나무의 눈이나 여름나무의 나뭇잎 모습도 잘 보아야 하고요.

나뭇잎을 보며 그리더라도 '저건 참나무 가운데도 떡갈나무 잎인데, 잎 크기는 10~30센티미터쯤 되고 생김새는 잎자루가 짧고 거꾸로 된 달걀꼴이며, 잎 가장자리는 물결치는 듯한 큰 톱니로 되어 있다'는 것을 알고 그려야 세밀하게 그릴 수 있습니다.

같은 나무를 한곳에서 여러 아이에게 그려 보게 했더니 아이마다 그 모습이 조금씩 달랐습니다. 여러 가지 까닭이 있겠지만 나는 그게 그 아이만이 가진 새로운 표현 능력, 나아가 창의력의 싹이 아닐까 생각합니다.

식물 관찰 그림 그리기

나무 전체 모습

은행나무

경북 경산 동부초등학교 4학년 강봉준, 2012년 5월 21일

식물 관찰 그림 그리기

나무 전체 모습

은행나무

경북 경산 동부초등학교 4학년 홍태검, 2012년 5월 21일

식물 관찰 그림 그리기

나무 전체 모습

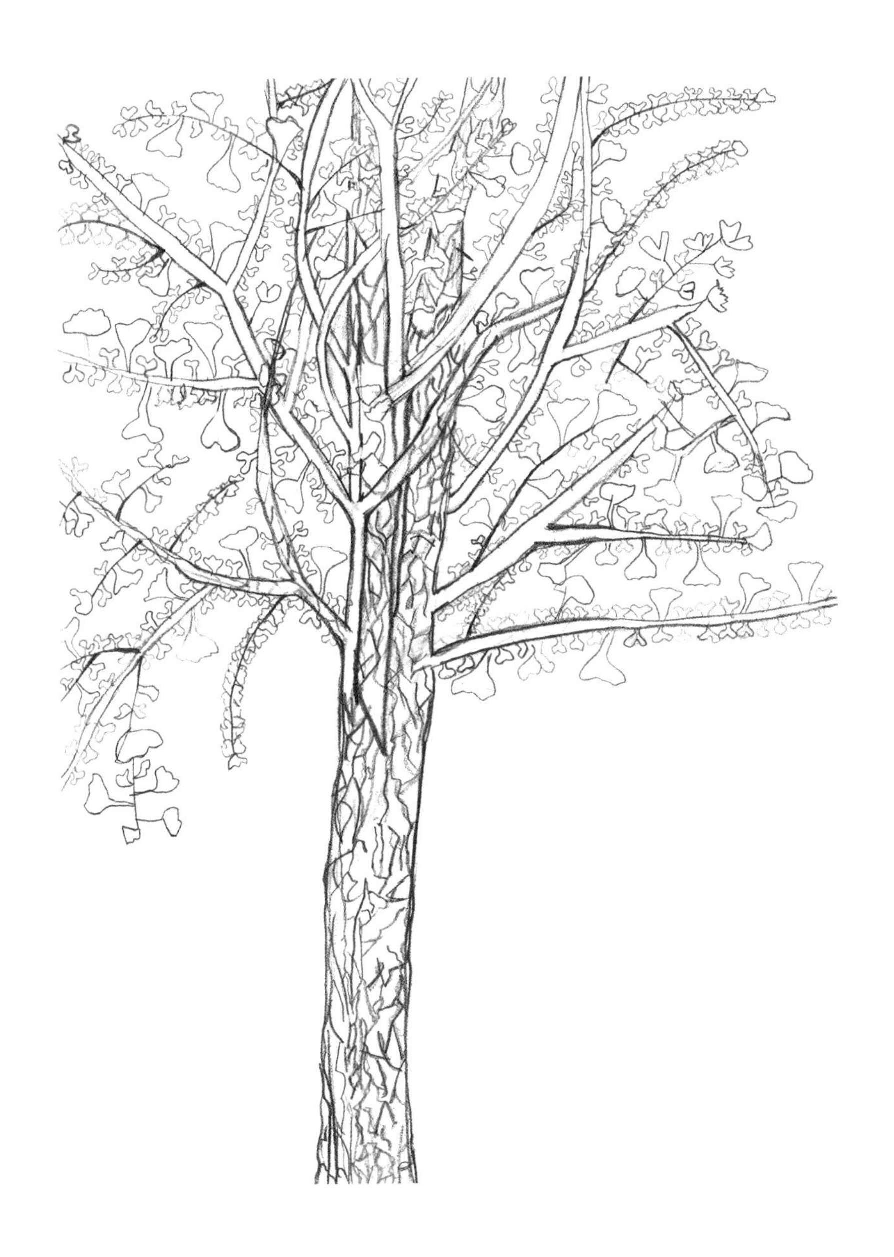

은행나무

경북 경산 동부초등학교 4학년 채서윤, 2012년 5월 21일

식물 관찰 그림 그리기

나무 전체 모습

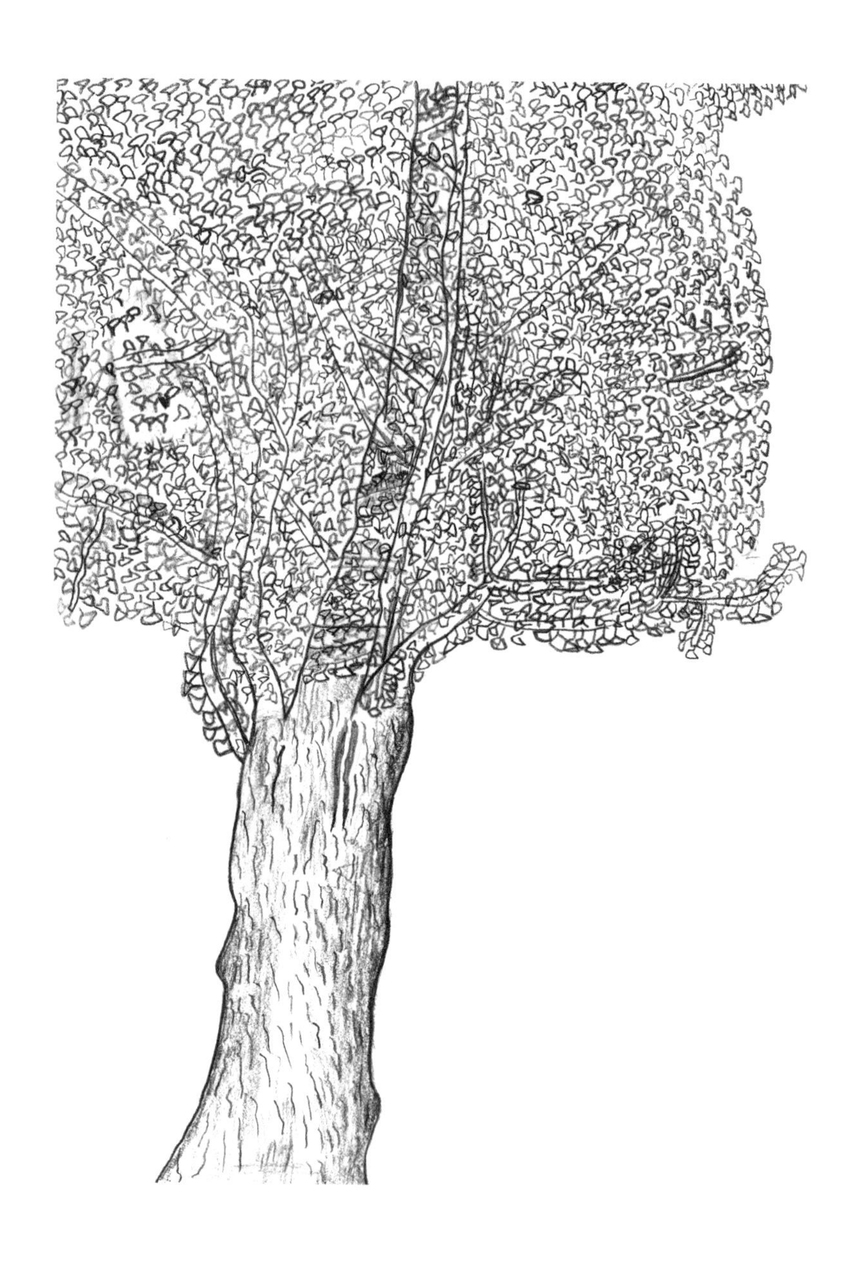

은행나무

경북 경산 동부초등학교 4학년 우권성, 2012년 5월 21일

식물 관찰 그림 그리기

나무 전체 모습

향나무

경북 경산 동부초등학교 4학년 박현진, 2012년 5월 21일

식물 관찰 그림 그리기

나무 전체 모습

향나무

경북 경산 동부초등학교 4학년 장혜진, 2012년 5월 21일

식물 관찰 그림 그리기

나무 전체 모습

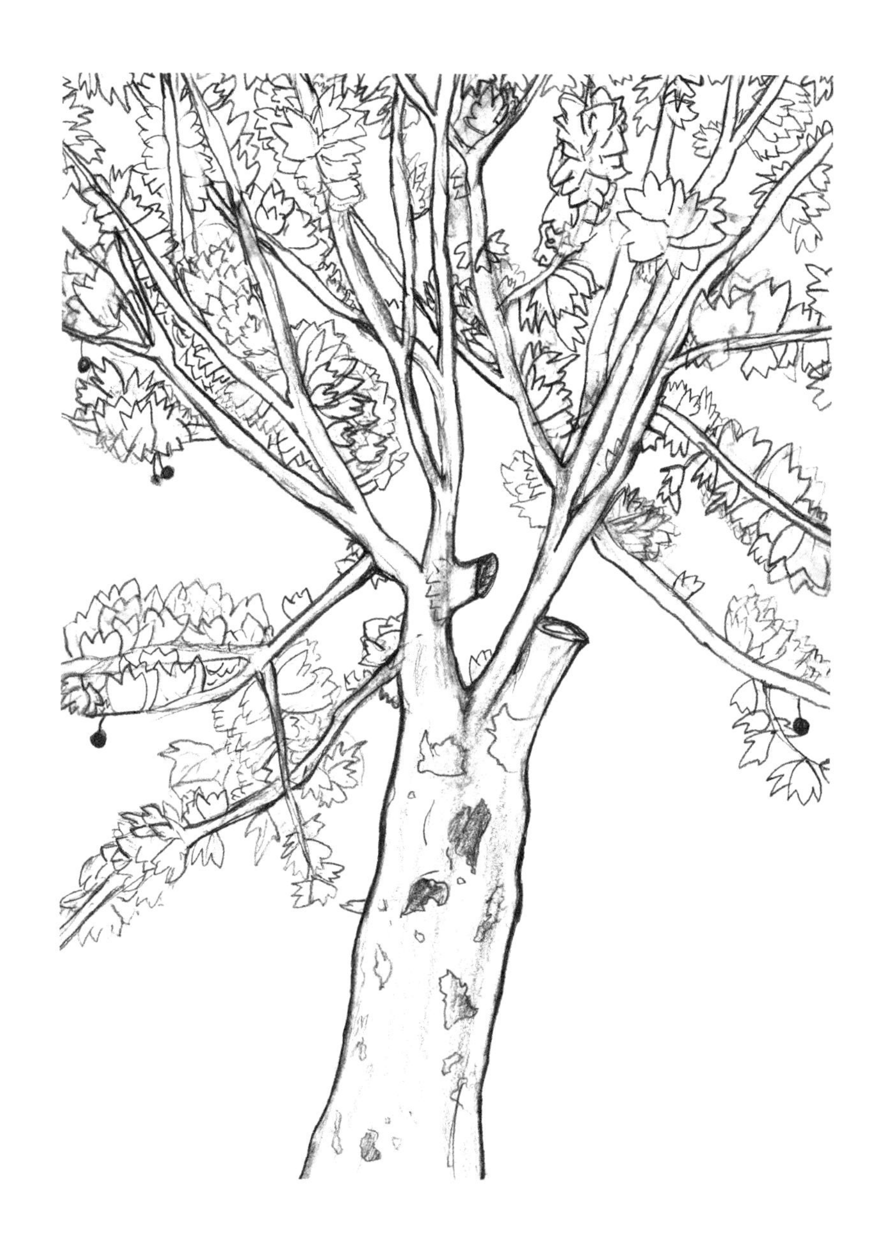

플라타너스 나무

경북 경산 동부초등학교 4학년 진민진, 2012년 5월 21일

작은 식물 그리기

풀, 나뭇잎, 이끼, 뿌리 식물, 물속 식물 같은 작은 식물을 그릴 때는 가까이서 자세히 그 모습을 살펴보고 그립니다. 잎 같으면 잎맥까지도 또렷이 보이겠지요.

아이들에게 잎맥을 그리라고 하면 너무 복잡하니까 낙서하듯이 선을 이리저리 얽히게 나타내거나, 제법 또렷이 그렸다 해도 엉뚱한 방향으로 뻗어 나가게 그린다거나, 끝을 더 굵게 그린다거나, 잎맥이 끊어지게 대충 그리는 때가 많습니다.

우리 눈은 끈기가 없어서 어느 한곳을 집중해서 끝까지 또렷이 보는 것이 어렵다고 하는데, 그래서 대충 그리는지도 모르겠습니다. 그러니까 더욱 아이들이 사물을 또렷이 볼 수 있는 힘을 길러 주어야겠지요.

어떻게 지도하면 좋을지 '잎 그리기'를 보기로 들겠습니다. 풀잎 생김새가 홑잎인지, 겹잎인지, 또는 깃꼴잎인지 또렷이 살펴서 알도록 해야 합니다. 풀잎이 붙어 있는 모양도 잘 살펴보도록 해야 하고요. 강아지풀을 그릴 때 줄기를 선으로 죽 그어 놓고 잎을 옆에 갖다 붙이는 식으로 그리는 경우가 많습니다. 그런데 잘 살펴보면 잎 아래쪽은 아랫 마디에서부터 줄기를 감싸는 잎집으로 이어져 있지요. 그런 것까지도 일러 주어야 합니다.

잎자루가 있는 잎을 그릴 때, 잎자루는 생각하지 않고 그리는 경우도 많습니다. 잎이 뭉쳐나기로 뿌리에서 바로 붙어 있는 식물, 이를테면 어린 냉이나 쑥 같은 식물은 잎이 붙어 있는 곳을 대충 그려 버리곤 합니다. 잎이 어떤 규칙으로 붙어 있는지 잘 살펴서 또렷이 그리도록 지도해야 합니다.

잎맥도 연필 끝으로 뻗어 나간 길을 따라 짚어 가면서 잎자루에서부터 모두 이어져 있다는 것, 어떤 규칙으로 뻗어 있다는 것을 또렷이 깨닫게 해 주어야 하고요.

깨알같이 작은 잎이 수없이 붙어 있는 별꽃나물, 점나도나물, 돌나물 같은 것을 그릴 때는 아이들이 종종 어떻게 그려야 할지 몰라 어려워하는 모습을 볼 수 있는데, 잎 모양과 그 잎들이 가느다란 줄기 하나에 붙어 있는 규칙을 스스로 찾아내도록 도와주어야 합니다. 맨눈으로 또렷이 볼 수 없는 아주 작은 부분은 돋보기로 살펴보게 하면 더욱 좋겠지요.

같은 종류끼리 서로 견주어 보면서 그리는 것도 재미있습니다. 이를테면 같은 참나무과라도 갈참나무, 졸참나무, 굴참나무, 상수리나무, 떡갈나무, 신갈나무처럼 종류에 따라 줄기나 잎, 열매의 모양이 다릅니다. 그것들을 서로 견주어 그려 보면 특징 하나하나를 더욱 또렷이 알 수 있지요. 풀도 마찬가지고요.

그 식물이 자라는 환경도 살펴 그리는 것이 좋습니다. 그렇게 하면 식물이 자라는 생태 환경도 함께 공부할 수 있지요. 다만 주 식물은 또렷하게, 둘레 환경은 좀 엷게 그리면 좋겠습니다. 그리고 식물이 자라는 과정을 관찰하면서 그리는 것도 재미있지요. 씨앗에서부터 자라서 열매를 거둘 때까지 과정을 세밀하게 그림으로 나타내면서 생태 공부도 하는 것입니다.

연필로 세밀하고 또렷이 그렸으면 수채화 물감이나 색연필 같은 것으로 아주 엷게 색칠도 해 봅니다. 연필로 세밀하게 그려 놓았기 때문에 엷게 정성껏 칠하면 그 모습이 더욱 생생하고 또렷하게 살아납니다. 처음부터 물감을 진하게 칠하면 연필 선이 죽어 버려서 물감을 칠하지 않은 것만 못할 수도 있습니다.

또 그림을 그리는 것만으로 그치지 말고 그린 식물 겉모습이나 특별히 발견한 내용, 자라는 환경 같은 것을 짧게 글로 적어 보는 것이 좋습니다.

관찰 그림을 그릴 때는 연필 끝을 뾰족하게 깎아 쓰고, 작은 잎이나 작은 꽃잎같이 개수를 헤아리기 어려운 것이라도 하나하나 직접 세어 본다는 마음으로 자세히 정성껏 그려야 합니다.

작은 식물을 뿌리까지 뽑아 그릴 때는 뿌리가 상하지 않도록 잘 뽑아야 합니다. 식물을 물에 깨끗이 씻어 흰 종이 위에 올려놓으면 잘 보입니다. 관찰 식물이 시들 때는 물에 담가 놓으면 되고요. 또 도감에서 식물의 생태 정보를 찾아본다면 더 좋은 공부가 되겠지요.

식물 관찰 그림 그리기

작은 식물

방동사니

경북 경산 부림초등학교 4학년 김령희, 1990년 9월 24일

이 풀은 우리 집 앞 도랑가에 있었다. 잎은 날카롭고, 길게 생겼고, 끝은 뾰족하다. 뿌리는 많이는 없었지만 수염같이 있는데, 흰색도 있고 불그레한 색도 있었다. 씨앗 같은 것이 쪼록쪼록 붙어 있는데, 잎과 줄기보다는 거의 연두색에 가깝다. 풀 이름이 뭔가 싶었는데 농약 광고가 나온 책에서 보니까 '방동사니'였다. 그런데 책에는 논에 나 있었다. 아까 전에 내가 방동사니 뽑은 곳도 물가였으니까 이 식물은 물이 많은 곳에서 잘 자라지 싶다.

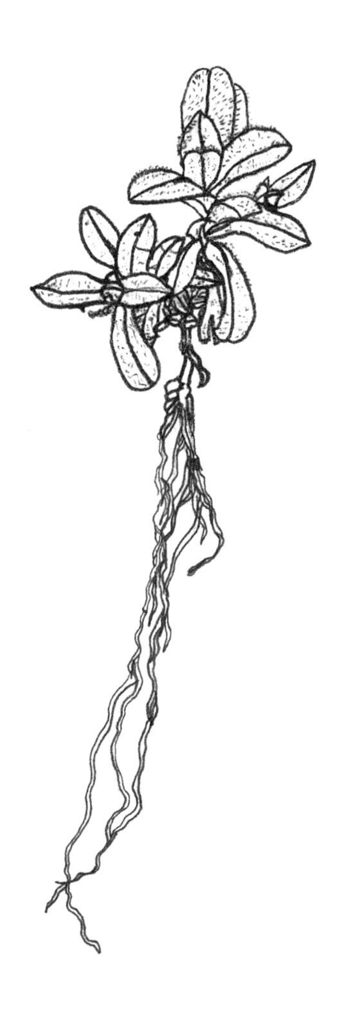

풀

경북 경산 중앙초등학교 4학년 박언주, 1992년

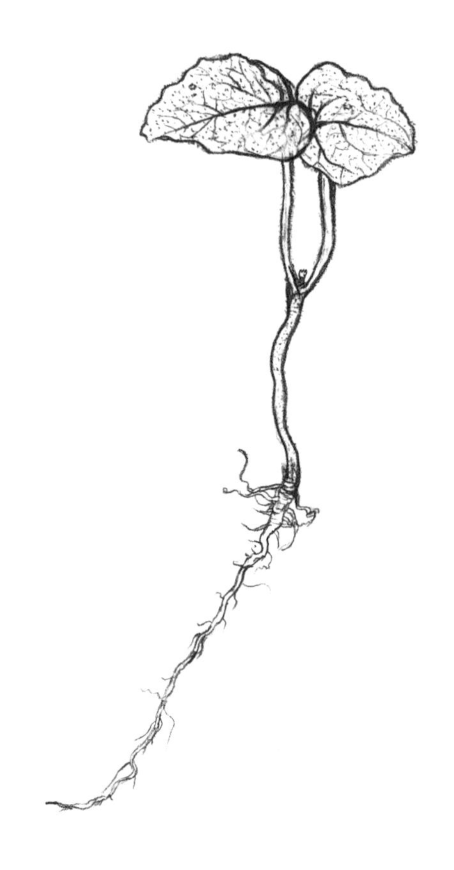

담쟁이덩굴 싹
경북 경산 중앙초등학교 6학년 권혁준, 1993년 9월 17일

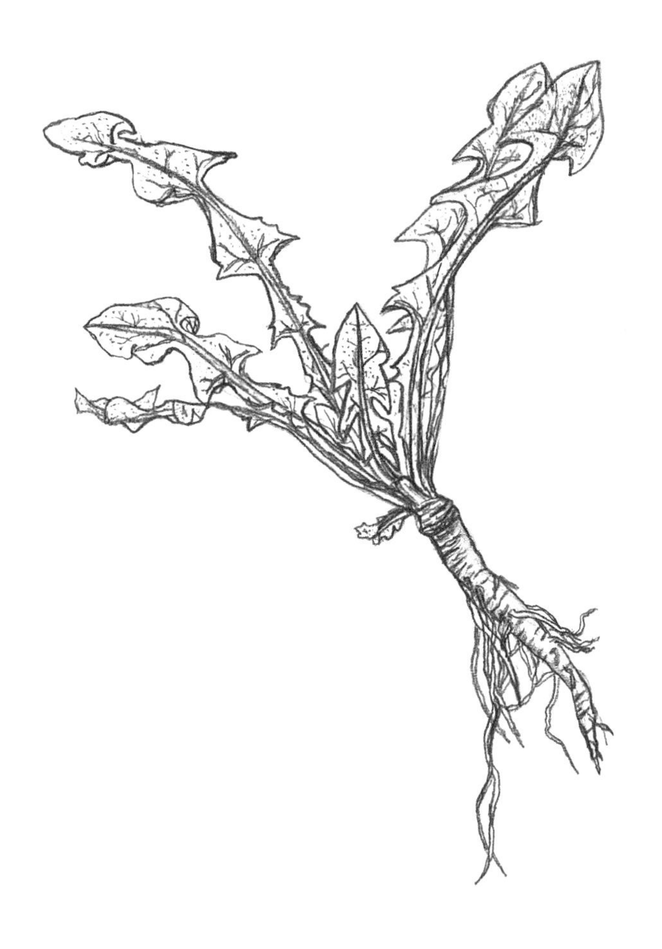

쓴바귀

경북 경산 중앙초등학교 6학년 태혜선, 1993년 9월 17일

작은 식물

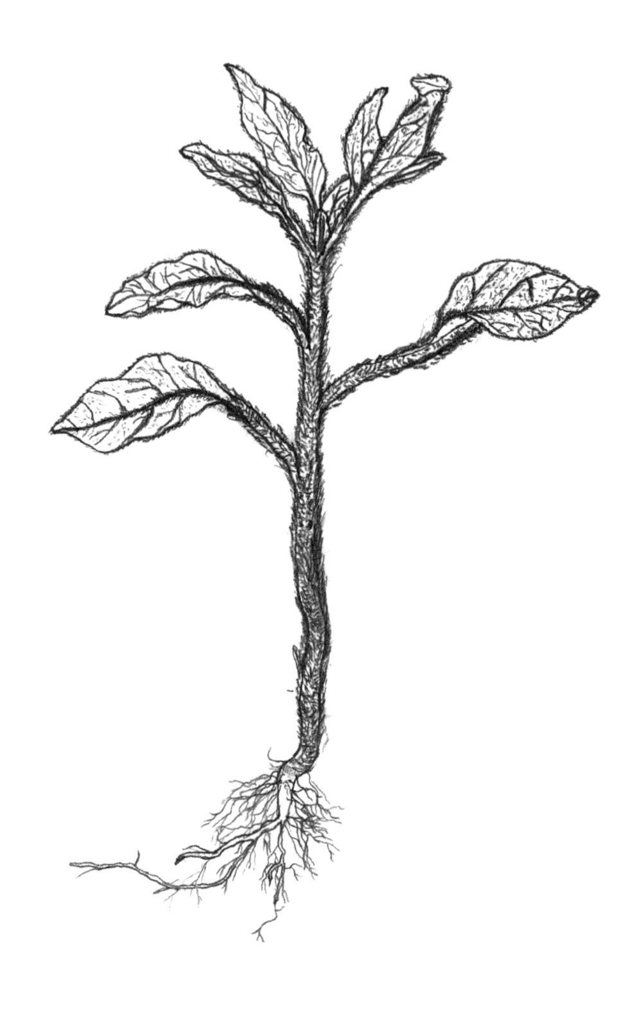

풀

경북 청도 덕산초등학교 5학년 이순호, 1995년 11월 30일

작은 식물

작은 식물

경북 청도 덕산초등학교 5학년 송은광, 1995년 11월 30일

식물 관찰 그림 그리기

작은 식물

냉이

경북 청도 덕산초등학교 6학년 배상현, 1997년 3월 13일

식물 관찰 그림 그리기

작은 식물

꽃다지

경북 청도 덕산초등학교 6학년 최승기, 1997년 3월 13일

식물 관찰 그림 그리기

작은 식물

배추 싹

경북 청도 덕산초등학교 6학년 윤영웅, 1997년 3월 13일

쑥

경북 청도 덕산초등학교 6학년 박욱태, 1997년 3월 14일

명아주

경북 청도 문명분교 6학년 김지연, 2002년 9월 16일

작은 식물

경북 청도 문명분교 6학년 정지은, 2002년 9월 16일

신비로운 열매와 씨앗

씨앗은 스스로는 움직일 수 없는데도 때로는 수백 킬로미터까지 옮겨 가서 종족을 퍼뜨립니다. 우리가 잘 아는 민들레나 물가에서 많이 자라는 부들, 산에서 자라는 억새 같은 풀은 씨앗에 솜털이 달려 있어 바람에 멀리까지 날아갈 수 있습니다.

단풍나무, 오동나무, 백합 같은 것들은 씨앗에 날개가 달려 있어 바람이 불면 나무에서 떨어져 프로펠러처럼 뱅글뱅글 돌면서 바람을 타고 멀리 날아가지요.

또 콩이나 봉숭아, 등나무같이 꼬투리가 마르면 탁 터져서 멀리 날아가는 씨앗, 도깨비바늘, 도꼬마리, 도둑놈의갈고리같이 짐승이나 사람한테 붙어서 멀리 옮겨 가는 씨앗, 참외나 수박, 감같이 사람이나 짐승이 먹어서 똥으로 나와 퍼지는 씨앗도 있습니다. 그 밖에도 씨앗이 퍼지는 방법은 여러 가지가 있겠지요.

이렇게 신비한 씨앗 모습은 관심을 가지고 살펴보지 않으면 작은 것을 발견하기가 쉽지 않습니다. 그래서 열매나 씨앗을 자세히 그려 보는 것은 매우 뜻있는 공부가 되지요.

씨앗은 아주 작고 섬세한 모양이 많아 다른 관찰 그림을 그릴 때보다 심이 더 가는 연필을 써야 합니다. 맨눈으로 잘 보이지 않는 것은 돋보기로 잘 살펴보며 그립니다.

열매와 씨앗 그리기

참외나 사과, 복숭아, 감같이 열매살이 있는 과일과 콩이나 땅콩, 호두같이 깍지나 각질로 싸여 있는 열매는 어떻게 그릴까요?

열매의 겉모양 테두리는 매우 단순합니다. 겉모양이 단순한 사물일수록 명암을 잘 나타내어야 입체감을 더욱 뚜렷하게 나타낼 수 있습니다. 먼저 넓게 퍼져 있는 명암을 나타내고 더 어두운 곳을 부분 부분 진하게 나타냅니다. 이렇게 명암 표현을 먼저 한 다음 색깔과 질감을 표현해야 또렷이 잘 나타낼 수 있습니다.

검은 연필로만 색깔을 표현할 때는 색깔에 따라 다른 명도를 어떻게 나타내는지 잘 알아야겠지요. 이것은 설명하지 않아도 많이 그리다 보면 느낌으로 알 수 있습니다.

사과 같은 과일 껍질 질감을 표현할 때는 여러 가지 색을 띠는 껍질 무늬까지 잘 나타내어야 합니다. 그러다 보면 열매마다 다른 독특한 질감과 모양을 발견할 수 있을 것입니다.

과일의 겉모습을 다 그렸으면 반으로 잘라 속 모습도 그려 봅니다. 그러면 과일 속에 씨앗이 어떤 모습으로 들어 있는지 잘 알 수 있습니다. 마치 어미 배 속 동물이 생명줄로 어미와 이어져 있는 것처럼 식물의 씨앗도 그렇게 이어져 영양분을 얻습니다. 다 익으면 떨어져 나오는 것이지요.

복숭아나 사과, 감귤 같은 과일의 열매살 모습이나 질감도 저마다 다르니까 아이들에게 하나하나 이야기해 주며 그리게 하면 도움이 될 것입니다.

열매의 겉모습과 열매살을 그려 본 다음, 과일이나 깍지 속에 있는 씨앗 한 알 모습을 자세하게 그리도록 합니다. 사과나 복숭아 같은 것은 열매살 속에 씨앗이 들어 있지만, 콩이나 땅콩 같은 것은 깍지 속에 씨앗이 들어 있지요. 씨앗 모양과 질감을 섬세하게 표현해 봅니다. 또 봉숭아나 콩 같은 씨앗은 씨앗이 튀어나오고 나서 깍지가 어떻게 되는지 살펴서 그려 보기도 합니다.

씨앗을 다시 반으로 갈라 그 속 모습도 그려 봅니다. 그곳에는 한 포기 식물이 될 싹이 오롯이 들어 있습니다. 죽어 있는 것 같지만 조건만 맞으면 뿌리를 내리고 자라게 되지요. 싹 둘레에는 싹이 뿌리내리게 돕는 양분이 들어 있습니다.

식물 관찰 그림 그리기

열매와 씨앗

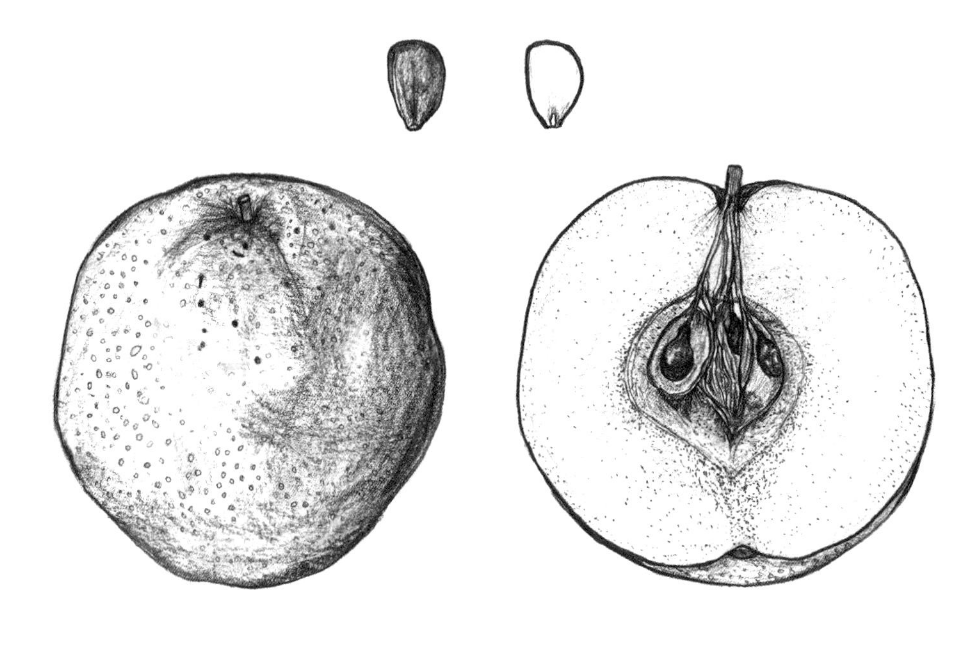

배

대구 동호초등학교 4학년 안혜빈, 2010년 10월

배를 그렸다. 배는 대충 보면 둥글다. 겉은 노란색인데 흰 점들이 수없이 많다. 내가 관찰 그림을 그린 배의 크기는 세로 지름이 9센티미터이고, 가로 지름이 10센티미터다. 한쪽에 배가 나무에 달렸던 꼭지가 있다. 가운데를 세로로 잘라 보면 속은 하얀데 물기가 많다. 가운데 자른 곳을 보니 씨앗이 세 개 들어 있는데 이것은 꼭지와 모두 이어져 있다. 그래야 어머니 배 속 아기처럼 영양분을 받아먹고 자랄 것이다. 씨앗 색은 짙은 갈색에 가까운 까만색이다.

식물 관찰 그림 그리기

열매와 씨앗

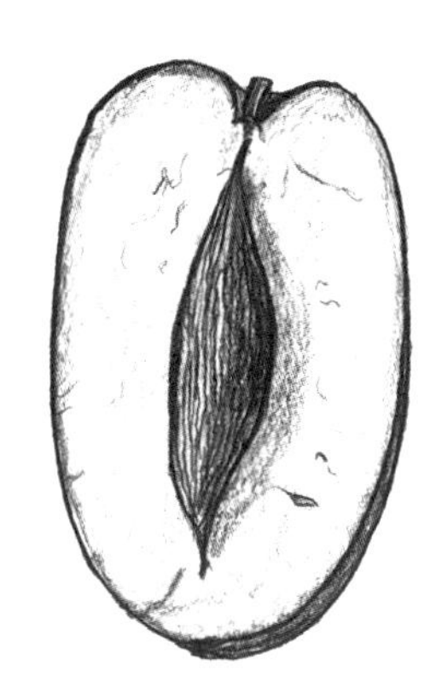

대추씨 속

대추

대구 동호초등학교 4학년 이민희, 2010년 10월

대추는 길쭉하게 생겼다. 길이는 약 3.5센티미터이고 지름은 약 2센티미터 크기다. 겉은 짙은 붉은색인데 한 부분이 푸르다. 그리고 반질반질하다. 한쪽에는 꼭지가 있다. 가운데를 갈라 보면 그림과 같이 가운데 아주 길쭉한 씨앗이 들어 있다. 씨앗의 길이는 약 2센티미터다. 가운데 지름은 약 0.8센티미터 정도 된다. 또 씨앗은 꼭지 부분과 이어져 있다. 씨앗은 양끝이 뾰족하면서 가로로 수없이 주름이 져 있다. 씨앗 둘레(우리가 먹는 부분)는 푸른색을 조금 띤 흰색이다.

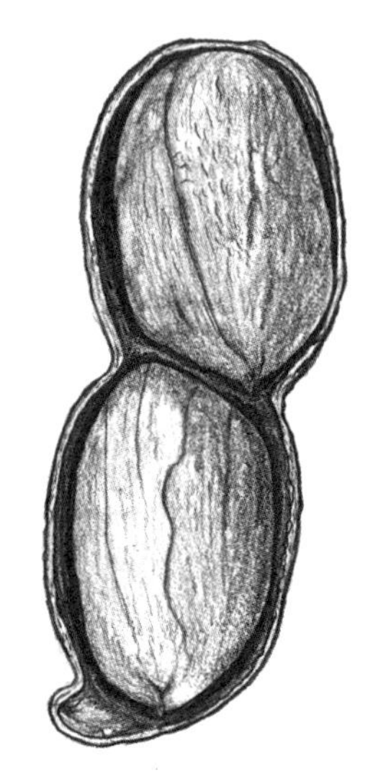
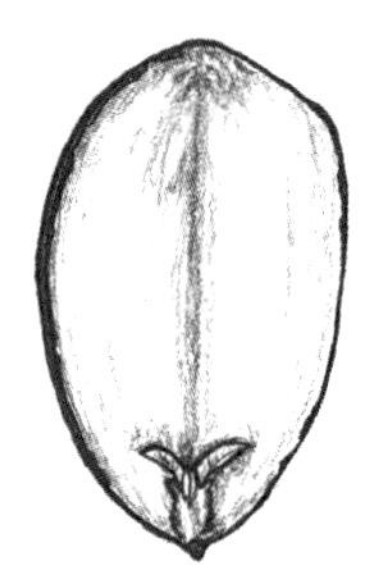

땅콩

대구 동호초등학교 4학년 진서영, 2010년 5월 3일

땅콩의 겉모습을 보면 가운데가 잘록하게 되어 있어 참 귀엽다. 겉껍질은 딱딱한데 규칙적으로 점박이처럼 쏙쏙 들어간 무늬가 있다.
색깔은 희다고도 할 수 있고 노랗다고도 할 수 있다. 껍질 안에는 땅콩 알이 두 개 들어 있다.
땅콩 알 겉에는 얇은 껍질이 붙어 있는데 색깔은 옅은 검붉은 색이다. 얇은 껍질을 벗기면 우유 색깔을 띤 알이 들어 있다.
땅콩 한 알을 반으로 갈라 보면 한쪽에 약 3~4밀리미터 정도 되는 새싹이 들어 있다.

식물 관찰 그림 그리기

열매와 씨앗

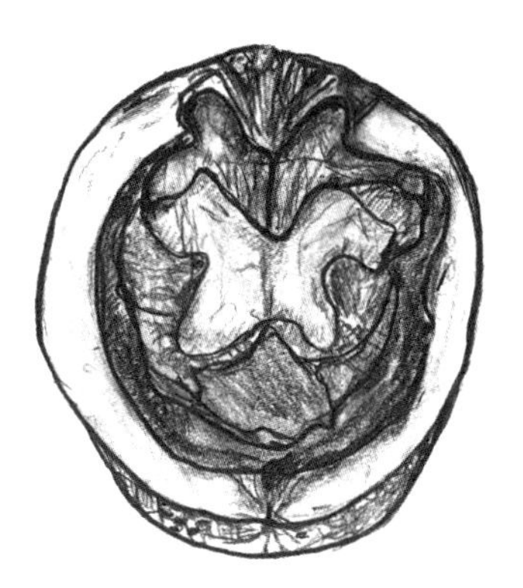

호두

대구 동호초등학교 4학년 김지민, 2010년 10월 29일

내가 관찰한 것은 호두이다. 사실은 나무에 달려 있을 때는 겉살 속에 들어 있다. 그것을 까면 그림과 같은 호두가 들어 있는 것이다.
이 호두는 조그만 공을 반 잘라 갖다 붙여 놓은 것 같다. 호두 껍데기 색은 살색에 가깝다. 그리고 주름이 많이 져 있다.
두 번째 그림은 호두 속을 그린 것이다. 이 속도 수없이 주름진 공간이 있는데 공간 속에는 우리의 뇌같이 쭈글쭈글한 알갱이가 있다.
알갱이는 또 껍질로 덮여 있는데 그 속에 우윳빛이 나는 고소한 호두 알갱이가 들어 있다. 호두는 겉이고 안이고 쭈글쭈글한 게 특징이다.

풀씨 그리기

민들레나 도깨비바늘 씨앗처럼 작은 풀씨를 그릴 때는 씨앗이 붙어 있는 꼬투리 모습을 그린 뒤에 씨앗 한 알의 모습을 그립니다.

민들레는 씨앗에 날아갈 수 있도록 하는 털이 붙어 있습니다. 도깨비바늘이나 도꼬마리 같은 풀씨에는 맨눈으로 잘 안 보이는 가시들이 수없이 붙어 있는데, 그 독특한 모습을 그림으로 하나하나 표현하도록 합니다. 그래야 이 씨앗이 어떻게 사람 옷이나 동물 털에 잘 붙을 수 있는지 알 수 있습니다.

또 풀씨를 그릴 때는 크게 그리는 것이 좋습니다. 그래야 섬세하게 잘 나타낼 수 있기 때문이지요. 풀씨에 털이나 가시가 아주 많이 붙은 것은 어떻게 붙어 있는지 규칙을 찾아내어 그리도록 해야 합니다. 그림으로 나타내기 어려운 것은 글로 설명을 덧붙이면 그림을 이해하는 데 도움이 되겠지요.

작은 풀씨를 크게 그렸을 때는 글 속에 실제 크기를 적어 보기도 하고, 그림으로 표현하기 어려운 색깔이나 모양, 또 다른 특징, 또 그 풀씨에 얽혀 있는 여러 가지 사실을 설명해 주는 게 좋습니다.

어떤 장소나 테두리 안에서 자라는 식물 씨앗을 채취해서 그려 보거나 맨땅에 떨어져 있는 씨앗을 잘 찾아내어 갈래에 따라 나눠서 그려 보면, 그것이 어떤 식물의 씨앗인지, 그리고 그곳에는 어떤 식물이 많이 자랄지 짐작해 볼 수 있습니다.

풀씨를 연필로 다 그린 다음에 색연필이나 수채화 물감으로 색깔 표현을 해 보면 더욱 좋겠습니다.

식물 관찰 그림 그리기

풀씨

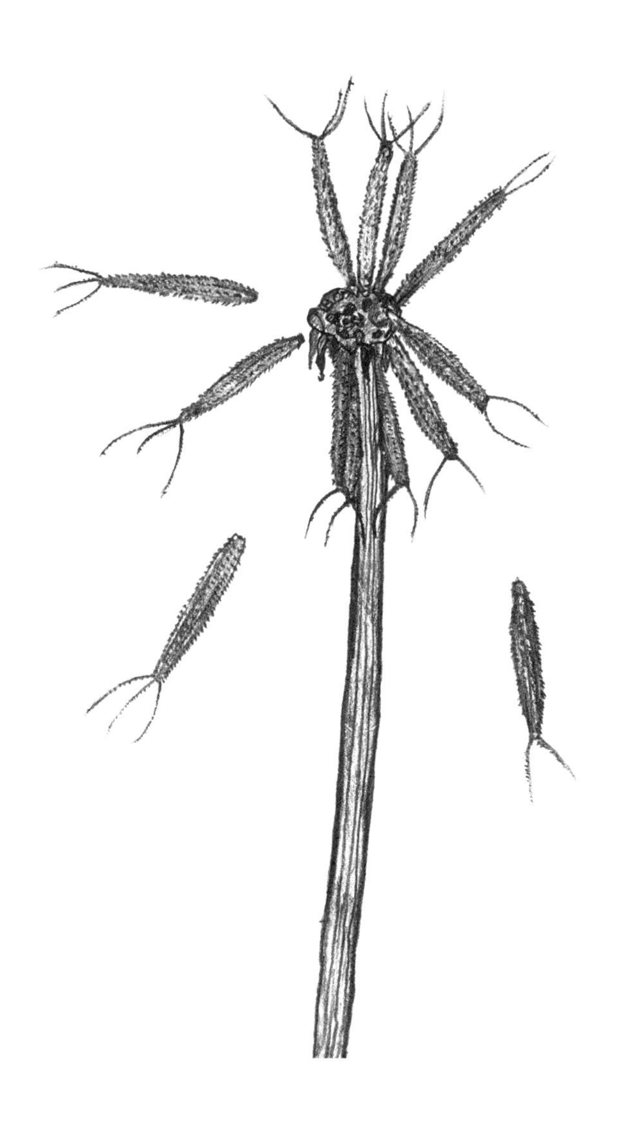

도깨비바늘

대구 동호초등학교 4학년 최지현, 2010년 5월 6일

식물 관찰 그림 그리기

풀씨

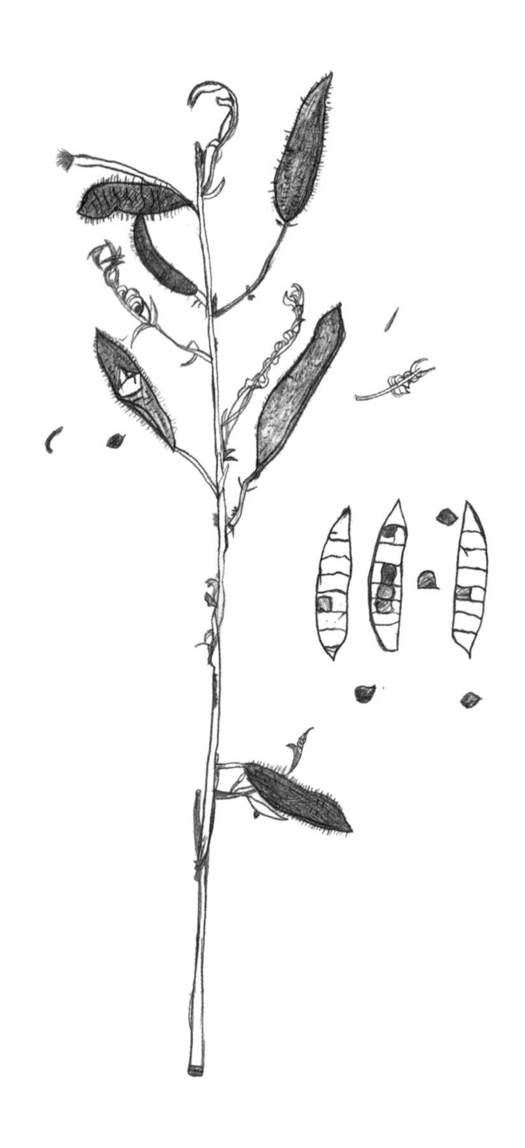

풀씨

대구 동호초등학교 4학년 최다예, 2010년 11월 24일

선생님이 산에서 풀씨를 꺾어 오셨다. 우리는 그 풀씨를 가지고 그림을 그렸다. 줄기 길이가 28.3센티미터이고, 색은 연한 황토색이다.
잔가지에는 조그마한 씨앗이 붙어 있는데 긴 가지에는 씨앗이 서른네 개 정도고, 짧은 줄기에는 씨앗이 두 개밖에 없다.
씨앗은 겉껍질과 속껍질에 싸여 있는데 겉껍질은 잔가지의 색과 비슷하지만 조금 더 연하다.
속껍질은 안에 있는 씨앗의 색이 보일 정도로 투명하다. 겉껍질과 속껍질 안에 있는 씨앗 색은 검정색이고 크기는 0.3센티미터쯤 된다.

식물 관찰 그림 그리기

풀씨

억새

대구 동호초등학교 4학년 장윤정, 2010년 11월 22일

억새는 씨앗 달린 부분 아래가 가느다란 막대기처럼 갈색 대로 되어 있다. 씨앗이 붙어 있는 대의 길이는 29센티미터이다.
억새 씨앗은 껍질 안에 들어 있다. 햄스터의 작은 똥처럼 생겼다. 갈색이며 길이는 0.5센티미터이다.
억새 씨앗 겉에 있는 털은 할머니의 머리털처럼 하얗고 부드럽다. 강아지 털을 만지는 느낌이다. 솜털 길이는 1센티미터 정도 된다.
선생님 말씀으로는 억새 씨앗에 솜털이 있어서 바람이 불면 날아가 멀리 종족을 퍼뜨린다고 한다.

식물 관찰 그림 그리기

풀씨

풀씨

대구 동호초등학교 4학년 김민규, 2010년 11월 3일

3. 동물 관찰 그림 그리기

나는 소를 참 좋아합니다. 어릴 때 풀 먹이며 늘 함께했기 때문이지요. 순박하기는 또 얼마나 순박한가요. 눈을 보면 금방이라도 눈물이 뚝뚝 떨어질 것 같습니다. 토끼는 어떻고요. 풀숲에 사는 작은 곤충이나 도랑에 사는 작은 물고기들도 참 귀엽고 예쁘지요. 어느 동물이든 자세히 들여다보면 사랑스럽습니다. 이런 동물들을 자세히 관찰하고 그려 보면 더욱 뜻있겠지요.

'동물 관찰 그림'을 그릴 때 어려운 점은 자꾸 움직여서 관찰하기가 쉽지 않다는 것입니다. 따라서 동물을 처음 그릴 때는 움직이지 않는 모습을 그려 보는 게 좋겠습니다. 가만히 서 있거나 누워 있는 모습, 잠자는 모습 말이지요. 움직이는 동물을 그릴 때는 실제 모습을 보고 그리더라도 사진을 참고해서 그리면 도움이 될 것입니다.

곤충은 그냥 겉모습만 자세하게 그려도 되지만 소나 말, 돼지, 염소 같은 큰 동물들은 그때그때 감정에 따라 행동뿐 아니라 눈이나 코, 입, 귀의 모습도 달라지니까 잘 살펴서 그려야겠지요.

작은 동물 그리기

곤충의 몸은 보통 머리, 가슴, 배로 나누어져 있지만 어떤 곤충은 머리와 배(몸통)로 나누어져 있습니다. 몸통은 거의 좌우대칭입니다. 날개를 접었을 때와 폈을 때 모습도 다르지요. 머리 전체와 입, 다리는 더욱 잘 살펴보아야 합니다.

곤충은 몸집이 워낙 작기 때문에, 속이 잘 보이는 유리병 같은 데 넣은 다음 가까이서 관찰하며 그리는 것이 좋습니다. 너무 오래 넣어 두면 죽을 수도 있으니까 공기가 잘 들어가도록 해 주어야 합니다. 될 수 있으면 짧은 시간에 그려야 하고요. 물고기나 물속 곤충들은 작은 어항이나 좁고 속이 잘 보이는 그릇에 넣어서 살펴보아야 제대로 그릴 수가 있겠지요. 맨눈으로 또렷하게 볼 수 없는 것은 돋보기로 살펴보아야 합니다.

동물은 움직임을 잘 살펴보고 그 특징을 잘 살려야 합니다. 한 동물이 움직이는 여러 모습을 많이 그려 보면 비슷하게 생긴 다른 동물들의 움직임도 더 쉽게 그릴 수 있겠지요.

새끼가 태어나서 다 자랄 때까지의 과정을 그리는 것도 재미있을 것입니다. 송아지가 태어나 자라는 모습이나 병아리가 알에서 깨어 차츰 자라는 모습, 곤충의 한살이 같은 것 말입니다. 이렇게 그려 보면 그 동물이 가진 모습을 더욱 생생하게 알 수 있을 뿐만 아니라 생명을 귀하게 여기는 훌륭한 생태 공부도 될 것입니다.

같은 동물이라도 수컷과 암컷을 견주어 그린다든지, 종류가 같은 여러 가지 동물의 전체 모습이나 같은 부분끼리 견주어 그릴 수도 있습니다. 때로는 그 동물이 사는 환경도 그려 보면 생태 공부에 도움이 되겠지요.

풀밭 일정한 구역 안에서 사는 곤충을 찾아 그리거나, 집 안이나 집 둘레에서 어떤 동물이 살고 있는지 찾아 그려 보는 것도 재미있을 것입니다.

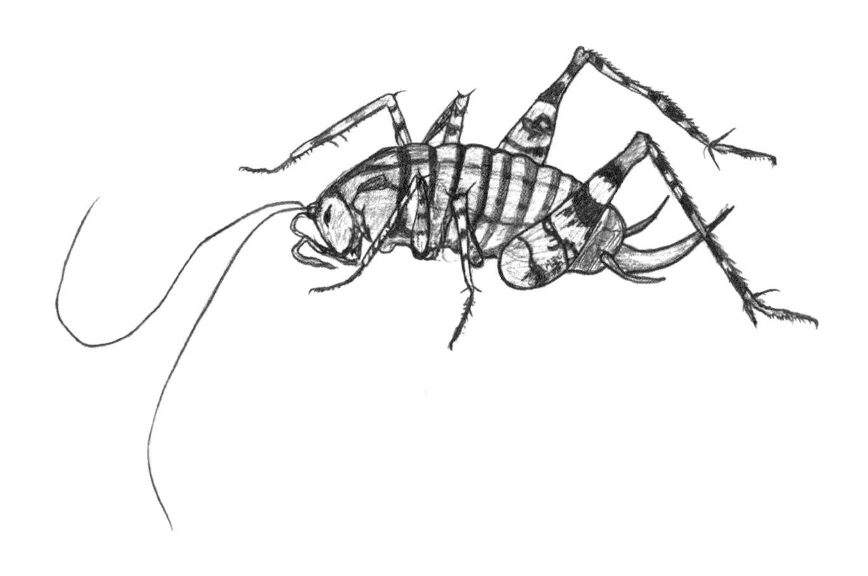

곱등이

대구 동호초등학교 4학년 최지현, 2010년

곱등이는 말 그대로 등이 굽어 있다. 몸 색깔은 검은색과 갈색이 있다. 눈앞에는 더듬이가 길게 뻗어 있다. 가늘지만 자세히 보면 갈색의 무늬가 있다. 곱등이의 다리는 뒷다리, 가운뎃다리, 앞다리 해서 모두 세 쌍이다. 다리는 모두 세 마디로 나뉘는데 몸에 붙어 있는 마디가 가장 굵고 끝으로 갈수록 가늘다. 뒷다리의 첫마디는 다른 것보다 훨씬 굵은데 그래서 뒷다리로 잘 뛰는가 보다. 자세히 보면 다리에 털도 나 있다. 발끝은 갈고리같이 생겼다. 뿔같이 생긴 꼬리가 세 개 있는데 가운데 것은 좀 굵다.

동물 관찰 그림 그리기

작은 동물

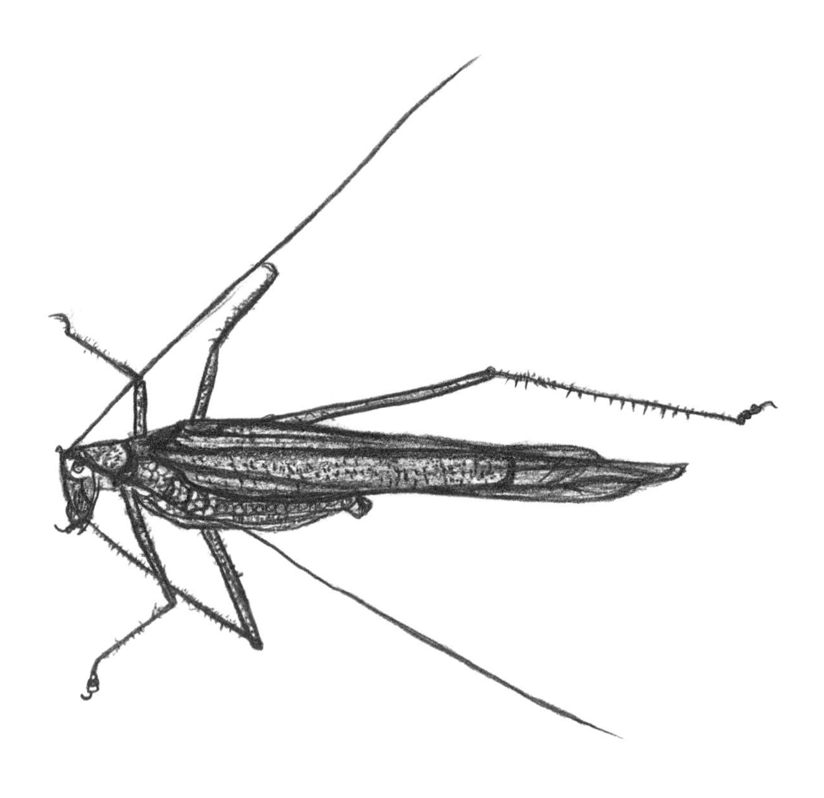

여치

대구 동호초등학교 4학년 장윤정, 2010년 10월

여치 몸의 길이는 3.7센티미터이다. 대체로 연두색, 갈색이고 줄이 그어져 있다.
여치 다리의 길이는 4센티미터나 된다. 몸보다 더 길다.
다리에는 아주 작은 가시가 돋아나 있다. 더듬이는 갈색이고 5센티미터이다. 이것도 참 길다.
배에는 줄무늬가 그어져 있고 갈색과 연두색으로 되어 있다. 날개는 3.3센티미터 정도 되고 연두색이다. 눈은 검고 두 개다.

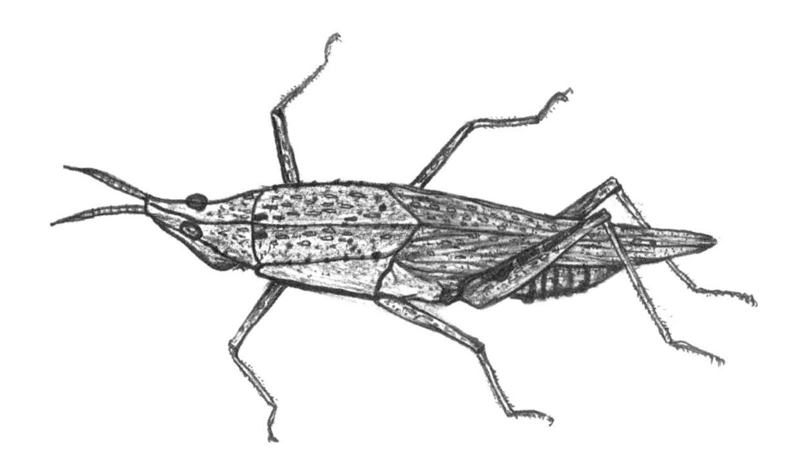

방아깨비

대구 동호초등학교 4학년 김민준, 2010년 10월

이 방아깨비는 좀 작은 방아깨비다. 더듬이는 브이(V) 자 모양을 하고 있고 줄무늬도 있다. 머리는 삼각형이고 진한 갈색이다.
하얀 작은 점이 있다. 이게 눈인가 보다. 몸통은 갑옷처럼 되어 있고 갈색이다.
몸통 뒷부분은 마디처럼 되어 있고 조금 검정색이다. 몸통 끝부분은 뾰족하며 날개가 덮고 있다.
뒷다리는 아주 굵고 길다. 다리 끝에는 털이 나 있다.

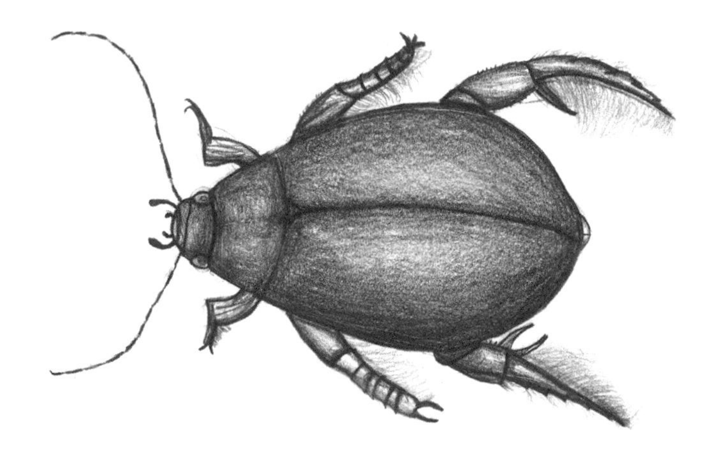

물방개

대구 동호초등학교 4학년 전서영, 2010년 11월 24일

물방개 몸통 모양은 타원형이다. 갈색 빛이 있는 검정색이고 머리, 가슴, 배 세 부분으로 나뉘어 있다.
몸통 가운데는 선이 나 있는데 날개가 갈라진 부분이다. 몸통에서 머리로 갈수록 초록빛이 조금 나기도 한다.
머리는 반달 모양이고 양쪽에 눈이 두 개 있다. 머리 입 옆에는 더듬이가 뻗어 있다. 입도 있는데 여러 개가 집게 모양으로
날카롭게 되어 있다. 이 입으로 뜯어 먹을 수 있는가 보다. 뒤집어 보면, 배 부분은 연한 갈색이고 다리가 붙어 있다. 다리는 세 쌍이다.

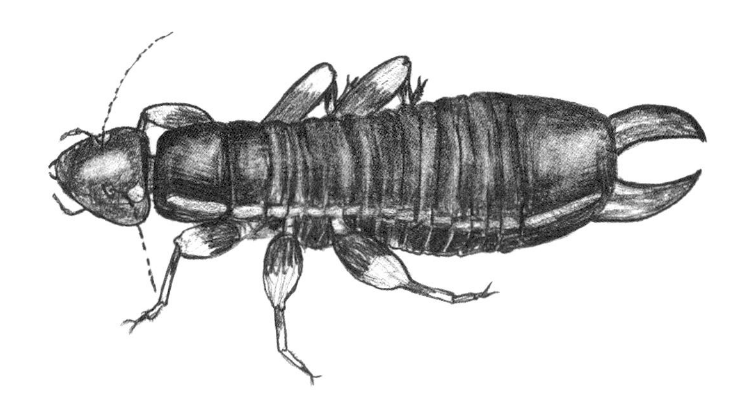

집게벌레

대구 동호초등학교 4학년 최지현, 2010년 11월 23일

집게벌레는 붉은색이 비치는 검정색이다. 머리는 세모 모양인데, 머리에는 눈이 안 보이고 더듬이가 눈 위치에 달려 있다.
더듬이를 자세히 보면 검정색인데도 마디인지 줄무늬 모양인지 그렇다.
몸이 모두 검정색이다. 역시 줄무늬 같은 마디로 되어 있다. 맨질맨질하다.
이 집게벌레는 몸이 뒤집어지면 몸의 유연성으로 꿈틀꿈틀해서 다시 일어난다. 알고 보면 참 귀여운 벌레다.

동물 관찰 그림 그리기

작은 동물

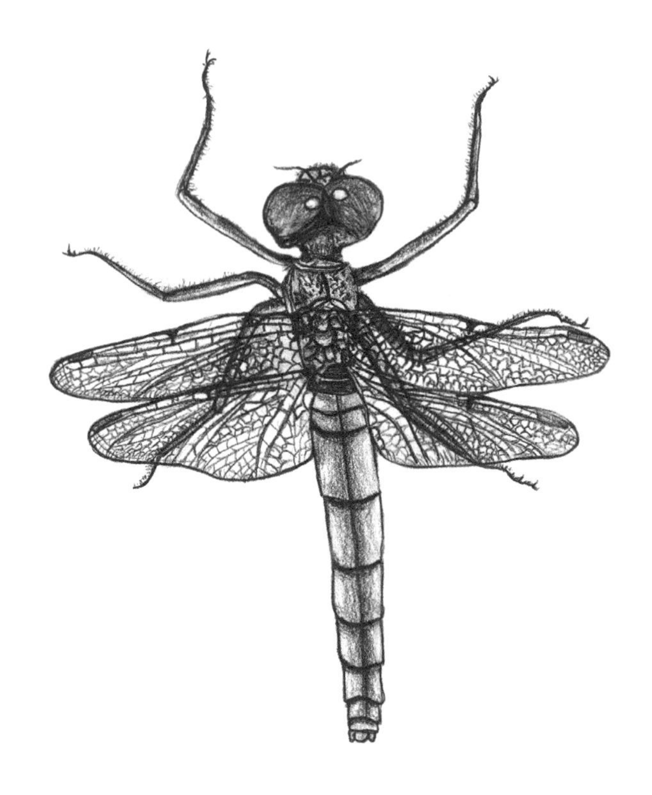

잠자리

대구 동호초등학교 4학년 전서영, 2010년 11월 5일

잠자리 몸 색은 빨간색이다. 꼬리 부분은 마디가 있고 끝에는 뾰족한 것이 있다. 날개 두 쌍은 진한 고동색 선으로 얽혀 있는데 안에서부터 밖으로 갈수록 칸이 넓어진다. 눈은 진한 고동색이고 두 개다. 코는 둥근 세모 모양이고 코 옆에는 수염이 짧게 양옆으로 뻗어 있다. 그 밑에 황토색 입이 있다. 그림을 다 그려 가는데 잠자리가 그만 죽고 말았다. 선생님이 관찰한다고 곤충을 죽여서는 안 된다고 했는데 미안하고 불쌍하다.

큰 동물 그리기

네 발 달린 큰 동물을 그릴 때는 먼저 몸통의 테두리를 대충 잡아 그린 다음 머리와 다리를 그려 넣으면 균형 있게 그릴 수 있습니다. 전체 형태가 갖추어지면 눈, 코, 입, 귀 모습을 좀 더 자세하게 표현합니다.

그다음에는 털을 세밀하게 그려 넣습니다. 몸을 움직일 때마다 살갗이나 털 모습도 달라지니까 잘 살펴서 그려야 합니다. 털을 그려 넣을 때는 시간이 아주 많이 걸리지만 참을성을 가지고 꼼꼼하게 그려야 제대로 표현이 됩니다.

새를 그릴 때는 닭이나 오리처럼 우리 곁에서 쉽게 볼 수 있는 동물을 먼저 그려 보도록 하는 게 좋겠습니다. 새는 옆에서 보면 몸통이 큰 달걀꼴이지요. 머리는 작은 달걀꼴로 생겼고요. 목이 아주 짧은 새도 있고 긴 새도 있습니다. 부리나 발, 꼬리 생김새가 다 다르니까 잘 살펴서 그려야 할 것입니다.

먼저 연필로 새의 외곽선을 슬쩍 그린 뒤에 깃털 모습을 잘 살려 그려 넣을 수도 있고, 처음부터 깃털을 그리며 모양을 갖추어 나가는 방법도 있습니다. 깃털을 그릴 때는 어느 쪽으로 어떻게 뻗어 있는지, 무늬는 어떤지 잘 살펴서 그려야겠지요.

아이들은 가끔, 어떤 사물을 보고 그리더라도 본 것과는 아주 다르게 그릴 때가 있습니다. 소가 누워 있을 때 뒷다리 관절은 접히지 않는데도 그림은 접히게 그리기도 하고 쇠뿔과 귀가 있는 자리를 바꿔 그리기도 하지요. 나는 이것을 '인식의 오류'라고 합니다. 그때는 다시 한번 더 살펴보게 해서 바로잡아 주어야 합니다.

또 어떤 아이는 지도해도 그 오류가 아주 오랫동안 잘 고쳐지지 않기도 합니다. 이것을 '잘못된 인식의 고집'이라고 이름 붙여 보았습니다. 그 고집이 풀리게 하려면 그림 그릴 때 잘 살펴보고 지도해야 합니다.

마찬가지로 동물 관찰 그림을 그리고 난 뒤 그 동물의 모습이나 얽힌 이야기를 짧게라도 써 보는 게 좋겠지요.

송아지

경북 청도 덕산초등학교 5학년 윤영웅

우리 집에는 태어난 지 얼마 안 되는 송아지가 있다. 송아지가 태어날 때에는 정말 힘이 들었다. 처음에는 어미 소가 막 울길래 뭔가 싶어서 소 있는 데로 가 보니까 송아지를 낳으려고 했다.

"아빠예! 엄마, 할머니, 송아지 낳을라 카는데예." 하니까 우리 식구들 모두 소막으로 모였다. 아버지께서 "힘내라!" 하면서 엉덩이를 두드리셨다. 어미소가 "음모오오오옥 음무우우!" 울었다. 엉덩이에 힘이 팍 들어갔다. 그러니까 노란 발이 보이더니 송아지가 쑥 나왔다.

어미 소가 피를 한 바가지 흘렸다. 어미가 새끼를 핥았다. 그렇게 어렵게 송아지가 태어났기에 송아지는 더욱 귀중하다. 몇 시간 뒤, 송아지는 다리를 바들바들 떨면서 일어서게 되었다. 지금은 송아지가 우리 소막을 뛰어다니면서 잘 자라고 있다. 어미 소 젖을 빨아 먹으면서 튼튼하게 자란다.

그리고 동물을 관찰하기 전이나 그림 그리기를 하면서 도감을 보며 동물의 생김새나 생태를 더 깊이 공부하면 좋겠습니다. 도감을 찾아보는 일은 그리고 난 뒤에라도 해 볼 수 있겠습니다.

동물 관찰 그림 그리기

큰 동물

우리 소

경북 청도 덕산초등학교 5학년 전기환, 1995년 10월 19일

우리는 집에 황소가 있다. 우리 아버지는 소가 완전히 다 크면 싸움 잘하는 황소를 만들어서 다른 소들과 싸움을 시키려고 하신다. 나는 솔직히 소들이 싸우는 게 보기가 싫다. 소들이 싸우려고 하지 않는데, 사람들이 소들을 데려와서 소들이 코에 끼고 있는 코뚜레를 당겨 소들이 박치기하도록 해서 싸우게 한다. 싸우면 불쌍하다. 나는 싸우는 게 정말 싫다.

개

경북 청도 덕산초등학교 5학년 배상현, 1995년

동물 관찰 그림 그리기

큰 동물

개

대구 동호초등학교 4학년 이은평, 2010년 12월

동물 관찰 그림 그리기

큰 동물

오리

대구 동호초등학교 4학년 안혜빈, 2010년 12월 6일

동물 관찰 그림 그리기

큰 동물

소

대구 동호초등학교 4학년 이완동, 2010년 12월

동물 관찰 그림 그리기

큰 동물

고양이

대구 동호초등학교 4학년 오채민, 2010년 12월 6일

4. 유물과 유적 그리기

유물과 유적은 역사가 남긴 자취입니다. 그것으로 그 시대 사람들이 어떤 모습으로 살았는지 미루어 알 수 있지요. 그래서 귀중한 우리 문화유산이라고도 합니다. 《나의 문화유산답사기》(유홍준) 머리말을 보면 '우리 나라는 전 국토가 박물관이다' 하는 말이 있습니다. 처음에는 '그럴까?' 했는데 책을 읽어 보고는 '그렇구나!' 싶었습니다. '역사의 연륜이 좁은 땅덩이에 쌓이고 보니 우리는 국토의 어디를 가더라도 유형, 무형의 문화유산을 만나게 된다.'는 말이 맞는 것 같습니다.

우리 유물과 유적을 몸으로 느끼기

우리 문화유산 공부는 어릴 때부터 하면 더욱 좋겠지요. 공부하더라도 정보를 달달 외우는 것보다는 몸으로 느껴 보는 것이 더 중요합니다. 몸으로 느끼도록 하는 방법을 몇 가지로 나누면 이렇습니다.

먼저, 유물과 유적을 자주 살펴보게 합니다. 자주 살펴본다는 것은 문화유산에 자연스럽게 다가가고 그래서 익숙해지는 것입니다. 처음에는 '뭐 이런 것이 있나?' 싶은 유물과 유적도 자주 보면 관심을 갖게 되고, 더욱 애정을 가지고 살펴보게 되지요.

다음은 그림으로 자세하게 그리게 하고 글로도 써 보게 하는 것입니다. 그냥 보기만 하는 것보다는 아주 적극성을 띤 방법이지요.

더욱 좋은 방법은 아이들한테 만져 보게 하고, 직접 다루어 보거나 다시 만들어 보게 하는 것입니다. 건물이나 탑 같은 구조물은 모형으로 조각조각 만들어

맞추어 보게 하면서 구조를 깨우치게 할 수도 있겠지요.

도자기 같은 것은 그 도자기를 처음 만들 때 썼던 방법으로 만들어 보게 합니다. 그러면서 우리 조상들의 삶을 더 깊이 이해하게 되고, 삶 속에 담긴 지혜나 아름다움도 또렷이 느끼게 되지요.

유물과 유적을 그리는 다섯 단계

여기에서 다루고자 하는 것은 아이들이 유물과 유적을 그림으로 그려 보게 하는 방법입니다. 유물과 유적 그리기에서 기본이 되는 방법 몇 가지를 나름대로 생각해 보았습니다.

첫째, 그 유물과 유적에 대한 기본 정보를 알아봅니다. 그 유물과 유적이 무엇인가, 언제 만들어졌으며 그때 사회는 어떤 모습이었는가, 왜 만들어졌는가, 구조와 크기는 어떤가, 재료와 특징은 무엇인가, 숨은 이야기는 무엇인가 따위를 알아보는 것입니다. 그러다 보면 관심이 생기고 좀 더 새롭게 눈뜨게 되겠지요.

둘째, 실제 유물과 유적을 화면에서 어떤 크기로 그려야 할지 가늠해 봅니다. 전체 크기도 그렇지만, 전체를 줄였을 때 부분들은 얼마만큼 줄여야 하는지도 잘 가늠해야겠지요.

셋째, 구조를 잘 살펴보며 테두리를 또렷이 그립니다. 특히 건축물이나 탑 같은 구조물은 어떻게 짜여 있는지 꼼꼼히 살펴서 그립니다. 저학년 아이들은 유물이나 유적을 그릴 때 자기 눈에 특별해 보이는 것이나 마음에 와닿는 부분을 크게 그릴 수 있습니다. 그래도 잘못 그렸다고 말하지 말아야 합니다. 거기에는 나름대로 매우 중요한 뜻이 있으니까요.

넷째, 유물과 유적에 그려진 그림이나 무늬 같은 것을 자세히 보고 그립니다. 그림이나 무늬는 깎아 내거나 짜맞추거나 잘라 붙여 꾸민 것, 겉에 그리거나 파서 꾸민 것들이 있지요. 이것들을 자세히 그리면 그때 그것을 어떤 뜻으로 표현해 놓았는지, 그때 사람들 모습이나 아름다움을 표현하는 방식은 어떠했는지 알게 됩니다. 실제 유물과 유적이 가진 아름다움도 더 많이 느낄 수 있겠지요.

다섯째, 질감 표현을 잘하면 좋겠습니다. 돌이면 돌 느낌이 나도록, 나무면 나무 느낌이 나도록, 오래된 도자기는 그 도자기 느낌이 나도록, 오래된 쇠는 쇠 느낌이 나도록 질감을 나타내는 것이지요.

유물과 유적을 그리는 또 다른 방법

이렇게 그려 볼 수도 있습니다. 어떤 부분만 크게 해서 자세하게 그리는 것이지요. 옛날 건축물에서 쇠못 하나 쓰지 않고 나무로만 이어 짜 놓은 모습, 아름다운 문살, 특별하게 생긴 기와, 유물에 그려져 있거나 새겨져 있는 특별한 그림이나 무늬 같은 것을 세밀하게 그려 봅니다. 그러다 보면 남다르게 느낄 수도 있을 테고 남들이 미처 찾아내지 못한 무엇을 찾을 수도 있을 것입니다.

또 유물과 유적이 만들어지는 과정을 미루어 짐작해서 그리는 것도 괜찮겠네요. 만드는 과정이 설명되어 있으면 그것을 바탕으로 그려 보기도 하고, 설명이 없는 유물은 미루어 짐작해서 그려 보게 합니다. 또 그 유물을 어떻게 썼는지 그 모습을 상상해서 그리는 것도 좋겠습니다.

유물과 유적에 좀 더 친근하게 다가가려면 자기가 사는 곳 가까운 데부터 찾아가는 것이 좋습니다. 보통 박물관에서는 유물을 잘 보존하려고 사진을 못 찍게 합니다. 사진을 찍을 수 있도록 허락한 유물과 유적들은 사진을 찍어 온 뒤 꼼꼼히 살펴보며 보충해서 그릴 수도 있겠지요.

또 본 대로 느낀 대로 글로 적어 보게 합니다. 나아가 그 유물과 유적에 관한 자료도 더 찾아 살펴보면 더욱 깊이 있는 공부가 되겠지요.

유적지나 유물을 전시해 놓은 박물관 같은 곳에 견학을 가면 그냥 대충 훑어보는 아이들이 많습니다. 또 견학 보고서를 써야 할 경우엔 덮어 놓고 설명 글만 열심히 적다가 정작 유물과 유적은 제대로 살펴보지 못하는 경우도 많지요. 그러니까 꼼꼼하게 살펴보다가 마음에 끌리는 것이 있으면 다시 집중해서 본 뒤 그림으로 그리는 것이 좋겠습니다. 그림 그리기뿐 아니라 역사에 있어서도 매우 뜻있는 공부가 될 것입니다.

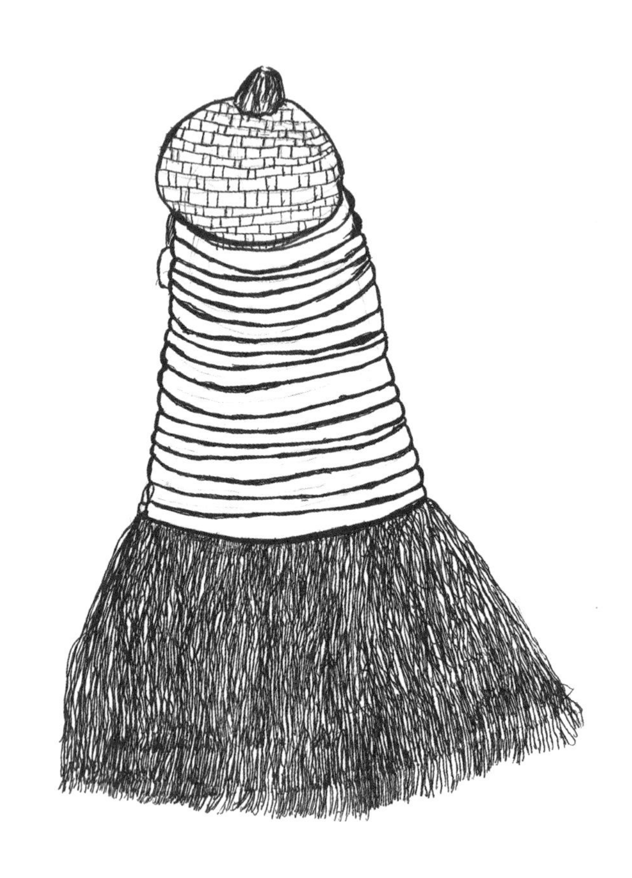

삼베에 풀 먹이던 '솔'

경북 경산 부림초등학교 6학년 송현, 1991년 12월 17일

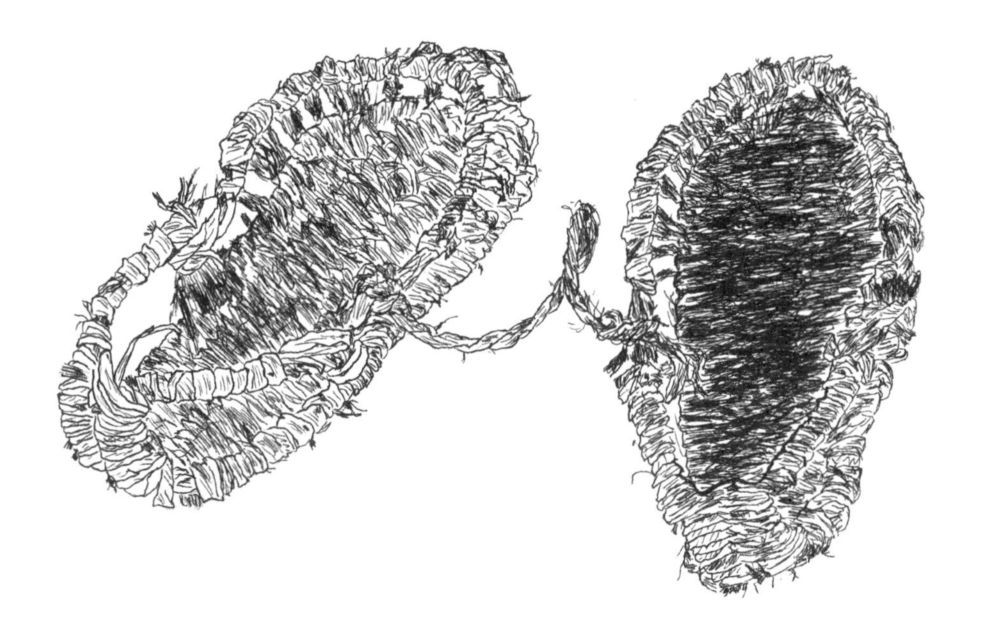

짚신

경북 경산 부림초등학교 6학년 허병대, 1991년 12월 17일

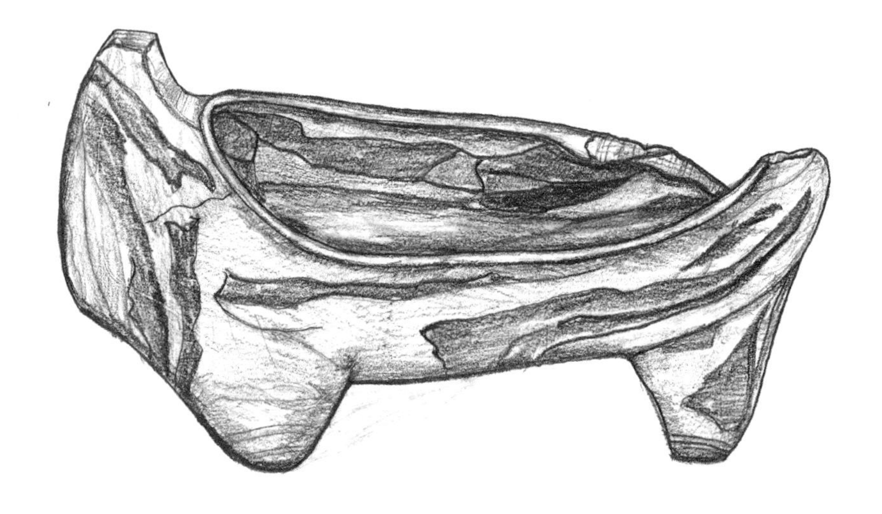

나막신

경북 경산 부림초등학교 6학년 이유찬, 1991년 12월 18일

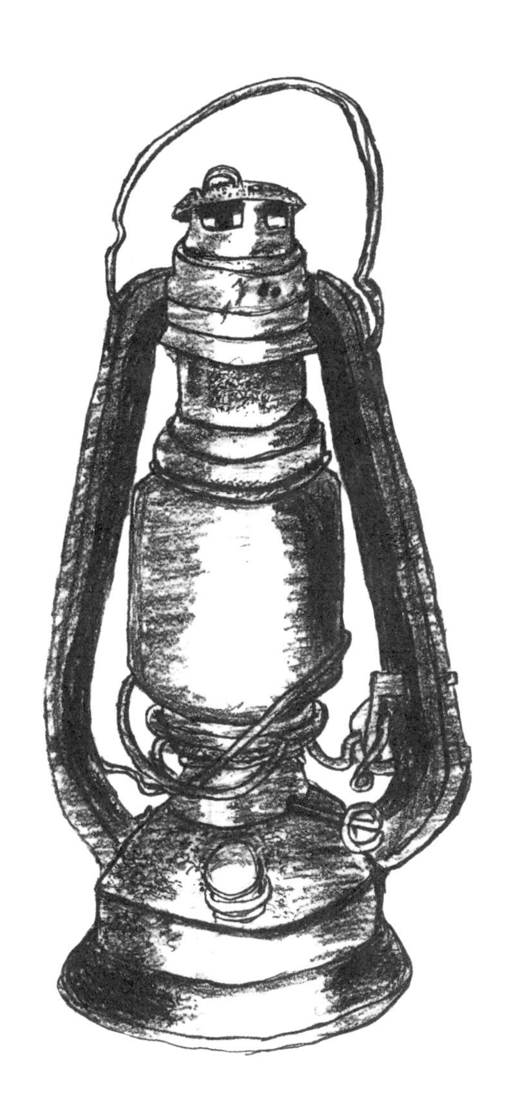

남포등

경북 청도 덕산초등학교 5학년 최주영, 1996년

조리

경북 청도 덕산초등학교 5학년 오효석, 1996년 11월

옛날에 내가 어렸을 때 엄마가 이 조리로 쌀 일어서 돌을 가려내었다고 한다. 꼭 국자같이 생겼는데 대나무로 엮어 만들었다. 쌀에 물을 붓고 이 조리로 얄랑얄랑 일면 쌀이 물에 뜬다. 뜬 쌀은 이 조리에 담고 밑에는 돌이 남는다. 돌이 무겁기 때문이다. 요즘에는 정미소에서 쌀에 있는 돌을 다 가려내어서 별 쓸모가 없다. 옛날에는 정말 엄마들한테 꼭 필요한 것이었다.

백자철화포도문호

대구 동호초등학교 4학년 최지현, 2010년 7월 12일

유물과 유적 그리기

지게

대구 동호초등학교 4학년 최지현, 2010년 7월

나는 아빠와 지난 일요일에 신천 둔치에 갔다. 거기에 옛날 물건들을 전시해 놓았다. 그 가운데 지게가 가장 내 눈에 띄었다.
지게는 나무로 만들었는데 모양은 에이(A) 자처럼 생겼다. 그리고 옆에서 보면 'ㅏ'처럼 보인다.
앞에는 등을 받칠 수 있게 짚으로 대어 놓았고, 양쪽 어깨에 멜 수 있도록 끈도 달아 놓았다.
지게 가지에 나무토막을 얹어 놓은 걸 보니 그렇게 짐을 얹어 사람이 지고 가는가 보다. 지게를 세울 때는 작대기로 받쳐야 서 있을 수가 있다.

유물과 유적 그리기

첨성대

대구 동호초등학교 4학년 최지현, 2010년 7월

지난 주말 식구들이랑 경주에 갔다. 첨성대를 관찰했다. 조금 떨어져서 보면 옆구리에 구멍이 하나 나 있는
아주 간단한 시설로 보인다. 그런데 신라 시대 우리 조상들이 하늘의 별을 관찰하는 과학 시설이라고 한다.
그런데 자세히 보면 돌 벽돌 하나하나를 착착 잘 쌓았다. 벽돌이 이어지는 곳에 걸쳐서 위층을 쌓았기 때문에 튼튼한가 보다.
가장 밑과 가장 위는 네모나다. 가장 위에 네 귀퉁이에는 마치 나무를 짜맞추어 놓은 것 같다.

유물과 유적 그리기

정도사 터 오층 석탑

대구 동호초등학교 4학년 전서영, 2010년 7월

엄마와 대구 박물관에 갔다. 대구 박물관에 들어서자 커다란 탑이 눈에 확 띄었다. 잔디밭에 아주 편안하게 앉아 있다.
바로 보물 제357호 '정도사 터 오층 석탑'이다. 탑의 밑돌 사방에는 같은 무늬가 열두 개 새겨져 있다.
둘레에는 끝이 치마 레이스처럼 울퉁불퉁 파여 있고 칸칸에는 버섯 모양처럼 생긴 화려한 무늬가 있다.
밑돌을 빼면 5단부터 일층탑이 시작되는데 네모 돌 위에 기와지붕 같은 것이 얹혀 있는 것 같다.

5. 풍경 그리기

우리는 아름다운 자연이나, 사람들이 살아가는 집과 거리의 풍경, 진솔한 삶이 배어 있는 소박한 풍경을 보면 다시 보고 싶은 마음이 일어납니다. 그럴 때 사진을 찍기도 하지요. 풍경 그림을 그리는 것도 그런 마음 때문이 아닌가 생각합니다.

풍경 그림은 겉으로만 보면 멈춰 있는 한 장면으로 보이겠지만 헤집고 들어가 보면 그 속에 생생한 삶이 있습니다. 그러니까 풍경 그림을 그릴 때도 겉으로 보이는 풍경뿐만 아니라 거기에 담겨 있는 삶을 담아 그려야 더욱 훌륭한 그림이 되겠지요.

풍경의 기본 틀 잡기

풍경은 어떻게 그리면 좋을까요? 먼저 그릴 풍경 한 장면을 잡습니다. 장면 잡기에 앞서 먼저 자신에게 '나는 왜 이 장면을 그리려고 하는가?'를 묻습니다. 그 물음에 뚜렷이 답할 수 있어야 알맹이 있는 장면을 선택할 수 있을 테니까요.

그릴 장면 속에서도 무엇이 중심이 되는지 뚜렷해야 합니다. 특별한 나무나 언덕, 특징 있는 건물이나 사람, 물건 따위입니다. 그리고 가까운 곳(근경)과 중간쯤 되는 곳(중경), 먼 곳(원경)이 고루 나타나 있는 장면을 그리면 그림에 깊이가 있어 보이고 입체감도 더 잘 나타납니다.

그릴 장면을 정했으면 이제 천천히 잘 보고 그리면 됩니다. 잘 보고 그리면 가깝고 먼 느낌(원근)이나 입체감, 그 속에 담겨 있는 삶까지 저절로 표현할 수 있습니다.

그리기 전에 풍경 속의 사물들이 어떤 자리에 어떻게 놓여 있는지 잘 살펴서 종이에 기본선으로 나타내어 보면 더욱 좋습니다. 이렇게 하면 어느 자리에 어떤 사물이 놓이는지도 잘 알 수 있고, 가까운 곳에 있는 사물과 먼 곳에 있는 사물의 크기도 알맞게 맞추어서 그릴 수 있습니다.

아이들한테 '풍경 그리기'를 처음 지도할 때는 먼저 풍경 사진에 기본선을 그어 어떤 사물들이 어디에 있는지 설명합니다. 그다음, 실제 풍경을 보고 여러 가지 사물이 놓여 있는 대로 종이에 기본선을 그어 가며 설명하면 더 쉽게 이해할 수 있습니다.

입체감을 살리는 풍경 그리기

이렇게 틀을 잡았으면 이제 자세히 그림을 그려야지요. 근경은 선과 색을 짙고 뚜렷하게, 원경은 엷고 흐리게 그립니다. 또 가까운 곳에 있는 사물은 크게 보이니까 크게 그려야 하고, 먼 곳에 놓인 것은 작게 보이니 작게 그려야 합니다. 가까운 곳에 놓인 사물은 얼마나 크게 보이고 멀리 있는 사물은 얼마나 작게 보이는지 아이들한테 쉽게 깨우쳐 주려면, 연필이나 손가락을 눈앞에서부터 차츰 멀리 떼어 놓으면서 그 크기를 둘레 배경과 함께 견주어 보도록 하면 됩니다.

풍경 그림을 그리면서 풍경 속에 있는 사물이나 사물이 놓여 있는 공간을 입체감 있게 살리려면 밝고 어두움(명암)을 잘 표현해야 합니다. 그렇다고 아이들한테 명암을 먼저 강조해 버리면 사물을 대충 그려 버리는 나쁜 습관이 길러질 수도 있습니다.

그림을 그릴 때는 먼저 아이들이 사물의 모습을 선으로 또렷하고 세밀하게 그리도록 합니다. 그렇지 않을 때도 있는데 이를테면 멀리 떨어져 있는 나무에 달린 나뭇잎 같은 것을 표현할 때입니다. 명암을 먼저 살리고 나뭇잎 특징을 살려 선으로 그리면 나뭇잎 생김새와 입체감을 더 잘 나타낼 수 있거든요.

대체로 근경부터, 근경에서도 중심이 되는 부분부터 먼저 그려야 시행착오를 줄일 수 있습니다. 근경에 있는 사물의 크기나 명암이 알맞게 자리 잡히면 거기에 맞추어서 원경에 놓인 사물을 조절해 그릴 수 있으니까요.

색을 칠할 때는 원경부터 칠하는 것이 더 좋겠지요. 그렇다고 그리는 차례가 꼭 이렇게 정해져 있는 것은 아니니까 아이들 나름대로 편한 방법으로 자유롭게 그리게 해야 합니다. 그래야 살아 있는 그림을 그릴 수 있을 테니까요.

이렇게 큰 틀을 잡아 그린 다음에 차츰 작은 부분을 자세하게 그려 나가도록 합니다. 어떤 아이는 큰 틀로만 대충 표현해 놓고는 더 그릴 것이 없다고 합니다. 작은 부분을 더 자세하게 표현하라고 하면 무엇을 어떻게 더 그려야 할지 잘 모르고 망설이는 아이들도 있습니다.

이런 아이에게는 보기가 되는 그림이라든가 교사가 자세히 표현하는 모습을 보여 주면 좋습니다. 처음부터 자세하고 뚜렷하게 표현하는 버릇을 들여야 합니다. 풍경 속에 무심히 놓여 있는 사물도 자세하고 또렷하게 표현하다 보면 새로운 뜻을 가지게 된답니다.

시간이 많이 걸려 한 번에 다 그리기가 어려우면 다른 날 같은 시각에 다시 그곳에 가서 그려도 됩니다. 그릴 장면을 사진으로 찍어 와 집에서 그릴 수도 있습니다. 그런데 처음부터 사진을 보고 그리다 보면 입체적인 풍경을 평면으로 그리는 훈련이 잘 안 되니까 될 수 있으면 그 자리에서 실제 풍경을 눈으로 보고 그리도록 하는 게 좋겠지요.

풍경화에 색깔 표현을 할 수도 있습니다. 첫 번째는 밑그림 선을 대충 엷게 그린 다음, 뚜렷하고 세밀하게 색칠하는 방법이 있습니다. 두 번째로 밑그림을 세밀하고 뚜렷하게 그린 다음, 색은 엷게 칠하는 방법이 있지요. 그 밖에도 아이들 나름의 표현 방법이 있을 테고요.

여기서는 연필로 자세히 그린 그림만 보기로 내보입니다.

풍경 그리기

아파트 옆 놀이터

대구 동호초등학교 4학년 진흥림, 2010년 6월

우리 아파트 조금 밑으로 가면 아이들의 놀이터가 있다. 아파트가 괴물같이 꽉꽉 들어찼는데 그래도 놀이터가 있어 덜 답답하다. 나도 가끔은 이 놀이터에서 논다. 이 놀이터에서 가장 큰 것은 노란색 미끄럼틀이다. 나도 자주 타는 미끄럼틀인데, 지붕이 덮여 있고 미끄럼 타고 내려가는 곳은 마치 코끼리 코 같다. 만드는 사람이 코끼리 모양으로 만들어서 그런 것 같다. 내가 그림을 그리려고 나갔는데 그때는 아이들이 아무도 없어서 좀 으스스한 느낌이 들었다.

신서성당

대구 동호초등학교 4학년 전서영, 2010년 6월

우리 집 건너편 언덕 옆에는 신서성당이 있다. 저번에 성당 안에 한번 들어가 보았다. 나는 성당에 안 다니기 때문에 누가 볼까 봐 조심스럽게 들어갔다. 1층에는 쉼터가 있었다. 벽에는 책들이 빼곡히 꽂혀 있고 벽 한쪽에는 정수기가 있었다.
문 옆벽 쪽에는 작품이 전시되어 있었다. 십자수, 예수님 액자, 열쇠 같은 여러 가지 작품이다. 쉼터에는 고요한 음악이 흘러나왔다.
그런 모습을 보니까 왠지 나도 신서성당에 다니고 싶은 마음이 들었다.

신서성당

대구 동호초등학교 4학년 최지현, 2010년 6월

내 친구 희원이는 신서성당에 다닌다. 한날은 희원이를 따라 성당 안으로 들어갔다. 계단을 내려가니 우리 학교처럼 넓은 강당이 있었다. 사람들이 북적이고 있었다. 맨 앞에는 예수님이 못 박혀 있는 모습이 있고, 예수님 밑에는 기도하는 그림이 크게 펼쳐져 있었다. 앞에 누가 오더니 "예수님은 우리 때문에 힘든 고통을 당하셨고, 돌아가신 뒤 부활하여……."라고 말했다. 나는 정말 재미없었다. 그런데 희원이의 얼굴을 보니 아주 진지하게 듣고 있었다. 나는 좀 미안한 마음이 들었다.

풍경 그리기

벤치와 나무

대구 동호초등학교 4학년 안혜빈, 2010년

이 그림은 우리 집 앞에 있는 반야월 이마트 앞 벤치와 나무다.
동생이 "누나, 누나! 여기 와 봐!" 하고 눈을 동그랗게 해서 가 보니 "누나, 다리 아프니까 여기 앉으라고." 했다.
나는 피식 웃었다. 항상 동생을 미워했는데 이렇게 챙겨 줘서 고마웠다.
그리고 지난해 가을인가 동생이랑 사촌오빠랑 여기서 단풍잎 땄던 생각도 난다. 그때 우리들은 장난도 많이 치며 놀았다.

풍경 그리기

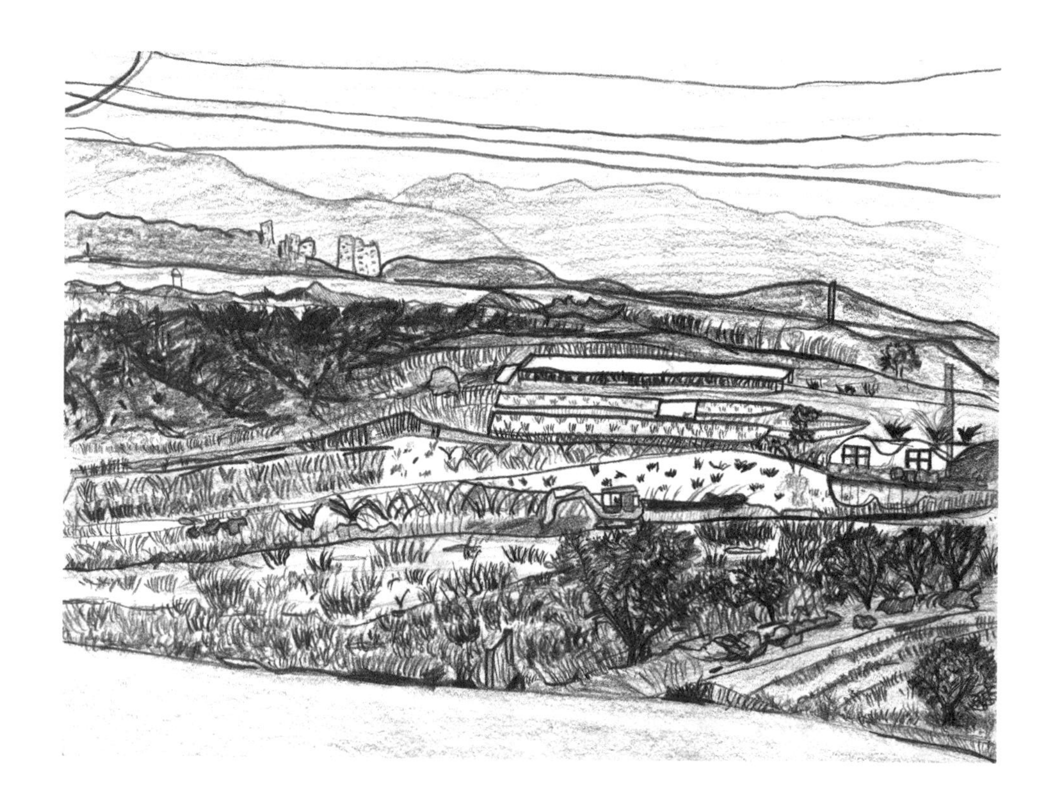

할아버지 밭이 있는 들판

대구 동호초등학교 4학년 장윤정, 2010년 6월

금강 옆에는 할아버지 밭이 있는 들판이 펼쳐져 있다. 들판에는 논도 있고 밭도 있다. 논에는 벌써 모내기를 한 곳이 많다. 할아버지 밭에 갈 때 길 옆 밭을 보니까 상추가 싱싱하게 자라고 있었다. 나는 그것을 보고 "야! 진짜 맛있겠다. 상추에 삼겹살 고기를 싸서 먹으면 최고 맛있는데……." 하면서 혼잣말도 했다. 비닐하우스를 보며 '비닐하우스 속은 엄청 덥겠지?' 하는 생각도 했다. 그런데 조금 가니까 검은 비닐이랑 쓰레기가 마구 버려져 있었다. 그걸 보니까 "아아 씨!" 하는 소리가 저절로 나왔다.

풍경 그리기

신천 주변

대구 동호초등학교 4학년 진서영, 2010년 7월 3일

대구 신천에 있는 한 다리 주변이다. 다리 밑에는 시원한 신천 강물이 졸졸 흐르고 있다.
이 신천을 보고만 있어도 기분이 상쾌해지고 마음이 맑아지는 기분이 든다. 신천을 따라가다 보면 넓은 풀밭이 있다.
그 풀밭에는 아주 예쁘게 잘 가꾸어진 정원이 있고 사람 얼굴처럼 생긴 나무 조각 작품들이 서 있다.
땅에서는 쑥이 수북이 자라고 있다. 항아리도 여러 개 있다.

정자

대구 동호초등학교 4학년 박태규, 2010년

엄마 아빠와 같이 초례봉 가까이 가서 쉬다가 돌아오는데 정자가 있었다.
나는 정자에서 나와 뒤쪽으로 더 가 보았다. 가니 길이 있었다. 그리고 무덤도 있었다.
엄마 아빠가 오라고 해서 정자에 다시 왔다. 정자 왼쪽으로 보면 높은 산이 있다.
앞에는 별게 없다. 그래도 정자와 소나무는 멋졌다.

풍경 그리기

망우 공원에 있는 대문

대구 동호초등학교 4학년 장윤정, 2010년 6월 12일

배

대구 동호초등학교 4학년 최지현, 2010년 6월 24일

식구들과 영덕 연수원에 갔다. 아빠와 해맞이하러 방파제에 나갔는데 벌써 해가 떠서 구름 사이로 나와 있다.
빨강과 노랑이 섞인 해가 밝고 눈부시다. 마치 전등 빛처럼 눈부셨다.
장엄한 그 모습이 정말 아름다웠다. 잔잔한 바다 위로 고기잡이배들이
물살을 가르며 나가는 모습도 아름답고 신기했다.

풍경 그리기

바닷가

대구 동호초등학교 4학년 김민규, 2010년 10월 5일

우리 가족은 포항 흥해 바닷가에 놀러 갔다. 바닷가는 경치도 좋고 시원했다. 바다 저 멀리 바위와 섬들이 희미하게 보였다.
좋은 경치 속에 펜션이 있었다. 통나무로 지었는데 멋지고 깨끗했다. 펜션에서 바다를 보니 파란색이다. 바다에 파도가 하얗게 일었다.
바닷가에는 아이들이 모래성을 쌓으며 놀고 있었다. 동생은 갈매기를 참새라고 해서 나는 막 웃었다.
동생과 같이 바다에 뛰어갔다. 우리는 바닷물이 밀려가면 따라 들어갔다가 밀려 나오면 마구 뛰어나왔다.

4장

경험한 사실 그리기

1. 생활 그림 그리기

1. 생활 그림 그리기

우리는 조그만 일들은 보고 겪어도 있는 듯 없는 듯 겪은 듯 그렇지 않은 듯 그냥 지나치며 살아갑니다. 하지만 그 조그만 일들이 모여 역사를 이룬다는 것을 깨닫는다면 순간순간이 참 귀하다는 걸 알게 됩니다. 그러니 삶에서 보고 겪는 그런 장면들을 그림으로 그리는 일은 매우 뜻있습니다.

'생활 그림 그리기'는 이처럼 보고 겪은 사실이나 사물을 생생하게 되살려 그리는 것입니다. 움직이는 모습을 많이 담는 생활 그림은 생활 속에서 움직임이 끊임없이 이어지는 가운데 한순간을 붙잡아 그립니다. 지금까지 해 온 여러 가지 그림 그리기가 생활 그림을 그리는 데 바탕이 될 것입니다.

생활 그림 그리기 7단계

아이들한테 생활 그림을 그리도록 할 때는 그리기 전에 한두 차례쯤 이렇게 지도하는 것이 좋습니다. 모두 일곱 단계로 나누어 이야기해 보겠습니다.

첫째, 그릴 거리를 찾습니다. 보고 겪은 일들 가운데 마음에 또렷이 남아 있는 것을 찾아 제목을 여러 개 적어 보는 것이지요.

'길가에서 나물 파는 할머니', '청소하는 아저씨', '놀이터에서 흙장난하는 아이들', '웅크리고 앉아 햇볕 쬐는 고양이 두 마리', '경운기 고치는 아버지', '삶은 고구마 먹는 누나', '잠자는 내 동생', '뻥튀기 할아버지', '머리 묶기', '일하다 국수 먹는 아저씨들'.

둘째, 여러 가지 그릴 거리 가운데 가장 마음에 남아 있는 것 하나를 고릅니다.

셋째, 고른 그릴 거리를 마음속으로 되짚어 보면서 그 가운데 한 장면을 잡습니다. 되짚어 볼 때는 영화 필름을 아주 천천히 돌리면서 장면 하나하나 보듯이 차근차근 떠올려 보아야 합니다. 그러다 자기가 뜻하는 내용을 가장 잘 담을 수 있는 한 장면이 나타나면 꼭 붙잡습니다.

넷째, 그릴 장면을 다시 마음속에 그려 봅니다. 붙잡아 놓은 장면을 마음속 도화지에다 구체로 그리는 것이지요.

다섯째, 마음속 도화지에 그려 놓은 장면을 마음을 모아 실제 도화지에 그립니다. 그림을 그릴 때는 대체로 중심이 되는 사물을 먼저 그립니다. 그런 뒤 배경을 짜임새 있게 그리는 것이 좋습니다. 배경부터 그리는 아이들도 많은데 그러면 중심 부분이 아주 작아지거나 잘려 나가서 뜻하지 않은 그림이 될 수도 있습니다. 중심 부분이 잘려 나가지 않도록 그리는 것이 좋겠지요.

배경 이야기가 나왔으니 하는 말이지만 아이들의 생활 그림을 보면 배경은 그다지 중요하지 않게 생각하고 아무렇게나 그리거나 아예 그리지 않는 경우가 많습니다. 지도하는 선생님도 크게 신경을 안 쓰는 편인데 어떤 그림이든 삶이 있는 그림을 그릴 때는 배경이 중요하다는 것을 잊지 말길 바랍니다. 배경은 주인공이 놓여 있는 상황을 더욱 잘 드러내 주거든요.

또 사람을 그릴 때는 단순히 겉모습을 보여 주는 데 그치지 말고 행동이나 얼굴 표정에 마음도 나타나도록 표현해야 합니다. 경우에 따라 중심 부분을 더 또렷이 나타내었으면 하는 그림도 있을 것입니다. 그때는 배경을 엷으면서도 정확하게 그리는 것이 좋습니다. 그러면 중심 내용을 더 잘 살릴 수 있답니다.

여섯째, 어느 만큼 그렸으면 모자라는 곳은 보태어 그려 넣고, 틀린 곳은 고쳐 그립니다. 생활 그림은 어떤 장면을 보거나 겪고 나서 시간이 조금 흐른 뒤에 그리게 됩니다. 그러다 보니 꼭 그려야 할 것을 빠트린다든지, 틀리게 그릴 때가 많습니다. 그런 것을 하나하나 찾아 더하고 고칩니다.

보통 달려가는 사람은 머리카락이 날리는데 날리지 않게 그렸다든가, 왼팔이 나가면 왼쪽 다리는 뒤로 가야 하는데 같은 쪽 팔다리가 같이 앞으로 나가게 그렸거나 했으면, 잘못 그려 낸 부분을 고치는 것입니다. 이때 더욱 정확하게 그리려면 그 모습을 다시 살펴보거나 스스로 행동해 보는 것도 좋은 방법입니다.

일곱째, 마지막으로 다듬기를 합니다. 선을 또렷이 한다든지, 필요 없는 선이 있으면 지운다든지, 명암을 나타내 본다든지, 미처 놓친 아주 작은 것을 그려 넣는다든지 해서 그림을 완성하는 것입니다.

'생활 그림 그리기'에서는 너무 틀에 맞춰 그리지 않도록, 아이 나름의 방법이나 개성을 살려 자유롭게 그리도록 해야 합니다. 또 생활 그림은 꼭 그 장면에 얽힌 이야기를 한 도막 쓰도록 하는 것이 좋습니다.

아이들이 그린 생활 그림을 더 많이 보려면 《연필을 잡으면 그리고 싶어요》 책을 참고하기 바랍니다.

생활 그림 그리기

동물

닭싸움

경북 경산 부림초등학교 4학년 배동호, 1990년

내가 성재하고 집으로 오는데 어떤 빈 집에서 "꼬꼬댁 꼬꼬댁" 하는 소리가 들렸다. 가 보니 수탉 두 마리가 싸움을 하고 있었다. 나는 "우리 편 이겨라" 하고 응원을 했다. 성재도 "우리 편 이겨라" 하고 다른 것을 응원했다. 입으로 물고 발로 차고 날개로 얼굴을 쳤다. 물고 차고 때리고 우리와 같은 방법으로 싸웠다. 동물 방식으로 때리고 싸우면 재미없고 우리 방식으로 하니 참 재미있었다. 그렇지만 싸우면 둘 다 터진다.

젖 먹는 송아지

경북 청도 덕산초등학교 5학년 송은광, 1995년 11월 16일

송아지가 젖을 쪽쪽 빨았다. 송아지는 젖을 먹으면서 젖꼭지를 놓지 않았다. 그런데 어미 소가 발길질을 했다.
송아지는 젖이 맛있는지 침까지 질질 흘리며 먹었다. 그런데 송아지가 젖이 안 나는지 젖을 입으로 쿡쿡 치받았다.
송아지는 젖을 놓더니 어미 소 주위를 뒷발로 한쪽씩 치켜들면서 풀쩍풀쩍 뛰어다녔다.

소 몰기

경북 청도 덕산초등학교 5학년 송은광, 1995년 10월 18일

소를 소마구로 갖다 넣으려고 몰았다. 소는 처음에는 내 말을 잘 따랐다. 그런데 갑자기 오다가 안 와서 줄로 때렸다. 송아지는 어미만 따라 걸어갔다. 내가 당겨도 안 와서 "안 오나!" 하고 소리를 질렀다. 그래도 안 왔다. 겨우 끌어당겨서 마구까지 가니 아버지께서 도와주셨다. 소 모는 게 힘들었다.

생활 그림 그리기

식구

아빠의 몸부림

경북 경산 중앙초등학교 6학년 권혁준, 1993년 10월 6일

아빠가 술을 마시고 들어오신 뒤 바로 곯아떨어지셨다. 얼마나 많은 술을 마셨기에 이렇게 몸부림치며 주무시는지…….
아빠가 몸부림치는 모습이 너무 웃겨서 이 그림을 그리게 되었다.

생활 그림 그리기

식구

할머니

경북 청도 덕산초등학교 6학년 전지영, 1994년 12월 8일

나는 할머니와 함께 생활하고 있다. 할머니는 아침 일찍 일어나서 나에게 따뜻한 밥을 해 준다.
할머니가 어떤 때 넋이 나간 듯이 허공을 볼 때는 꼭 할아버지 생각을 하는 것 같다. 내가 오늘 그림을 그리려고 할머니 집에 가니
"니 말라꼬 늙은 할마시를 그리노? 너거 아빠나 엄마 그리지." 했다. 내가 그림을 그리고 있으니
할머니는 움직이고 싶으면서도 가만히 입만 다시고 있었다. 가끔은 나에게 욕도 하지만 그런 할머니가 좋다.

볏단 모으기

경북 청도 덕산초등학교 5학년 문지혜, 1995년 11월 7일

아침에 엄마와 같이 볏단을 모으러 갔다. 가니 우리의 양식인 벼들이 쫙 깔려 있어서 '어휴, 저거 언제 하노!' 생각만 해도 지겨웠다.

"지혜야, 니 먼저 볏단이나 모아라."

난 볏단을 모았다. 쌀쌀했는데도 열심히 일을 하니 땀이 물처럼 주루룩 흘렀다. 참을 먹으니 엄마가 음료수를 먹고 "아, 시원하다!" 했다.

또다시 일을 했다. 다 하니 기분이 날아갈 듯 좋았다. 이제 그런 지겨운 일은 끝났기 때문이다.

사과 서리

경북 청도 덕산초등학교 5학년 배호준, 1995년 11월 23일

지난 11월 3일이다. 나와 성준이 형과 같이 사과 서리를 하다가 주인 할아버지한테 걸려서 사과를 들고 막 도망갔다. 성준이 형은 그 밭 지리를 모르는지 도망가다가 할아버지와 맞부딪혀서 들고 있던 사과도 던져 버리고 막 뛰는 것이다. 그때 나는 "어휴! 점마 잡히만 나는 초상날이다." 하고 중얼거렸다. 그렇지만 성준이 형은 뛰어가다 논두렁 어디로 들어가 숨었다. 할아버지가 갔을 때 나와 성준이 형은 밖으로 나왔다. 성준이 형은 "어휴! 죽는 줄 알았다." 하며 숨을 쉬었다.

생활 그림 그리기

식구

감 따기

경북 청도 덕산초등학교 5학년 오효석, 1996년

외삼촌과 내가 가게로 가는데 담 너머로 나온 감나무 가지에 통통하고 바알간 감홍시가 달려 있다.
"외삼촌, 목마 좀 태워 도."
목마를 타고 손을 주욱 뻗었다. 닿을락 말락 했다. 엉덩이를 들고 겨우 땄다.
반을 갈라서 외삼촌이랑 먹었다. 과자보다 더 달짝지근했다.

생활 그림 그리기

식구

사촌 동생

경북 청도 덕산초등학교 6학년 김예정, 1997년

오늘은 제헌절이라 대구에서 이모와 사촌 동생인 교희가 왔다. 교희는 오자마자 내 책을 꺼내 읽다가 그냥 아무 데나 휙휙 던져 놓았다.
나는 화가 나서 "아, 니 와 여기 놔두는데? 똑바로 꽂아 놔라!" 소리쳤다. 그런데 교희는 살살 웃으며 "언니야, 내가 나중에 다 치울게." 했다.
그런데 방에 다시 들어오니 내 일기장에 낙서가 되어 있고 막 찢어져 있었다. 그리고 옆에는 인형들이 흩어져 있었다.
나는 도저히 못 참아 이모에게 다 일러 버렸다. 이모가 교희를 혼냈다. 나는 이모에게 일러바친 것이 미안하였다.

생활 그림 그리기

식구

동생이 졸고 있다

경북 경산 성암초등학교 6학년 이은경, 2004년 12월 12일

엄마와 과일 먹기

경북 경산 성암초등학교 6학년 노현희, 2004년

식구

청소

경북 경산 성암초등학교 5학년 김재민, 2006년 9월 17일

생활 그림 그리기

식구

개한테 쫓기기

경북 경산 성암초등학교 5학년 이나영, 2006년 9월 29일

생활 그림 그리기

친구

갑자기 비 오는 날

경북 경산 중앙초등학교 6학년 원수영, 1993년 11월 13일

수업을 마치고 집에 가려는데 갑자기 비가 왔다. 아이들은 우산을 안 가져와서 비를 맞으며 집으로 가는 아이도 있고, 신발주머니를 머리에 얹고 뛰어가는 아이들도 있다. 교문에는 아이들의 우산을 가지고 있는 아주머니들도 있다. 우산을 쓰지 않고 비를 맞으며 가는 할머니도 있다

바우와 바우 엄마

경북 청도 덕산초등학교 5학년 문지혜, 1995년 11월 29일

바우는 오늘도 배가 고픈지 가게 아줌마에게 돈을 달라고 한다.
아줌마는 "아이, 드러라." 하며 돈 백 원을 픽 던졌다.
그것을 바우 엄마가 보았다. 바우 엄마는 총알같이 달려와 바우의 돈을 빼앗으려고 했고,
바우는 빼앗기기 싫어서 몸부림쳤다. 그렇게 싸우는 바우 엄마와 바우가 참 안됐다.

생활 그림 그리기

친구

고민하는 예지

대구 동호초등학교 4학년 성채은, 2008년 12월 19일

선생님이 "이제부터 글쓰기 시작한다." 하고 말하셨다.
그러자 교탁 앞에 있는 예지가 오른쪽 손으로 턱을 괴었다. 내 생각에는 예지가 무엇을 써야 할지 고민하는 것 같았다.
잠 오는 듯 눈을 살며시 감았다. 또 입을 멍하게 조금 벌렸다. 하지만 턱을 괴고 눈을 살며시 감고 있는 모습이 내 동생보다 더 귀여워 보였다.
그래서 바로 뛰어가 볼을 꽉 깨물어 주고 꼭 안아 주고 싶었다. 예지가 내 동생이었으면 하는 생각이 들었다.

생활 그림 그리기

친구

축구 드리블

대구 동호초등학교 4학년 김민규, 2010년 7월 15일

생활 그림 그리기

이웃

술 취한 아저씨

경북 경산 중앙초등학교 6학년 태혜선, 1993년 6월 15일

학원에 갈 때 어떤 아저씨가 시장 바닥에 앉아서 술을 마시고 있었다. 아저씨는 술을 마시더니
"니가 뭔데 나보고 이래라 저래라 그래. 에이씨. 여보시오! 여기 구경났소? 왜 이리 몰려 있는 거야." 이러며 길바닥에 누워서 자는 것 같았다.
어떤 아줌마가 그것을 보고 인상을 찌푸리며 "저 아저씨 미쳤나. 아이 보는 앞에 턱 누워 있고 부끄럽지도 않나!" 이랬다.
그래도 술 취한 아저씨는 누워 있었다. 얼굴도 시커멓고 수염도 꺼칠꺼칠한데 불쌍한 생각이 들었다.

생활 그림 그리기

이웃

다리 없는 아줌마

경북 경산 중앙초등학교 6학년 태혜선, 1993년 10월 19일

내가 시장 길을 걷고 있을 때였다. 어디에서 고요하면서 슬픈 노래가 나는 것 같아 그곳으로 눈길을 돌리니
어떤 아줌마가 길바닥에 엎드려 있었다. 자세히 보니 인어공주 꼬리처럼 검은 고무로 다리를 싸고 있었다.
어떤 사람은 얼굴을 찌푸리며 그 아줌마 가까이에 가지 않으려고 일부러 피해 갔다. 그리고 못 본 체하며 그냥 지나가는 사람도 있었다.
어떤 아이가 와서 그 아줌마에게 동전 하나를 드렸다. 슬픈 노래가 내 마음을 더욱 아프게 했다.

생활 그림 그리기

이웃

할머니를 돕는 아이

경북 경산 중앙초등학교 6학년 이미례, 1993년 12월 11일

골목길에서 이리저리 허둥대는 할머니가 있었다. 그 할머니에게 한 아이가 뛰어왔다.

"할머니, 제가 도와드릴게요."

"그래, 고맙다. 여기 길을 알아야지……."

할머니는 양손에 쥐고 있던 짐 하나를 주고는 그 아이의 머리를 쓰다듬어 주었다. 아이는 할머니와 같이 싱글싱글 웃었다.

생활 그림 그리기

이웃

거지 아저씨

경북 청도 덕산초등학교 6학년 오효석, 1997년 7월 16일

청도역 대기실 안에 밤마다 거지 아저씨가 온다. 낮에는 밖으로 나가서 찢어지고 기운 옷을 질질 끌고 길거리를 돌아다닌다. 점심도 굶어서 배 속에서 자꾸 꾸르르륵 한다. 길 가다 덜 핀 담배도 주워 핀다. 지나가던 사람에게 따라가며 씨익 웃는다. 그리고 밤에 역으로 올 때는 술 한 병을 들고 온다. 양치도 안 해서 이빨이 누렇고 냄새가 푹푹 풍긴다. 식구도 없고 친척도 없이 날마다 이런 생활을 하는 거지 아저씨가 안됐다. 식구가 있어서 편안히 살았으면 좋겠다. 남에게 맞고 술만 먹는 생활이 되지 않아야겠다.

생활 그림 그리기

이웃

한쪽 다리 없는 아저씨

경북 청도 덕산초등학교 6학년 배상현, 1997년 7월 16일

엄마와 같이 풍각 장에 갔다. 한쪽 다리 없는 아저씨가 한 발로, 자기 몸도 끄시기 힘들 텐데 손수레까지 끄시고 다녔다.
자기 몸 밑에는 합판을 깔고 질질 끄시고 다녔다. 철판에다가 바퀴가 달려 있으면
힘이라도 덜 들지. 나는 물건을 하나 팔아 드리기로 했다.
"아저씨, 안녕하세요? 저 돋보기 하나 살라 카는데 있어요?" "와? 탐정하게?" "아니요. 공부할 때 쓸라고요."

생활 그림 그리기

이웃

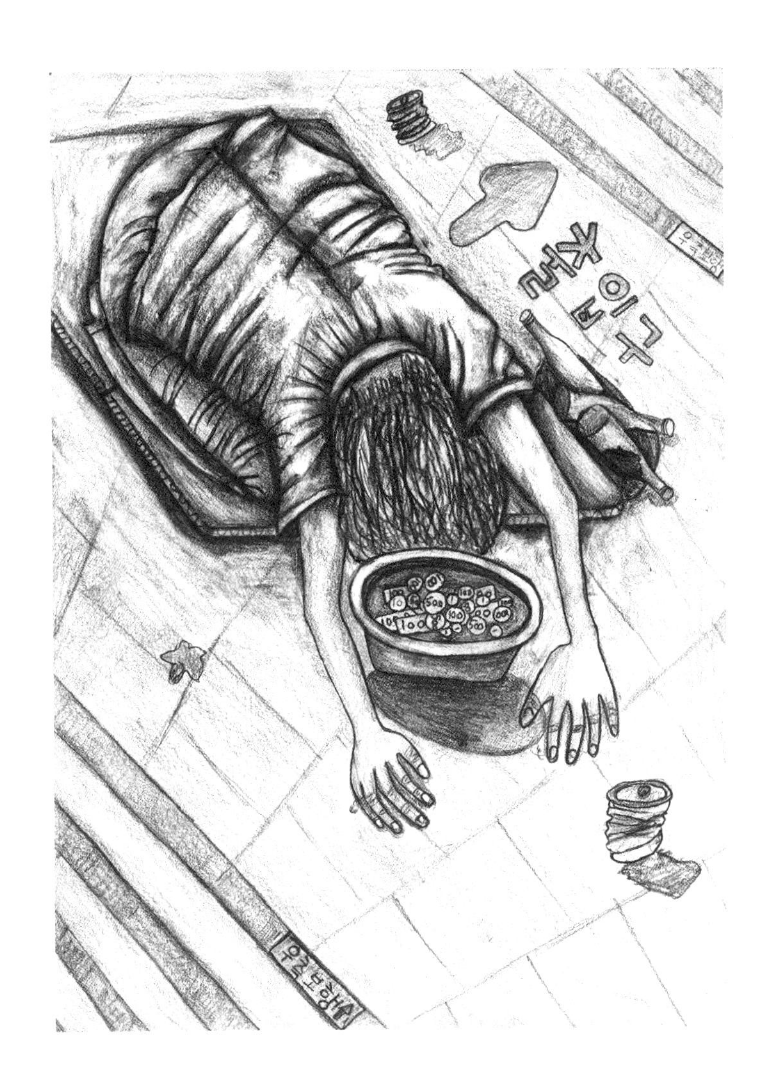

거지 아저씨

대구 동호초등학교 4학년 전서영, 2010년 9월 2일

혜원이 언니하고 수빈이 언니와 함께 엄마 몰래 시내에 갔을 때다.
어떤 거지 아저씨가 지하철 계단 한구석에서 큰 종이 상자를 깔고 엎드려 있었다. 엎드려 있는 아저씨 앞에 "돈 좀 주세요!" 하는 것처럼 빨간 바구니가 놓여 있었다. 바구니에는 십 원과 천 원, 백 원, 오십 원짜리 돈이 조금 들어 있었다.
엎드려 있으면 얼마나 힘이 들까? 나는 마음이 아팠다. 저녁에도 그 거지 아저씨가 떠올랐다.

용접하는 아저씨

경북 경산 부림초등학교 6학년 신남철, 1991년 12월 16일

포크레인

경북 경산 중앙초등학교 4학년 박창범, 1992년 12월 18일

포크레인이 땅을 판다. 포크레인 손이 커다란 우리 손 같다. 땅도 디기 잘 판다. 아저씨는 인상 쓰며 운전하신다.

똥 푸는 날

경북 청도 덕산초등학교 5학년 김선애, 1995년 11월 24일

학교를 마치고 집으로 돌아오는데 똥 냄새가 났다. 코를 막고 집에 들어오니, 아버지께서 화장실에서 똥을 푸고 계셨다.
"아버지, 냄새 안 나요?"
"코에 집게 찝고 하니깐 많이 안 나네."
그러시며 계속 똥을 푸셨다. 그때 아버지 얼굴을 보니 코에 집게가 집혀져 인상이 찌그러져 있었다.

생활 그림 그리기

일하는 사람들

콩 가리기

경북 청도 덕산초등학교 5학년 문지혜, 1995년 11월 3일

할머니와 아빠가 밤늦도록 썩은 콩을 가리는데 할머니께서는 안경이 스르륵 내려가는데도 계속 가렸다.
아빠가 "어무요, 좀 쉬었다가 하소." 하니 할머니께서는 "괜찮다." 하고는 계속 가렸다.
그런데 할머니가 썩지 않은 콩을 가리니까 아빠가 "좀 잘 고래소. 그런 거는 버려도 된다 카이." 하고,
할머니는 "허참, 말이 많다. 내가 고래 그러 놔 둬라 카이. 쯧." 했다.

게 파는 아저씨

경북 청도 덕산초등학교 5학년 송은광, 1995년 11월 17일

저녁에 학원 갔다가 집으로 오는데 연쇄점 옆에서 아저씨가 게 장사를 했다. 아저씨는 "빨리 고르소." 하면서 게를 팔았다.
아줌마들은 두 개, 세 개, 한 개 이렇게 사 갔다. 그런데 어떤 아저씨는 고르다가 큰 거 하나만 골라 갔다.
아저씨는 피곤한지 담배 한 개비를 폈다. 아저씨는 어떤 아줌마 보고 "이거 다른 거보다 크다 아입니꺼. 이거 사 가이소." 했다.
그 아줌마는 돈이 없는지 작은 거 한 마리만 사 갔다.

벼 찌끄레기 날리기

경북 청도 덕산초등학교 5학년 이순호, 1995년 12월 3일

일요일 아침에 잠을 자는데 큰집에서 드르르륵하며 소리가 들려왔다.

배추 씻는 어머니

경북 청도 덕산초등학교 5학년 문지혜, 1995년 12월 5일

엄마가 김장을 담근다고 밭에 배추를 뽑으러 갔다.
"아, 거 참. 배추 디기 통통하네."
엄마는 통통한 배추를 쏙쏙 뽑았다. 배추를 집으로 가지고와서는 "김장 참 잘되겠네!" 하고 싱긋 웃으며 배추를 씻었다.
그렇게 정성을 들여서 만든 김치를 먹으니 정말 맛있었다. 다른 아이들은 왜 김치를 싫어하는지 모르겠다.

생활 그림 그리기

일하는 사람들

리어카 끄는 할아버지

경북 청도 덕산초등학교 5학년 오효석, 1996년 12월 12일

우리 마을 골목길을 가다 보니 쌀가마니를 실은 리어카를 끌고 가는 할아버지가 있었다.
할아버지는 싱글벙글 웃고 있었다. 올해는 풍년이라 그런 것 같다.
어깨까지 들썩거리는 것 같다. 나는 내년에도 풍년이 되어
할아버지가 싱글벙글 웃었으면 좋겠다는 생각을 했다. 할머니와 쌀밥을 해서 맛있게 드시길 바란다.

방지 할아버지

경북 청도 덕산초등학교 6학년 박욱태, 1997년 7월 16일

논길을 지나가다 지게를 지고 가는 방지 할아버지를 만났다.
"할배예, 안녕하십니꺼? 무겁지예? 제가 지고 가까예?"
그랬더니 할아버지가 "마 됐데이. 고마 가라." 하며 그냥 가려고 했다. "할배예, 제가 지께예."
할아버지는 그제야 지게를 내게 주었다.

뒷집 아저씨

경북 청도 덕산초등학교 6학년 윤영붕, 1997년 7월 18일

우리 뒷집 아저씨는 참 부지런하시다. 하루도 빠짐없이 일을 하러 나간다.
아침에 일하러 나가서 점심때 밥 먹으러 왔다가 다시 일하러 나간다.
며칠 전에 혼자 거닐러 뒷들 논에 나갔다. 거기서 깜박 잠이 드신 뒷집 아저씨 모습을 봤다.
옛날 집터 시멘트에 등을 척 기대고 힘없이 팔을 늘어뜨리고 자고 있었다. 코까지 골면서 잔다. 얼마나 힘들었으면 일하다가 잠이 들었을까?

생활 그림 그리기

일하는 사람들

빵구집 아저씨

경북 청도 덕산초등학교 6학년 김영석, 1997년 7월 20일

준비물을 사러 버스를 타고 풍각면에 갔다. 골목길에서 우연히 자전거 바퀴에 바람을 넣고 있는 빵구집 아저씨를 봤다.
얼굴은 기름이 묻어서 새카맣고, 옷은 기계에 걸려서 몇 군데 늘어지고 땀이 살을 타고 내려와 옷이 다 젖고 사람 같지 않았다.
일에만 열중해서 그런지 엔진 오일통이 넘어져서 기름이 땅에 흘러 있었다. 온통 기름 냄새밖에 나지 않았다.
하지만 빵구 난 바퀴를 고치는 모습만은 정말 보기 좋았다.

공사장 아저씨

경북 청도 봉하분교 4학년 박은지, 1998년 11월 10일

엄마 따라 시장에 가는데 공사장에서 아저씨가 무거운 벽돌을 등에 지고 나른다. 아저씨는 주저앉으려고 하는 다리로 억지로 걸어가고 있었다. 내가 "엄마, 저 아저씨는 어깨가 빠지도록 아프겠제?" 하니 엄마가 "저 아저씨는 몸은 아프겠지만 행복할 거야. 꼭 필요한 사람이니깐." 했다. 아저씨 볼에 흐르고 있는 땀과 주름살이 얼마나 힘이 드는가를 생각할 수 있게 하였다. 힘이 들어도 꼭 필요한 사람이 되겠다고 생각했다. 하는 일은 힘이 들지만 이겨 내는 아저씨 모습이 아름다웠다.

청소하는 아줌마

대구 동호초등학교 4학년 최지현, 2010년 11월 28일

피아노 학원을 마치고 집 앞까지 왔다. 계단을 오르면서 춤도 추고 노래도 불렀다.
그때 청소하는 아줌마가 보였다. 아줌마는 머리에 빨간 손수건을 쓰고 목에는 분홍색 수건을 걸고 있었다.
위의 옷은 짧은 팔 티에다 등산할 때 끼는 쿨토시를 끼고 있었다. 손에는 빨간 고무장갑을 꼈다. 얼굴에는 주름살도 좀 있다.
힘이 드는지 좀 찡그린 표정이다. '쓱쓱 싹싹 쏴쏴' 수세미를 가지고 계단을 닦았다. 그런데 다시 청소하는 아줌마의 얼굴을 보니 웃고 있었다.

마음속에 오래 남은 장면 그리기

도시에 서 있는 가로수를 볼 때마다 안타까운 마음이 들면서도 참 장하다는 생각이 들 때가 많습니다. 둘레엔 온통 시멘트와 아스팔트뿐이고 나무가 자랄 만한 흙바닥은 손바닥만 하지요. 숨 막히는 매연을 마시며 좁은 곳에 갇혀 살면서도, 단단한 시멘트와 아스팔트를 가르는 뿌리와 하늘 위로 힘차게 뻗는 가지를 보면 더욱 그렇습니다. 그런데 사람들은 나무가 거치적거린다고 해마다 나뭇가지를 싹둑 자릅니다. 가지가 잘려 나간 나무를 보면 마치 괴물 같은 모습을 하고서 울부짖고 있는 것 같습니다.

"사람들! 나는 죄가 없습니다. 나는 오직 이 자리에서 하늘 한 번쯤 만져 보겠다는 조그만 희망 하나 품고 살아갈 따름입니다!"

어디 그것뿐입니까? 철사에 목이 졸리고, 몸통에 못이 박혀 몹시 아파하기도 합니다. 사람들은 나무들이 아프다고 하는 소리를 잘 듣지 못합니다. 그런데 온통 시멘트로 뒤덮인 길에 핀 가녀린 풀꽃 한 송이, 쓰레기통을 뒤지는 병든 길고양이, 찌그러져 길에 내동댕이쳐진 빈 깡통의 처지를 어떻게 헤아릴 수 있겠습니까. 놀이터에 있는 낡은 놀이기구에 서툰 글씨로 '놀이기구가 병났어요'라고 써 붙여 놓은 예쁜 마음을 알 수 있을까요?

어떻게 하면 그런 모습에서 아이들이 뜻있는 생각이나 느낌을 찾을 수 있는 마음속 눈을 가지게 할 수 있을까요? 그런 장면을 찾아내게 하고, 그림을 그리게 하고, 글을 쓰게 해 보는 것도 좋은 방법이 아닐까요?

그림을 그리려면 무엇보다 그릴 만한 장면 찾는 것이 먼저입니다. 둘레에서 일어나는 모습들을 흔히 있는 일로 여기고 무심코 지나치지 않도록 합니다. 무엇이든 눈여겨보아야 하는 것은 말할 것 없고, 때로는 그리고 싶은 모습을 찾으러 일삼아 돌아다니기도 해야 합니다. 그러니까 아이들한테 옆을 돌아볼 수 있는 시간을 주는 것이 참 중요하다 하겠습니다.

마음속에 오래 남아 있는 모습을 찾으면 그림을 그려야겠지요. 본 자리에서 바로 그리는 것이 가장 좋겠지만 그럴 형편이 못 되면 가까이, 멀리, 앞, 뒤, 옆에서 꼼꼼히 살펴보고 사진으로도 찍어 옵니다. 여러 모습 가운데 생각과 느낌이 더 잘 살아날 수 있는 장면 하나를 잘 골라 그려야겠지요.

이를테면 시멘트나 아스팔트 길 사이에 풀꽃 한 송이가 피어 있다고 합시다. 척박한 환경에서 핀 꽃이라 더욱 예뻐 보이기도 하고, 대견스럽기도 하고, 안쓰럽기도 하고, 여러 생각이 들겠지요.

그다음에는 자기가 받은 느낌이 그림에 잘 나타나도록 해야겠지요. 그러려면 풀꽃 둘레는 어디까지 함께 넣어 그릴지, 풀꽃은 얼마만 한 크기로 그릴지 가늠해 봅니다. 풀꽃을 크게 그리고 시멘트나 아스팔트의 바닥을 조금 그려 넣으면 어려운 환경이라는 것을 잘 느낄 수가 없을 테고, 반대로 너무 많이 그려 넣으면 풀꽃이 작아 어떤 뜻이 담겼는지를 제대로 보여 줄 수가 없을 것입니다.

그러니까 어디까지 그릴지 범위를 알맞게 정해야겠지요. 여기다 어려운 환경에서 자라고 있다는 것을 더 잘 나타내려면 풀꽃 옆을 지나는 사람들의 발을 그려 넣는 것도 한 방법이 될 것입니다.

이렇게 마음속에 오래 남은 장면을 그릴 때에는 무엇을 그릴지, 어디까지 그릴지, 나타내고자 하는 뜻을 어떻게 두드러지게 할지 정하는 것이 가장 중요합니다. 어떤 그림을 그리든 마찬가지겠지만 특히 마음속에 오래 남은 장면을 그릴 때는 알맹이 되는 부분을 먼저 또렷이 그리고 배경은 엷지만 정확하게 그려야 합니다. 배경에 따라서 그 장면에 담긴 뜻이 아주 크게 달라질 수 있기 때문입니다.

마음속에 오래 남은 장면을 오랫동안 관찰하면서 여러 장면으로 나누어 그리는 방법도 있습니다. 사람이 많이 다니는 시멘트나 아스팔트 길 한 틈에서 자라는 민들레를 보고 그린다고 해 봅시다.

첫째 장면, 시멘트 길에 싹이 올라온 귀여운 모습을 그립니다.

둘째 장면, 사람들이 지나다니는데도 밟히지 않고 꿋꿋하게 자라는 모습을 그립니다.

셋째 장면, 꽃이 활짝 핀 모습을 그립니다.

마지막 장면, 사람 발에 밟혀 죽은 모습을 그립니다.

이렇게 그리면 줄거리가 있는 이야기가 될 수도 있겠지요.

마음속에 오래 남은 장면을 그릴 때는 꼭 그림과 이어지는 글을 짤막하게 적도록 해야 합니다. 어떤 그림이든 뜻이 없이 그리기야 하겠습니까마는 아이들이 더욱 깊게 삶 속에서 뜻있는 장면을 볼 수 있는 눈을 가지도록 일깨우려면 차근차근 지도해야 할 필요도 있습니다.

아이들은 세상 보는 맑은 눈이 살아 있어 따로 애쓰지 않아도 언제나 자기 마음속에 오랫동안 남은 장면을 볼 수 있는 눈을 가지고 있지요. 때때로 자극만 주면 됩니다. 부모가 아이와 어디를 가다가도 그런 장면을 발견했을 때 일깨워 주면 좋을 테고, 아이와 함께 그림을 그린다면 더 좋을 것입니다.

살아 있는 공부는 이렇게 하는 것입니다. 아이들이 마음속에 오래 남은 장면 그림을 그리면서 약한 것, 보잘것없는 것, 사람들이 쓸모없다고 버리는 것, 힘들어도 꿋꿋하게 살아가는 것, 다른 사람들이 마음 쓰지 않는 것들을 따뜻한 마음으로 볼 수 있는 맑고 밝은 눈을 갖게 되었으면 좋겠습니다.

생활 그림 그리기

마음속에 오래 남은 장면

하수구에 자라는 들깨 한 포기

대구 동호초등학교 4학년 최지현, 2010년 7월 15일

저번 일요일에 외할아버지 댁에 갔다. 그런데 외할아버지 아파트 베란다 하수구 틈에 들깨풀이 자라고 있었다.
그것도 아주 싱싱하게 자라고 있는 것이다. 나는 저절로 "와, 정말 신기하다!" 이 말이 튀어나왔다.
시멘트뿐인데 도대체 어떻게 뿌리를 박고 살까?
나는 느꼈다. 이 들깨처럼 좋지 않은 환경에서도 꿋꿋하게 살아갈 수 있다는 것을!

생활 그림 그리기

마음속에 오래 남은 장면

벽돌 구멍에 난 풀

대구 동호초등학교 4학년 전서영, 2010년 7월 14일

나는 시멘트 길을 걸어갔다. 뜨거운 열이 시멘트에서 올라와 숨이 막히는 것 같다. 벽돌 구멍에서 무슨 풀이 보였다. 우리 선생님이 말한 개망초나 까마중 같기도 하고 아닌 것 같기도 했다. 벽돌 구멍에 뿌리를 박고, 줄기가 옆으로 뻗어 나와 다시 위쪽으로 휘어져 있다. 그래도 생글생글 웃는 것 같다. 그 장면을 보니 사람들이 감옥처럼 만들어 놓은 곳에서도 살려고 웃으면서 자랄 수 있다는 게 대단하다고 느껴졌다. 그리고 사람이 참 한심하다는 생각도 했다. 안 해도 되는 곳까지 시멘트로 감옥처럼 만들어 놓았기 때문이다.

생활 그림 그리기

마음속에 오래 남은 장면

쇠를 감은 등나무 덩굴

대구 동호초등학교 4학년 전서영, 2010년 7월 17일

우리 아파트 앞에 있는 쉼터 철봉에 등나무가 칭칭 감겨 있다. 등나무는 꽈배기처럼 서로 꼬여 있고 어떤 덩굴은 철봉을 휘감고 올라갔다. 식물이 사람들이 만들어 놓은 단단한 철봉을 자기 힘으로 칭칭 감고 있다. 오래가면 쇠도 부숴 버리거나 녹일 것 같은 생각이 들었다. 철봉을 감고 있는 등나무를 만져 보기도 하고 흔들어 보기도 했지만, 얼마나 단단하게 감았는지 꼼짝도 하지 않았고 딱딱했다. 나는 식물을 업신여기지 말아야겠다고 생각했다.

생활 그림 그리기

마음속에 오래 남은 장면

소나무 뿌리

대구 동호초등학교 4학년 최지현, 2010년 7월 18일

길에 소나무 뿌리가 땅 바깥으로 앙상하게 드러내고 있었다. 더구나 사람이 다니는 길 가운데 자리 잡고 있어서 밟히고 밟혀서 뿌리가 반질반질한 곳도 있었다. 아까 빨리 올라갈 때는 안 보였는데 할머니하고 천천히 가니까 보인다.
사람이 지나다니고 빗물에 흙이 씻겨 내려가서 뿌리가 드러난 것 같은데, 뿌리 몇 개는 아예 위로 치켜들리고 부러진 것도 있었다.
그런데도 솔잎은 더 푸르고 싱싱하다. 나 같으면 벌써 죽었을 것 같은데 더 싱싱하게 자란다.

생활 그림 그리기

마음속에 오래 남은 장면

승강기에 있는 부채

대구 동호초등학교 4학년 임혁규, 2010년 8월 29일

영어 학원에 갔다 오는데, 승강기에 색깔이 다른 줄로 부채를 달아매어 놓았다. 누가 달아 놓았을까? 누가 달아 놓았든지 정말 고마운 사람이다. 더운 여름, 시원하게 지내라는 고마운 사람의 귀한 선물인 것 같다. 나도 나중에 커서 조그만 일이라도 남을 생각하는 사람이 되고 싶다.

생활 그림 그리기

마음속에 오래 남은 장면

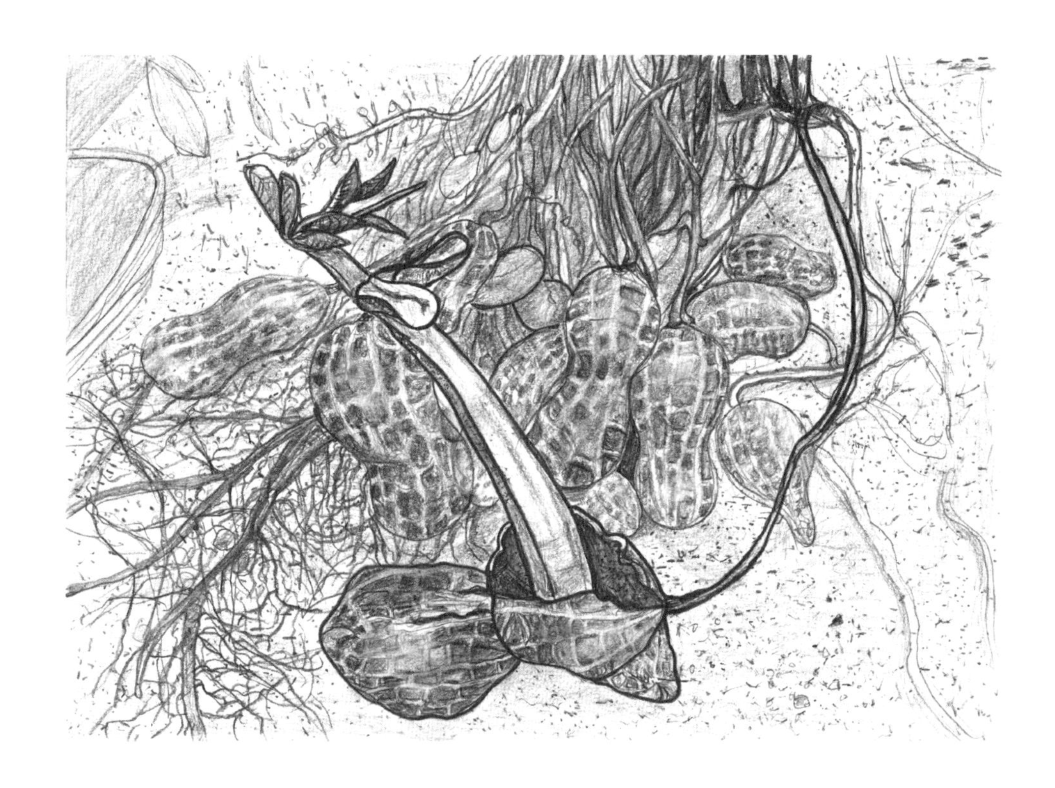

땅콩

대구 동호초등학교 4학년 최지현, 2010년 11월 6일

엄마와 아빠, 언니는 마당 한가운데서 조그만 의자에 앉아 땅콩을 땄다.
나는 땅콩을 옮겨 주다가 특별한 땅콩 하나를 발견했다. 바로 싹이 난 땅콩이다.
'와! 이 싹 대단하다. 뿌리도 없는데 어떻게 다시 싹이 났지? 그리고 껍질도 뚫고.'
시멘트 바닥에 뿌리도 없이 있는데도 껍질을 뚫고 새싹이 나오다니 신기하고도 정말 대단하다.

5장

다양한 살아 있는 그림 그리기 지도법

1. 저학년 그림 그리기 지도법

2. 빨리 그리기

3. 채색 그림 그리기

1. 저학년 그림 그리기 지도법

초등학교에 들어가기 전 아이들은 있는 그대로의 모습이 아니라 대부분 기억한 대로, 알고 있는 대로 그림을 그린다고 합니다. 도식화된 방법으로 그린다는 말이지요. 어린아이들이 기억하고 있는 사물의 모습은 아무래도 불완전하니까 그림을 그려 놓아도 어른의 눈으로 보면 이상한 모양으로 보이는 게 많습니다.

이런 그림 형태는 초등학교 저학년뿐 아니라 고학년 아이들에게서도 나타납니다. 관찰해서 정확하게 그리는 능력, 다시 말해 통합력이 모자라는 것이지요. 이런 현상은 어린아이들이 생각한 것을 서로 이야기할 때 나타나는 중요한 특징이기도 합니다. 그래서 아이들이 종종 말을 타고 있는 사람이나 보트 속에 앉아 있는 사람을 그릴 때 보이지 않는 다리도 훤히 보이게 그리거나, 자동차의 바퀴를 모두 보이게 펼쳐서 그리거나, 집 안의 2층 계단을 집 밖에 그리거나, 방 안 사람을 천정에 닿도록 크게 그리는 걸 볼 수 있습니다.

저학년 아이 그림의 특징 – 자동화 현상

아주 어린 아이들의 그림에서 나타나는 특징 몇 가지를 살펴보겠습니다.

먼저 '자동화 현상'입니다. 같은 그림을 되풀이해 그리면서 저절로 어떤 형태의 그림을 그리게 되는 현상이지요. 이 자동화 현상은 정신장애가 있는 사람의 그림에서 많이 나타나지만 보통 사람도 정신 집중이 잘 안 될 때 흔히 나타날 수 있습니다. 자동화 현상은 아이의 그림 활동에서 매우 큰 가치를 지니기도 합니다. 형태나 또 다른 표현에서 새롭게 한층 더 나아가기 위한 기본이 되기 때문입니다.

저학년 아이 그림의 특징 - 방향성 오류

다음으로 나타나는 특징은 방향을 생각하지 않고 사물을 빈 곳 적당한 자리에 그려 넣는 오류입니다. 말하자면 방향이 정확하지 않고 사물을 흩트려서 그리는 오류를 말하는 것이지요. 사람이나 나무 같은 것을 빈 공간에 옆으로나 거꾸로 그려 넣는 것이 그 보기입니다.

아이들은 지각 세계의 구조 형성이 어른에 견주어 뚜렷하지 않아 공간 관계를 어떻게 표현해야 할지 잘 모르기 때문입니다.

저학년 아이 그림의 특징 - 미숙한 원근 표현과 균형 감각

다음은 원근 표현이 잘 되지 않는 것이 특징입니다. 어린아이들이 멀고 가까운 느낌이 나도록 표현하기는 쉽지 않지요.

또 균형 감각도 모자랍니다. 몸통에 견주어 머리를 크게 그리거나 얼굴에서 눈을 매우 크게 그리는 경우가 그 보기입니다. 이것은 전체를 헤아려 보지 않고 부분을 따로따로 그리기 때문입니다. 그리고 아이들은 흔히 자기가 특히 마음에 두는 것이나 중요하다고 생각하는 것을 크게 그려서 강조하려 들기 때문이기도 합니다.

다음 그림은 2학년 아이의 그림입니다. 그림을 보면 팔의 길이도 길고 손의 크기도 엄청 크지요?

이 그림을 그린 아이는 다른 아이들한테 힘을 펴지 못하고 가끔 아이들한테 맞기도 했습니다. 자기 팔 힘이나 주먹 힘이 더 세어졌으면 하는 마음을 담지 않았나 싶습니다.

저학년 아이 그림의 특징 - 자세나 몸짓의 서툰 표현

어린아이들 그림의 또 다른 특징은 사람이나 동물의 움직임을 나타내는 것이 매우 서툰 것입니다. 축구하는 사람의 모습을 그릴 때 팔다리를 마치 로봇이 움직이는 것처럼 그리는 것이 그 한 가지 보기입니다.

표정을 제대로 나타내지 못하는 것은 더 말할 것도 없겠지요. 아이들은 자세나 몸짓의 표현력이 아주 천천히 발달하기 때문이랍니다. 그림에 재능을 가진 아이들은 발달이 좀 빠르겠지요. 여섯 살이 지나면서는 색채를 그림 속에 끌어들이려고 한다는 것도 알아 두었으면 합니다.

저학년 아이 그림의 특징 - 도식화해서 그리기

저학년 아이들은 공식에 따르듯 그림을 그리는 습성이 많이 남아 있다고 했지요? 생각이 발달하기 전에 아이 나름대로 사물을 기억한 것이 어떤 개념처럼 자리 잡고 있는데, 사물을 보고 그릴 때도 불완전한 개념대로 그리기가 쉽습니다.

사람들의 얼굴 모습을 그릴 때 얼굴을 둥글게 그리고 눈, 코, 입, 귀도 이 얼굴이나 저 얼굴이나 비슷하게 그리는 것이지요. 그리고 알고 있는 것을 그립니다. 새끼 밴 토끼를 보고 그릴 때 배 속에 있는 새끼도 보이게 그리는 것이 그 한 보기이지요. 아래 그림은 4학년 아이의 그림이지만 저학년 아이에게는 흔히 나타

나는 모습입니다.

이 그림을 보고 "어떻게 배 속에 있는 안 보이는 새끼를 그릴 수 있어? 이렇게 그리면 틀려."라고 하면 안 됩니다. "으응, 엄마 배 속에 예쁜 새끼 강아지도 들어 있네. 고것 참 귀엽구나. 엄마가 맛난 풀을 먹으면 새끼도 먹게 되는구나!" 하며 놀라워해 주는 게 좋지요. 그래야 자신감을 얻어 더욱 즐겁게 그림을 그리게 됩니다. 창조성도 더욱 살아나고요. 어른들 눈으로 보면 상상해서 그린 그림이겠지만 아이 생각으로는 오히려 실제 모습을 잘 담아서 그린 그림이라는 사실을 잊어서는 안 됩니다. 자라면서 눈에 보이는 사물의 사실 표현도 더 잘하게 된답니다.

저학년에게 '살아 있는 그림 그리기'를 지도하려면

나는 한 해 동안 2학년 아이들에게 그림 그리기 지도를 해 보았습니다. 고학년 아이들에게 그리기 지도할 때처럼 제대로 다 해 보지는 못하고 아침마다 서 있는 모습 그리기를 하도록 했지요. 못 그리는 날도 아주 많았고 집중 지도를 하지도 못했습니다. 따라서 지도하는 말도 많이 하지 못했습니다. 그리는 시간은 30분 정도였습니다.

고학년을 지도할 때도 그랬지만 저학년을 가르칠 때는 더 여러 날을 지도하는 말은 하지 않고 그저 가만히 앉아 그릴 수 있도록 해 주었습니다. 오류를 더 많이 겪어 보게 해서 스스로 '왜 이렇게 잘 안 그려지지? 어떻게 하면 더 잘 그릴 수 있을까?' 하는 마음이 간절할 때쯤, 도움말이 꼭 필요할 때쯤 지도하는 말을 한마디씩 해 주기 위해서지요. 그래야 싫어하지 않고 잘 받아들일 수 있을 테니까요.

처음에는 큰 틀에서 잘 안 되는 것을 지도합니다. 길이가 무엇과 견주어 긴지 짧은지, 들어가야 할 곳이나 나와야 할 곳, 얼마나 굽었는지를 지적하고 더 살펴보도록 하는 것이지요.

그다음은 몸의 각 부분이 정확한 자리에 붙어 있는지 살펴보게 합니다. 더 나아가 몸의 각 부분이 어떻게 생겼는지 특징을 이야기해 주고요. 그래도 저학년은 눈에 띄게 달라지지는 않기 때문에 꾸준히 이야기해 주어야 합니다.

그러나 저학년 아이들은 설명을 많이 하면 아주 싫어하고 말해도 귀에 잘 들어가지도 않으니까, 특징 한두 가지를 눈여겨 살펴볼 수 있도록 한두 마디씩만 해 주어야 합니다. 가끔 어떤 것이 그리기 어려운지를 물어보고 잘 이야기해 주는 것도 좋습니다.

그림을 다 그리면 뚜렷하지 않은 선을 더 뚜렷이 그리도록 지도합니다. 선을 뚜렷이 하면서 그 모습을 더욱 잘 살펴보게 되고, 더 보충하고 다듬기도 하지요.

서 있는 사람 그리기

저학년이 그린 서 있는 사람입니다. 3월에 처음 그린 그림을 보면 도식화된 모습이 고학년보다 더 많이 남아 있지요? 이렇게 아침마다 '사람 전체 모습 보고 그리기'를 하며 중간중간 '사람의 몸 부분을 그리기'도 했습니다.

그림 [1-1] 구효언의 모습
2005년 3월 10일

그림 [1-2] 신서연의 모습
2005년 9월 12일

2학년
박준호
그림

3월

그림 [2-1] 곽동훈의 모습
2005년 3월 9일

10월

그림 [2-2] 이수정의 모습
2005년 10월 24일

2학년
권혁진
그림

3월

그림 [3-1] 곽동훈의 모습
2005년 3월 9일

10월

그림 [3-2] 이수정의 모습
2005년 10월 24일

저학년 사람 보고 그리기

서 있는 모습

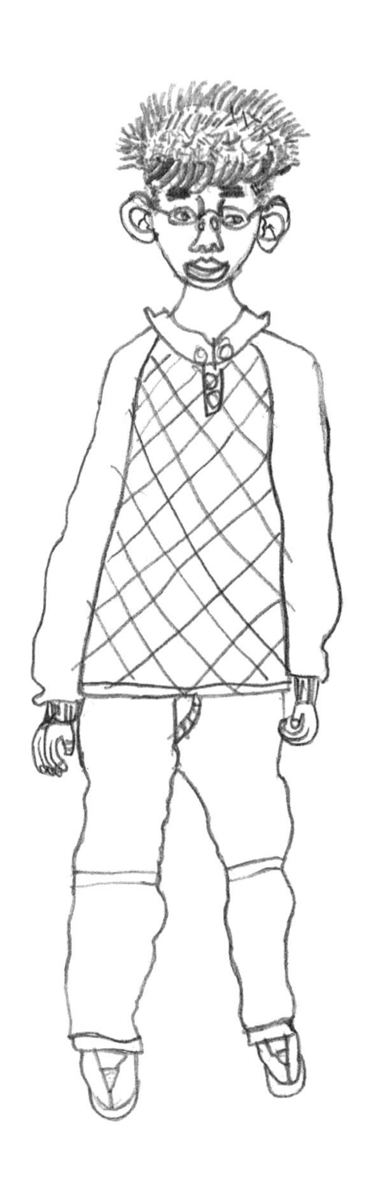

박준채의 모습

경북 경산 성암초등학교 2학년 권혁진, 2005년 9월 7일

저학년 사람 보고 그리기

서 있는 모습

이수정의 모습

경북 경산 성암초등학교 2학년 박석범, 2005년 10월 24일

저학년 사람 보고 그리기

서 있는 모습

박지혜의 모습

경북 경산 성암초등학교 2학년 이시준, 2005년 9월 8일

저학년 사람 보고 그리기

서 있는 모습

이수정의 모습

경북 경산 성암초등학교 2학년 신서연, 2005년 10월 24일

작은 식물과 동물 관찰해서 그리기

보통은 구조가 간단하고 모양이 뚜렷한 물건부터 그리기 시작하고 차츰 복잡한 물건을 그리도록 지도하지만, 나는 저학년을 지도할 때 사람 보고 그리기를 한 뒤에 바로 작은 식물과 곤충 관찰 그림을 많이 그리도록 했습니다.

'관찰 그림 그리기'는 저학년이라 조금 성가시게 생각하거나 어렵게 여기지 않을까 싶겠지만, 한번 빠져들기 시작하면 오랫동안 끈기 있게 꼼꼼히 살펴보며 그립니다.

관찰 그림을 그릴 때는 지도하는 교사도 같이 모양과 구조를 살펴보고 이야기 나누며 관찰하는 것이 좋습니다.

교사가 "이 강아지풀 잎은 어디에 어떻게 붙어 있지?", "이 쑥잎에 잎맥 보이지? 어디에서 어디로 이어져 있는지, 어떤 모양인지 잘 살펴봐. 어떻게 되어 있지?", "방아깨비 다리 끝부분을 봐. 어떻게 되어 있지?" 이렇게 묻고, 아이는 어떤 모양인지 대답하며 그리는 것입니다.

저학년은 자기가 관심 있는 사물이나 새롭게 보이는 사물에 호기심을 많이 느껴서 고학년보다도 더 유심히 살펴보기도 하지요. 그 특성을 잘 살려 지도하기 바랍니다.

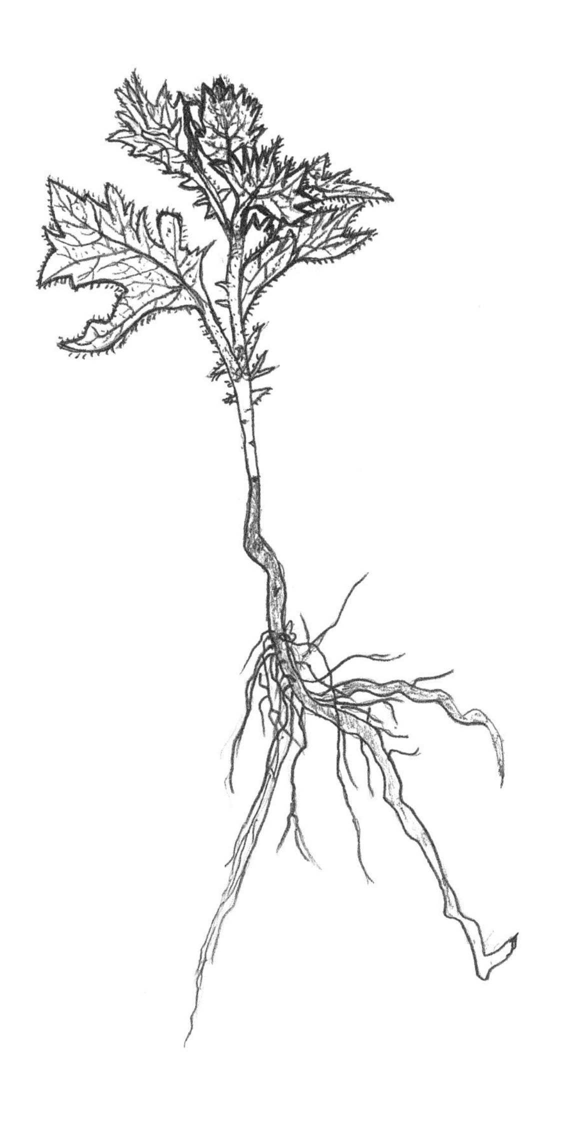

쑥

경북 경산 성암초등학교 2학년 김예진, 2005년 7월 2일

냉이

경북 경산 성암초등학교 2학년 정은아, 2005년 10월 19일

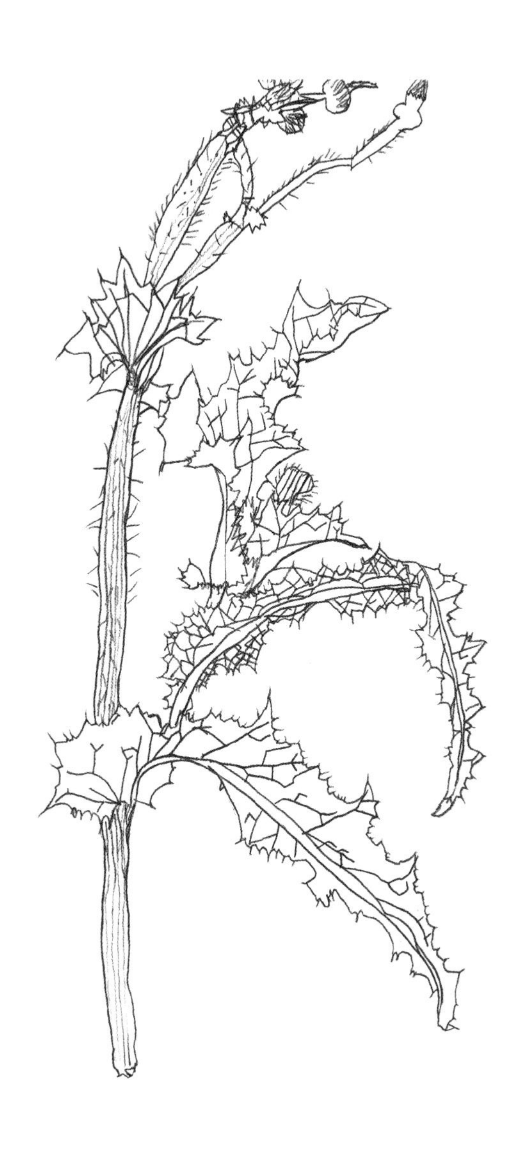

엉겅퀴

경북 경산 성암초등학교 2학년 구효언, 2005년 10월 19일

작은 식물

경북 경산 성암초등학교 2학년 이시준, 2005년 10월 19일

열매

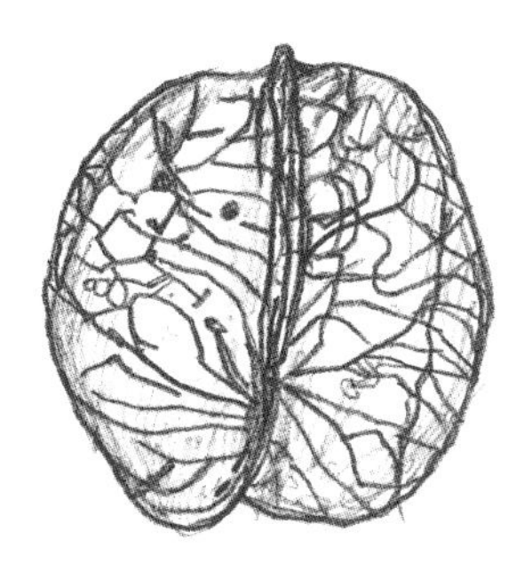

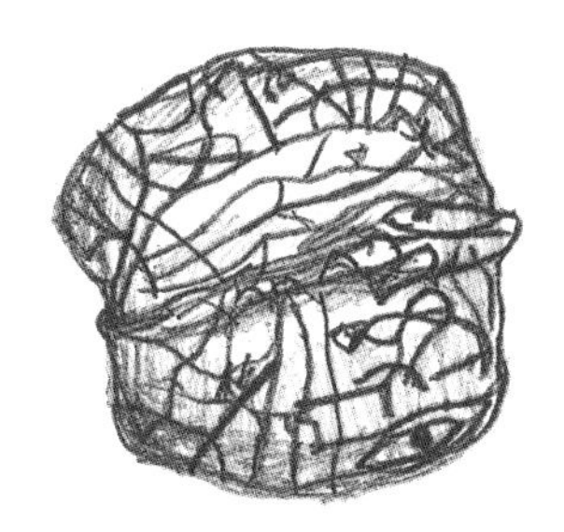

호두

경북 경산 성암초등학교 2학년 노예진, 2005년 11월 11일

저학년 식물 관찰 그림 그리기

열매

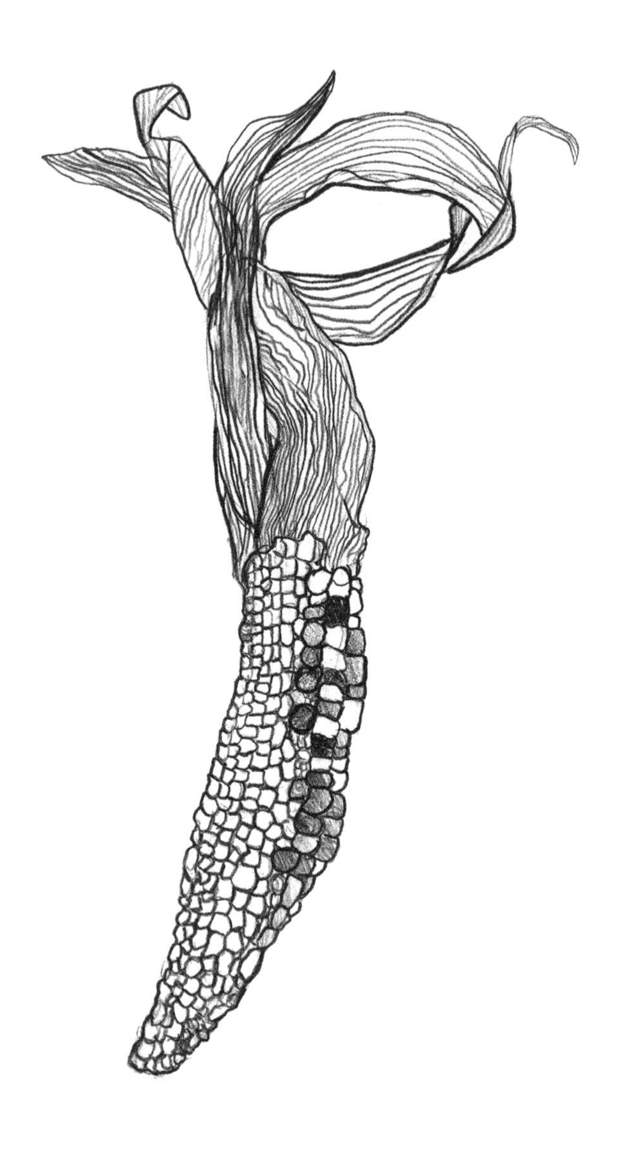

옥수수

경북 경산 성암초등학교 2학년 이시준, 2005년 11월 11일

열매

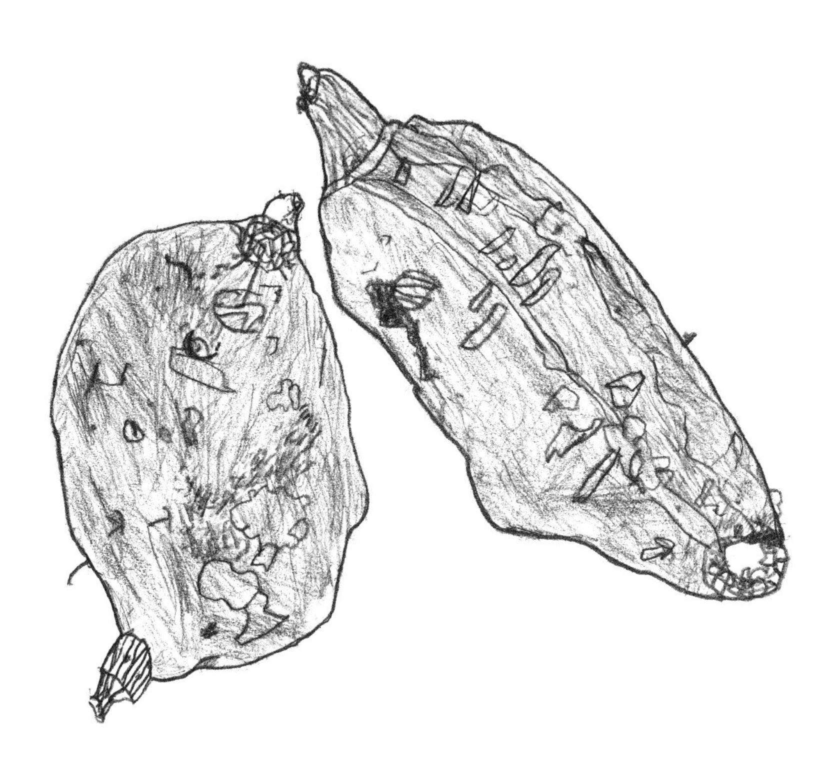

고구마

경북 경산 성암초등학교 2학년 곽동훈, 2005년 11월 11일

열매

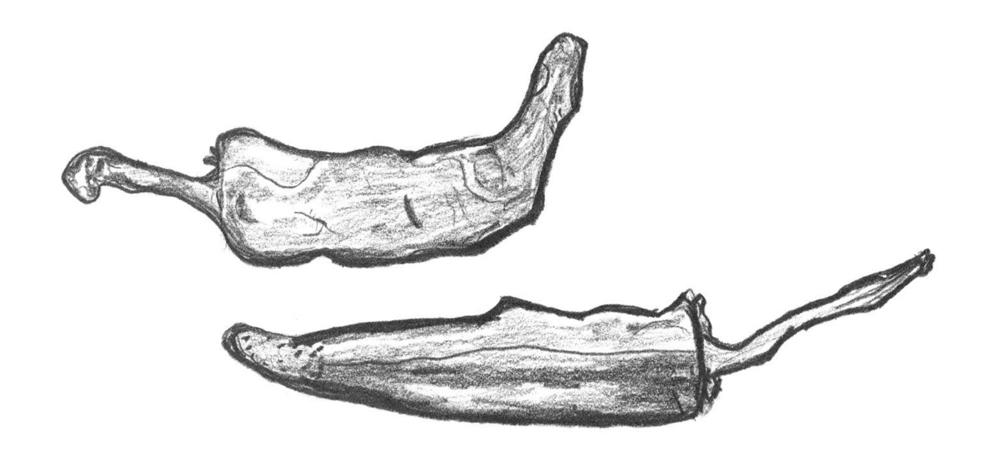

고추

경북 경산 성암초등학교 2학년 박지혜, 2005년 11월 11일

잠자리

경북 경산 성암초등학교 2학년 김예진, 2005년 11월 5일

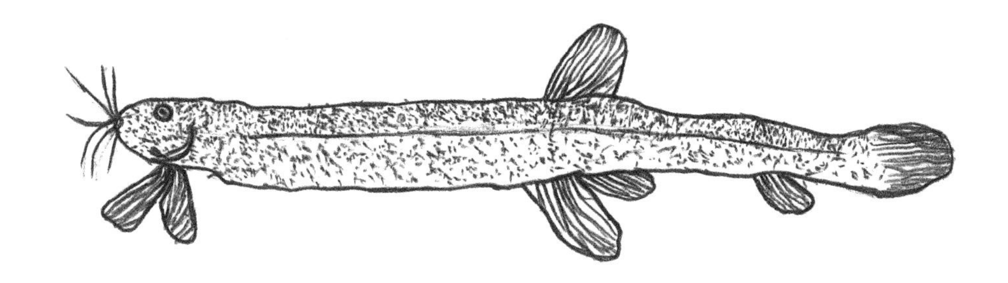

미꾸라지
경북 경산 성암초등학교 2학년 이종웅, 2005년 11월 8일

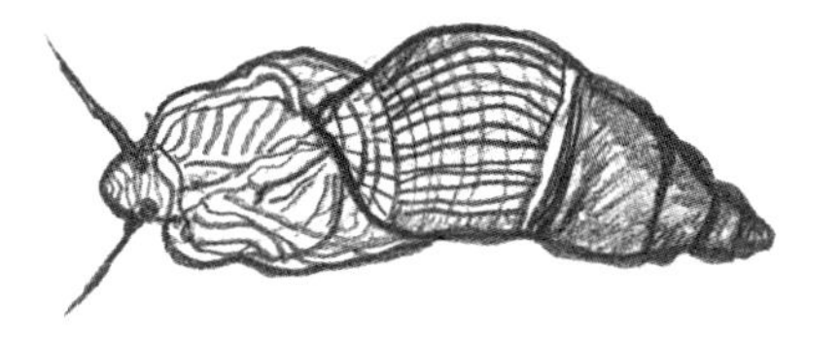

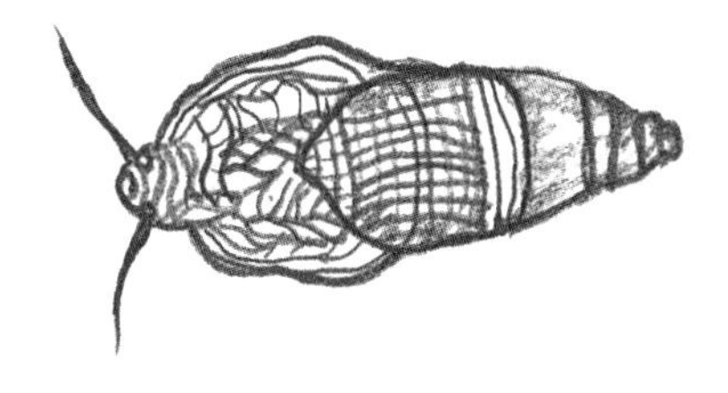

우렁이

경북 경산 성암초등학교 2학년 신서연, 2005년 11월 8일

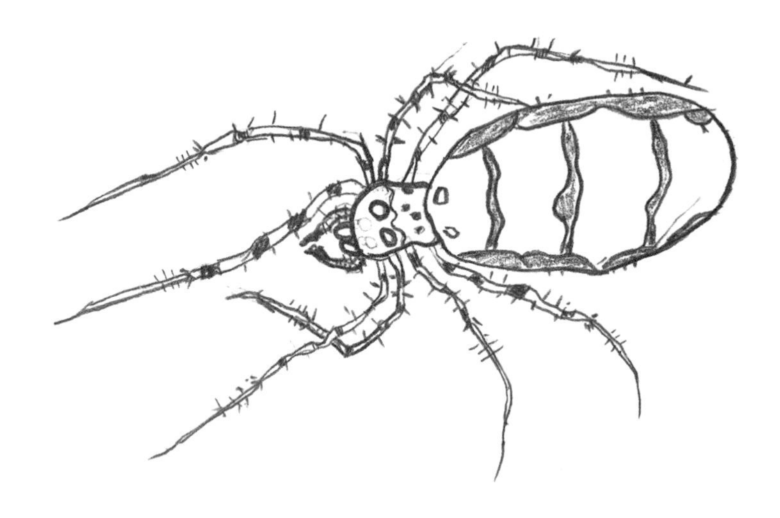

거미

경북 경산 성암초등학교 2학년 박석범, 2005년 11월 5일

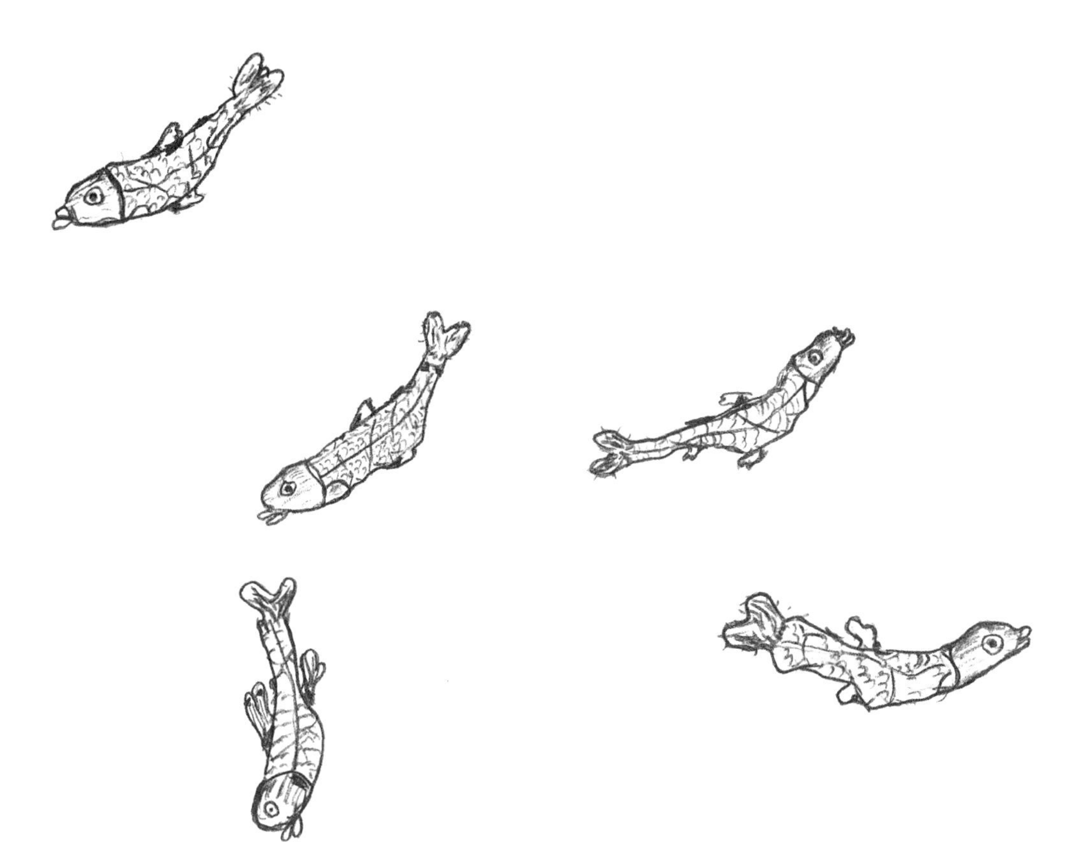

피라미

경북 경산 성암초등학교 2학년 박석범, 2005년 11월 8일

생활 그림 그리기

저학년에게 '생활 그림 그리기'를 지도할 때는 고학년을 지도하는 방식과 내용은 같되, 좀 쉽게 이야기하며 지도합니다. '생활 그림 그리기'를 할 때는 저학년 아이들이 그리고 싶은 생활 모습을 좀 더 자유롭게 그리도록 합니다.

특히 저학년은 배경을 잘 그리지 않는 경우가 많은데 어느 정도 살려 그릴 수 있도록 지도해야겠지요. 그림을 하루 만에 완성하려면 힘들어할 수도 있으니까 이튿날 이어 그리도록 하는 게 좋습니다. 이렇게 하면 또 좋은 점은 잘 떠오르지 않았던 모습을 한 번 더 조사하거나 살펴보고 뚜렷이 그릴 수 있다는 겁니다.

저학년은 사람이 움직이는 모습을 표현하는 게 더욱 쉽지 않은데, 때때로 스스로 행동해 보고 생생하게 살려 그릴 수 있도록 해 주는 게 좋습니다.

때로는 교사가 아이들과 함께 어떤 모습을 살펴보고 그 모습이 어떤지 이야기 나누는 것도 좋습니다. 어떤 물건을 쥐었을 때 손의 모습, 위로 풀쩍 뛰었다 내려올 때의 머리카락 모습, 사람이 앉았을 때의 다리 모습, 걸을 때나 뛸 때 몸의 부분 모습 들을 말이지요.

저학년 아이들은 손힘이 약해 생활 그림도 선이 뚜렷하지 못할 경우가 많은데 보충하고 다듬을 때 선을 뚜렷이 하도록 하면 좋겠습니다. 또 저학년은 더욱 한 도막 글을 써 보는 것이 중요합니다. 그다지 힘들이지 않고 기초 글쓰기 공부를 할 수 있거든요. 그림 보는 맛도 더 느낄 수 있지요.

다음 그림을 보면 겉보기에는 그냥 '두 사람이 마주 앉아 무엇을 먹는 모습이구나.' 이렇게 생각하고 말 수도 있습니다. 하지만 그다음에 이어지는 글을 보면 한 번 더 고개를 끄덕일 것입니다.

떡

경북 경산 성암초등학교 2학년 곽동훈, 2005년 11월 18일

아빠가 할머니 댁에서 떡을 가지고 왔다. 나는 아빠와 떡을 먹었다. 아빠는 떡을 먹다가 혀를 깨물었다.

"아고 아야!"

혀에 피가 났다. 나도 떡이 딱딱해서 잘 못 먹었다. 전에는 이 떡을 가지고 떡국도 해 먹었다. 아빠가 불쌍했다.

어때요? 그림이 다르게 보이지요? 왼쪽에 앉아 있는 사람이 아버지고 오른쪽에 앉아 있는 사람이 동훈이란 것도 알겠지요?

저학년도 이렇게 살아 있는 그림을 잘 그릴 수 있답니다.

양치질

경북 경산 성암초등학교 2학년 구효언, 2005년 11월 2일

오늘 저녁 먹고 양치질을 하고 있는데 엄마도 왔다. 나는 엄마가 양치질하는 걸 따라 했다. 엄마가 뱉으면 나도 뱉었다.
엄마가 뱉은 건 거품이 많았고 내가 뱉은 건 거품이 적었다. 물을 따라서 우글우글해서 뱉었다.
마지막에 엄마는 칫솔을 놔두고 물을 뱉었다. 나도 뱉고 칫솔을 놔뒀다.

아빠

경북 경산 성암초등학교 2학년 권혁진, 2005년 11월 3일

아빠가 공사장에서 밤까지 일하고 돌아와 밥을 먹었다.
아빠가 밥을 많이 푼 다음 입을 크게 벌려서 한 입 한 입 먹었다.
이렇게 먹다가 네 공기나 먹었다. 아침에서 밤까지 밥을 못 먹어서 그런지 배가 고파서 밥을 많이 먹은 것 같다.

저학년 생활 그림 그리기

엄마와 아빠가 자는 모습

경북 경산 성암초등학교 2학년 이수정, 2005년 11월 3일

엄마는 가만히 잘 자고 아빠는 굼틀거리며 잔다. 그리고 엄마의 자는 표정은 눈이 잘 감겨 있고 또 입도 가만히 있다. 아빠의 자는 표정은 가만히 눈은 잘 있는데 이가 '뽀지락 뽀지락'거린다. 그래서 옆에 있으면 잠을 못 잔다. 아빠가 좋지만 너무 시끄럽다. 엄마와 아빠가 자는 모습은 다르다.

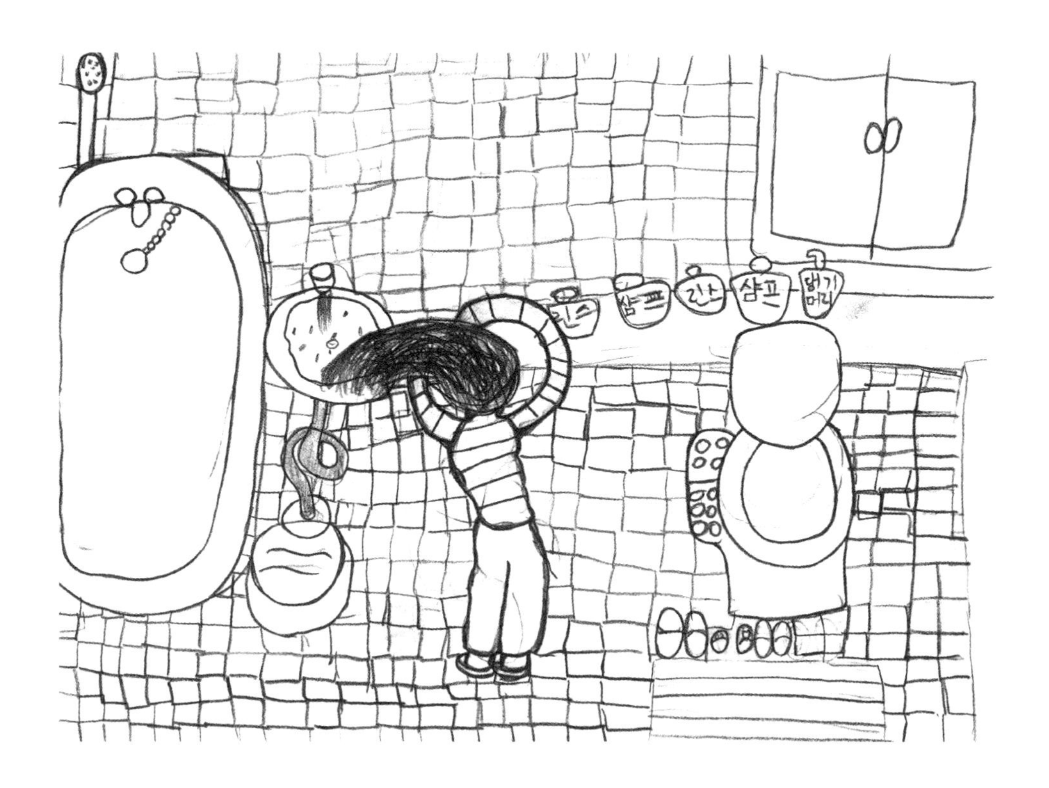

머리 감기

경북 경산 성암초등학교 2학년 김시연, 2006년 2월 15일

어제 동생이 혼자서 머리를 감았다. 샴푸를 짜서 비비다가 눈에 들어가서 동생은 빨리 물로 세수를 하고 머리를 헹궜다.
또 샴푸를 할 때 비누가 바닥에 있는 줄도 모르고 머리를 감다가 미끄러져 넘어졌다.
동생이 울지도 않고 "엄마!" 하며 다시 일어서서 머리를 다 감고 말렸다.

언니의 공부

경북 경산 성암초등학교 2학년 김예진, 2005년 11월 18일

저녁에 언니가 국어 공부를 하고 있다. 오늘은 정말 열심히 "이게 뭐지?" 하고 고민하면서 공부를 한다.
언니는 공부를 다 했는지 엄마한테 간다. 그런데 갑자기 엄마가 소리친다.
"이것도 못하면 어떡하노!"
언니 우는 소리가 들린다. 울면서 공부하는 언니, 불쌍한 언니.

군고구마 파는 아저씨

경북 경산 성암초등학교 2학년 노동섭, 2005년 12월 5일

오후에 태권도 하러 갈 때 옷가게 앞에 군고구마 파는 아저씨가 있었다. 그 옆에는 군고구마 파는 아저씨의 친구도 있었다.
군고구마 파는 아저씨는 담배를 두 손가락으로 쥐고 피웠다. 군고구마 파는 아저씨의 친구가 말했다.
"야, 그렇게 게으름 피우면 안 되는 것 아냐?"
"몰라. 에이 요즘 장사도 안 되고, 젠장 참!"

실내화 씻기

경북 경산 성암초등학교 2학년 노동섭, 2006년 2월 15일

저녁 여덟 시 삼십육 분에 엄마가 안 와 가방을 열었다. 그리고 실내화를 꺼내 화장실로 갔다.
그리고 앉아 다리를 펴고 실내화를 물에 적셨다. 그다음에 빨래할 때 쓰는 솔을 쥐고 빨랫비누를 묻혀서 밑바닥부터 문질렀다.
그리고 다른 데도 싹싹싹 문대었다. 한참 하니까 힘이 들었다. 다리를 더욱 쭉 폈다. 억지로 다 씻었다.
엄마가 왔다. 나는 실내화를 씻었다고 했다. 엄마는 기특하다고 머리를 쓰다듬으면서 칭찬을 했다. 나는 기분이 뛸 듯이 좋았다.

세차하는 아저씨

경북 경산 성암초등학교 2학년 노예진, 2005년 12월 21일

마트 가는 길에 세차하는 아저씨를 보았다.
기계에 동전을 넣고 자동차에 물을 뿌렸다. 그다음에는 비누 거품을 했다.
아저씨는 세차하다 말고 "어후, 지금 물이나 마실까? 허리가 빼근하네." 하며 허리를 만졌다.
아저씨는 저쪽에 가서 물을 마시고 다시 오더니 세차하였다.

수레 끄는 할아버지

경북 경산 성암초등학교 2학년 노예진, 2006년 2월 14일

음식물 쓰레기 버리러 앞 동에 가는 길에 수레 끄는 할아버지를 보았다. 할아버지는 여러 가지 못 쓰는 물건을 수레에다 차곡차곡 넣는다.
음식물 쓰레기를 버리고 오니 할아버지가 "야, 니한테 박스 같은 거 있나?" 했다.
나는 고개만 설레설레 흔들고 집에 왔다.
집에 오니 박스가 여러 개 있다. 가지고 나오니 할아버지가 받아 싣고는 고맙다고 했다. 그리고 다른 쓰레기장으로 갔다.

과일 파는 아주머니

경북 경산 성암초등학교 2학년 노예진, 2006년 2월 15일

과일 파는 아주머니가 무거운 감귤 상자 옆쪽을 잡고 옮긴다. 날씨는 엄청 춥다.
나는 '혼자 들려면 힘들 텐데.' 하는 생각이 들었다.
그래도 아줌마는 힘껏 들어서 차에 싣는다. 그리고 빈 상자는 구석에 두고 한숨을 푹 쉰다.
나도 보다가 숨을 휴우 쉬었다. 과일 파는 아줌마는 힘들어도 열심히 일한다.

아버지 때 밀어 드리기

경북 경산 성암초등학교 2학년 박석범, 2006년 2월 14일

밤에 아버지가 목욕을 하는데 내가 때를 밀어 드렸다. 때가 정말 많이 나왔다.
계속 밀어도 끝이 없었다. 다 밀었는데 또 나와 마지막으로 또 밀었다.
"우와, 때 억수로 많이 나온다!"
등이 빨개지도록 밀어도 계속 나오니까 짜증이 나려고 했다. 끝이 없어 그만했다.

저학년 생활 그림 그리기

날 째려보는 엄마

경북 경산 성암초등학교 2학년 이시준, 2005년 11월 3일

내가 "엄마, 나 화장실 갈래." 하고 볼일을 보고 나왔다. 그런데 엄마가 갑자기 날 째려보았다.
"엄마, 왜 째려봐?"
"왜? 째려보면 안 되나?"
엄마가 이상하다. 엄마도 급하게 화장실에 가고 싶었나?

저학년 생활 그림 그리기

하품

경북 경산 성암초등학교 2학년 장소은, 2005년 11월 8일

밤늦게까지 숙제를 하니 역시 하품이 나온다. 입은 하마 입처럼 크고 코는 돼지 코가 되었다.
눈은 손톱만 한 달처럼 되었다.
"하아음, 다했다!"
이러고는 방에 들어갔다. 눈물이 찔끔찔끔 난다.

저학년 생활 그림 그리기

생선 파는 아저씨

경북 경산 성암초등학교 2학년 전호정, 2005년 12월 21일

추운 날 시장 안에서 생선 파는 아저씨를 봤다. 아저씨는
"생선 사이소! 고등어 한 마리에 5천 원, 5천 원! 자 생선 사이소!" 한다.
나는 아저씨 생선을 사 주었으면 좋겠는데 엄마가 집에 많이 있다고 안 산다고 해서 할 수 없이 왔다.
아저씨 턱에는 수염이 숭숭 나 있다.

책 보며 고민하는 엄마

경북 경산 성암초등학교 2학년 정은아, 2005년 11월 29일

엄마가 선생님이 선물로 주신 〈개똥이네 집〉이라는 책을 읽으며 고민을 하고 있다.
더 심각한 얼굴로 보다가 갑자기 "아하하하하."
입을 크게 벌리고 웃었다. 그 모습이 보기 좋다. 그런데 조금 있다가 고민을 했다.
무슨 고민을 하는지는 모르지만 고민을 안 했으면 좋겠다.

노숙자 할아버지와 어떤 아이

경북 경산 성암초등학교 2학년 정은아, 2005년 12월 8일

엄마랑 병원 가는 길에 횡단보도 앞에 노숙자 할아버지를 봤다. 할아버지는 덜덜 떨고 있었다. 할아버지는 "좀 도와주이소." 한다. 하지만 사람들은 들은 척도 안 하고 그냥 지나갔다. 할아버지는 자꾸 덜덜 떨고 있었다. 자꾸 내 옷을 벗어 주고 싶었다. 그래서 자꾸 뒤를 돌아보니까 엄마가 나를 자꾸 끌고 간다. 그런데 어떤 아이가 그 할아버지 앞에 있는 통에 돈을 넣어 주었다. 그 아이가 참 착하다. 할아버지가 안 춥고 따뜻하게 지냈으면 좋겠다.

2. 빨리 그리기

'천천히 그리기'가 어느 정도 되면 '빨리 그리기'도 한 번씩 해 보면 좋겠습니다. '빨리 그리기'는 천천히 그리기를 잘할 수 있을 때 하는 것이 좋겠지요. 빨리 그리기는 보통 '크로키'라는 말로 많이 쓰입니다. '움직이는 동물이나 사람의 형태를 빠르게 그리는 것, 또는 그렇게 그린 그림'을 말하지요. 가만히 있는 사물을 빨리 그리기도 하고요.

'빨리 그리기'는 보는 눈의 적응력이나 움직임의 기본 줄기를 익히는 데도 좋습니다. 손놀림 능력을 기르는 데도 좋을 테고요. 이런 기초 능력을 기르기 위한 연습으로써 좋기도 하지만, 그림을 잘 그리는 사람도 언제 어느 자리에서든 빠르고 쉽게 그림을 그릴 수 있다는 좋은 점이 있지요. 버스 정류장에서도, 지하철에서도, 공사장에서도, 놀이터에서도, 거리에서도, 여행할 때도 말입니다.

《박재동의 손바닥 아트》(박재동)를 보면 어느 때든, 어느 곳에서든, 어떤 소재든, 어떤 재료로든 가리지 않고 뜻있는 장면을 그릴 수 있다는 것을 보여 줍니다. 그렇게 그린 그림들은 편한 마음으로 볼 수 있지요. 아이들이든 어른들이든 누구라도 이렇게 그림을 즐겨 그리면 좋겠다 싶습니다.

앞에서도 말했지만 처음부터 초등학생 아이들에게 크로키를 시키는 학교 선생님이 많습니다. 하지만 아직 보는 눈이 뚜렷하지 못한 아이들에게는 먼저 '천천히 그리기'를 꾸준히 해서 보는 눈이 어느 정도 갖추어져 있을 때 '빨리 그리기'를 하는 게 좋습니다.

'빨리 그리기'는 말 그대로 짧은 시간 안에 대상물을 그리기 때문에 대상물의 작은 부분까지 세밀하게 나타내지는 못하니까 특징을 잘 잡아 그려야 합니다. 일상으로 움직이는 모습, 일하는 모습, 운동하는 모습 같은 움직이는 모습은 한

순간의 모습을 빨리 잡아 그려야 하니까 더욱 짧은 시간에 그려야겠지요. 움직이는 모습은 그 자체만으로도 생동감이 있는데, 연필 놀리는 속도도 빠르니까 생동감이 더 살아납니다.

가만히 있는 사람 빨리 그리기

나는 처음이자 마지막이 되었지만, '가만히 있는 사람 빨리 그리기'를 몇 번 지도해 보았습니다. 하지만 잘 안 되었습니다. '천천히 꼼꼼하게 그리기'에 익숙한 아이들이라 아직 '빨리'에 익숙하지 않아 그런 것 같습니다. 여러 번 더 그려 보면 특징을 잘 살려 그릴 것이라 봅니다.

가만히 있는 사람을 빨리 그리는 연습 방법을 두 가지로 생각해 보았습니다. 먼저 5분 또는 3분, 1분 이렇게 시간을 정해 주는 겁니다. 처음에는 그리다 만 것처럼 되지만 여러 번 그려 보면 시간 안에 최대로 많이 표현하려고 애쓰게 됩니다. 그리고 무엇을 어떻게 표현해야 특징이 더 살아나게 되는지도 터득하게 되지요.

또 다른 방법은 선의 개수를 서른 개, 스무 개, 열 개 이렇게 정해 주고 그리도록 하는 것입니다. 시간도 어느 정도는 정해 주어야겠지요. 이것도 여러 번 해 보면 선 하나를 어떻게 써야 표현이 더 잘될지 깨우치게 될 것입니다.

그릴 때는 전체 모습을 먼저 그린 뒤 시간이 있으면 더 자세히 그려 나가도록 합니다. 움직이는 사람의 모습은 이렇게 '가만히 있는 사물이나 사람의 모습 그리기'를 어느 정도 한 뒤에 하는 게 좋겠지요. 움직이는 모습은 아무리 빨리 그려도 이미 지나간 모습이 될 수밖에 없는데, 짧은 시간에 뚜렷한 정보를 얼마나 많이 눈에 담는지가 중요하겠지요. '빨리 그리기'를 많이 하다 보면 그 능력이 발달할 것이고, 그러면 더욱 빠르고 뚜렷하게 표현할 수 있게 됩니다.

여기에 보기로 내보이는 그림은 빨리 그리기의 특징이 제대로 나타나지는 않았습니다. 그래도 몇 편을 내보일 테니, 잘 지도하기 바랍니다.

빨리 그리기 그림 사례

김형휘의 모습(2분)
경북 경산 중앙초등학교 6학년 이명훈, 1993년 12월 17일

친구 모습(2분 40초)
경북 경산 중앙초등학교 6학년 신유리, 1993년 12월 17일

김지희의 모습(2분 40초)
경북 경산 중앙초등학교 6학년 원수영, 1993년 12월 17일

친구 모습(2분 40초)
경북 경산 중앙초등학교 6학년 현종학, 1993년 12월 17일

3. 채색 그림 그리기

이 책에서는 한 가지 색(연필)으로 그린 그림을 중심으로 다루고 채색 그림 이야기는 크게 비중을 두지 않았습니다. 그렇다고 '채색 그림 그리기'를 지도하지 않은 것은 아닙니다. 교육과정에 따라 교과 시간에 지도했고, 한 가지 색으로 '살아 있는 그림 그리기'를 지도하면서도 뒤에 가서는 조금씩 지도했습니다. 다만 뚜렷한 생각을 가지고 계획을 세워 지도하지는 않았을 뿐이지요.

색깔이 자기감정을 표현하는 데 매우 중요하다는 건 누구나 잘 알 것입니다. 우리 둘레에 있는 사물들은 자연물이든 인공물이든 모두 색깔로 표현되어 있지 않습니까. 색깔은 우리의 감각과 감성을 아주 크게 자극할 뿐 아니라, 이성에도 영향을 미칩니다.

색깔이 가진 느낌과 뜻

빨간색 한 가지만 볼까요? 빨강은 가장 힘차고 활발하게 움직이는 느낌이 나는 색입니다. 강하고 격렬한 느낌이 나는 색이지요. 강렬한 느낌으로 사람들의 감각과 열정을 자극하며, 자기 확신과 자신감을 보다 강하게 전달합니다. 사랑을 상징하는 색이며 분노와 복수의 색이기도 하지요. 또 따뜻한 색 가운데서도 가장 대표되는 색이기도 합니다. 따라서 다른 사람의 눈길을 끄는 효과가 뛰어나 무언가를 강조하고 싶을 때 주로 빨강을 씁니다.

또 빨강은 활발한 색상이기 때문에 상대방을 자극하거나 지루함을 벗어나 의욕을 불어넣고 싶을 때 쓰면 좋다고 합니다. 그러나 너무 많이 쓰면 피로감을 줄 수도 있고 주의가 흐트러질 수도 있어 조심해야 합니다. 노랑, 주황, 초록, 파랑,

검정 들 다른 색깔들도 이렇게 제 나름의 느낌이나 뜻을 가지고 있지요.

살아 있는 색감 지도

시중에 나와 있는 어린아이들의 색칠 공부 책을 보면 빨강, 파랑, 초록, 노랑 같은 몇 가지 색을 칠하도록 해 놓기도 합니다. 이런 식으로 아이들에게 생각 없이 정해진 색을 칠하도록 하면 오히려 몇 가지 원색에 갇혀서 풍부한 색감을 오히려 죽일 수 있다고 봅니다.

나 같으면 색감 지도는 아주 어릴 때 들로 산으로 다니며 철마다 변하는 온갖 자연의 색을 느끼도록 하는 것으로부터 시작하겠습니다. 봄에는 나풀나풀 살아나는 연두색과 밝고 빛나는 노란색, 분홍색, 여름에는 싱싱하게 살아 있는 초록, 가을에는 울긋불긋 고운 단풍 색깔을 눈으로, 온몸으로 마음껏 느끼도록 하고, 그 온갖 색깔을 물감으로 표현해 보도록 하겠습니다.

또 자연에서 나는 것들로 물감을 만들어 칠해 보도록 하고 그것으로 그림도 그려 보도록 하겠습니다. 채색 지도는 이렇게 색감을 풍부하게 기르는 것이 먼저라는 말이지요.

그런데 나는 아이들에게 그렇게 지도해 보지는 못했습니다. 그저 자유롭게 색깔 표현을 해 보라고 한 것밖에 없습니다. 그래도 자신이 표현한 색깔에는 제 감정이 담겨 있겠지요.

친절하게 잘 지도한다고 여기는 이런 색깔을 칠해라, 저기는 저런 색깔을 칠해라, 하면서 깊이 간섭하지 말길 바랍니다. 여기에 내보이는 채색 그림은 아직 관념에서 벗어나지는 못했지만 이 같은 방법으로 지도받은 아이들이 그린 그림 가운데 몇 편입니다.

채색 그림 그리기

작은 동물

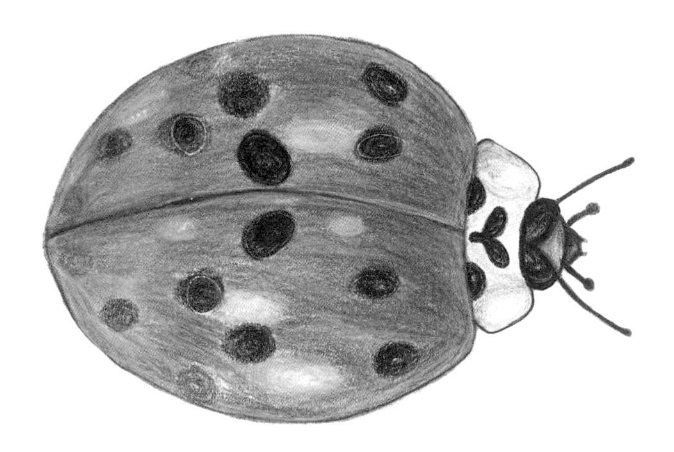

무당벌레

대구 동호초등학교 4학년 전서영, 2010년 11월 28일

무당벌레는 귀엽다. 꼭 콩을 반으로 잘라 엎어 놓은 것 같다. 바탕색은 빨간색인데, 어찌 보면 주황색 같기도 하다. 점은 검정색인데 한쪽 날개에 일곱 개다. 등에는 가운데 날개가 갈라지는 선이 있다. 날개는 반달처럼 생겼다. 가슴 부분 등쪽에는 점이 세 개 있는데 가운데는 꼭 새싹 모양 같다. 가슴 등쪽은 연두색을 띠기도 한다. 무당벌레는 거꾸로 뒤집히면 발을 사방으로 휘젓다가 날개를 펴면서 돈다.

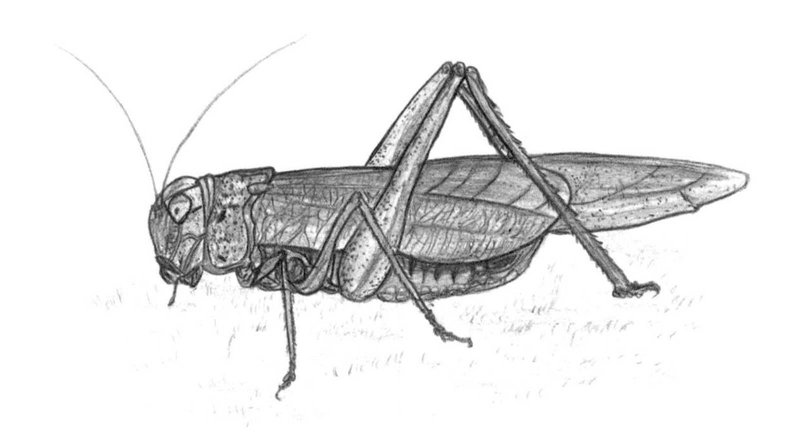

여치

대구 동호초등학교 4학년 최지현, 2010년 11월 12일

이 여치는 연한 연두색이다. 계절이 좀 지나서 그런지 자주색이 난다.
눈이 새끼손가락 손톱만 하다. 반쯤은 빨강, 반쯤은 연두색이다.
눈 바로 앞에 더듬이가 있는데 황갈색이고, 자세히 보면 줄무늬가 있다. 머리 뒤 가슴에는 다리가 붙어 있다.
발 부분은 고동색이고 아주 조그만 알 같은 것이 붙어 있다. 끝은 갈고리 모양이다.

채색 그림 그리기

작은 식물

망개

대구 동호초등학교 4학년 최지현, 2010년 11월 24일

망개를 관찰하게 되었다. 망개의 가지(덩굴)는 짙은 고동색과 황갈색의 빛이 나고 빨간 부분도 있다. 그리고 열매가 달려 있는 곳의 줄기는 주황색이다. 망개의 줄기에는 덩굴이 엉켜 있다. 줄기가 뻗어 있는 모양을 보면 어긋나기 형태로 뻗어 있다. 그리고 줄기에는 가끔 가시가 나 있다. 망개나무에는 열매가 있는데 붉은색으로 지름이 1.5센티미터이다. 열매는 약 3~8개씩 뭉쳐 달려 있다.

채색 그림 그리기

작은 식물

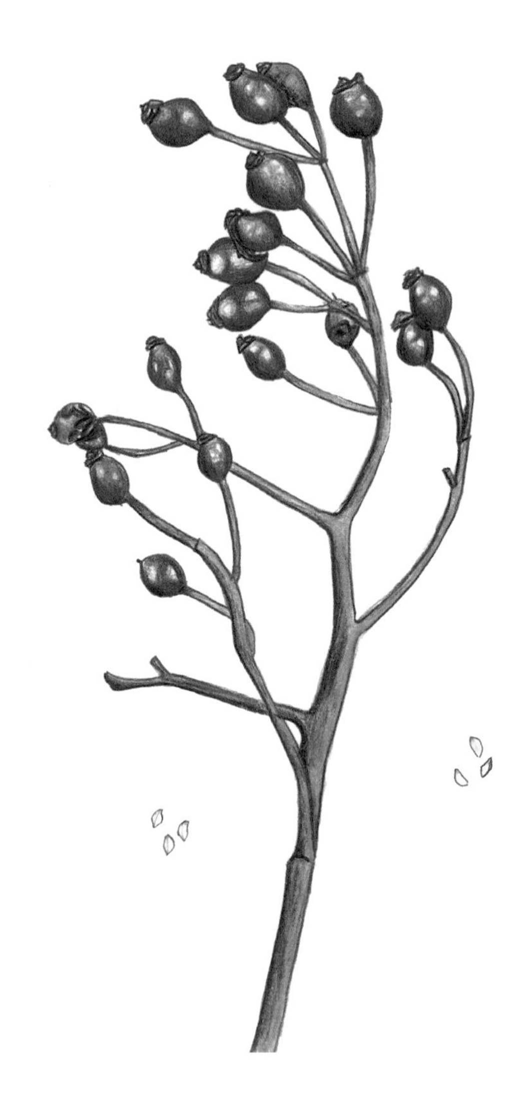

찔레

대구 동호초등학교 4학년 전서영, 2010년 11월 23일

내가 그리는 찔레 가지에는 열매 열여덟 개가 잔가지 끝에 달려 있다.
다 익은 찔레 열매는 진한 빨간색이고 덜 익은 것은 갈색빛의 어두운 주황색이다. 열매는 매끈하다.
열매 위에는 사람 얼굴에 갓을 쓴 것처럼 생긴 길이 3밀리미터, 너비 2밀리미터인 진한 고동색의 배꼽이 있다.
선생님 말씀으로는 토끼 같은 짐승들이 찔레 열매를 겨울에 먹고, 소화되지 않은 씨앗이 배설물로 나와서 다시 새싹이 돋아 퍼지는 거라고 한다.

화분의 식물

경북 경산 성암초등학교 2학년 권혁진, 2005년 10월 31일

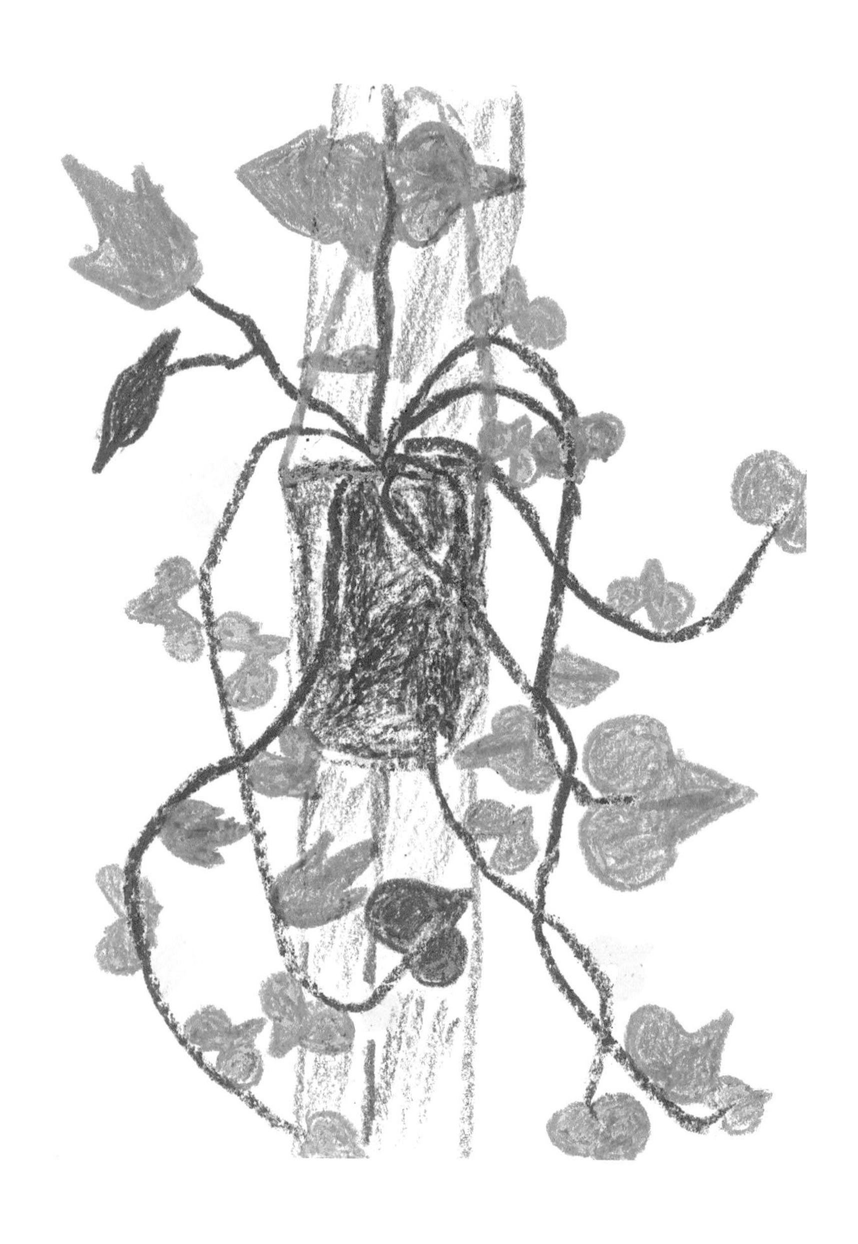

고구마 덩굴

경북 경산 성암초등학교 2학년 노예진, 2005년 10월 31일

채색 그림 그리기

생활 그림

감 파는 아저씨

경북 청도 문명분교 4학년 박주용, 2001년 11월

다리 없는 아저씨

경북 청도 문명분교 3학년 김성원, 2001년 12월 19일

채색 그림 그리기

생활 그림

감 따기

경북 경산 성암초등학교 2학년 이휘중, 2003년

맺는말

그림 그리기로 삶을 가꾸어 나가기를

지금까지 내가 해 본 '살아 있는 그림 그리기' 지도 방법 몇 가지를 내보였습니다. 아쉬운 점도 많습니다. 특히 그림 그리기에서 밝고 어두움(명암)을 나타내는 것은 아주 중요한 요소인데도 이것을 제대로 지도하지 못한 것이 아쉽습니다. 그렇더라도 형태를 뚜렷하고 자세하게 잘 그릴 줄 아는 우리 아이들이라면 그 표현 방법도 잘 알고 있을 테고, 조금만 지도해도 잘할 수 있을 것이라 믿습니다.

'채색 그림 그리기'도 조금 해 보았지만 남다르게 지도한 것이 없어 여기에서는 작품 몇 편만 내보이고, 내가 지도해 보고 싶었던 이야기만 조금 풀어 놓았습니다. 기회가 되면 채색 그림에 좀 더 마음을 두고 좋은 지도 방법을 찾아보아야겠다고 생각하고 있습니다. 또 '현미경 속 세상'을 꼭 그려 보도록 하고 싶었는데 하지 못한 것도 아쉬움으로 남습니다.

아이들은 대체로 즐겁게 그림을 그리지만 싫어하는 아이도 더러 있습니다. 이런 아이들은 그림 그리기에 흥미가 없어 그렇기도 하지만 지도 방법 때문이기도 합니다. 머리말에도 말했지만 너무 잘하려고 하지 말고 알맞게 쉬어 가면서, 재미를 붙이며 그리도록 해야 합니다. 결과보다 과정이 중요하다는 것도 한 번 더 마음에 담아 두고요.

그리고 자기 작품은 말할 것 없고 다른 사람의 작품도 소중하게 여길 줄 아는 마음을 가지도록 해야 합니다. 아이들의 그림이 함부로 내버려져 나돌아 다니는 걸 보면 참 마음이 아픕니다. 그 작품의 주인이 그림이 나돌아 다니는 모습을 보면 마음이 더 안 좋겠지요.

그림을 다 그리면 꼭 그린 날짜, 그림의 제목, 그린 이의 학교, 학년, 이름을 꼭 적도록 하기 바랍니다. 또 아이들의 작품을 그냥 묻어 두지 말고 발표하는 기회도 자주 만들어 주면 좋겠고, 잘 모아서 소중하게 간직할 수 있도록 해 주면 더욱 좋겠습니다.

무엇이든 그렇지만 그림 그리기 지도도 꾸준히 한다는 것이 쉽지는 않습니다. 그렇다고 몇 차례 지도해 보고 안 된다고 아주 포기하지는 않았으면 좋겠습니다. 조금은 힘겹고 바쁘더라도 시간을 내어, 아이들한테 자기표현을 마음껏 하게 하고 창조의 뿌리가 되는, 삶을 가꾸어 주는 이 좋은 교육을 조금씩 꾸준히 해 보기 바랍니다.

이호철 선생의 그림 그리기 지도에 대하여

삶, 그 한없는 창조의 샘

이오덕

자기표현이란 무엇인가?

초등학교에서는 미술 과목이 9개 교과 가운데 한 과목으로 되어 있는데, 이 미술 과목에는 만들기나 꾸미기도 있지만, 그림 그리기를 지도하는 시간이 가장 많다. 그리고 유치원에서는 그림 그리기가 더욱 중요하고 큰 자리를 차지한다. 학교 교육에서 왜 이처럼 아이들에게 아주 일찍부터 그림을 그리도록 하는가? 그것은 그림을 그리는 것이 자기를 표현하는 아주 중요한 수단이기 때문이다.

자기표현이란 무엇인가? 사람이 날 때부터 가지고 있는 여러 가지 욕망 가운데서, 먹고 입고 잠자고 하는, 사람의 목숨을 이어 가는 데 필요한 욕망 다음으로 강한 것이 자기를 나타내어 보이려고 하는 욕망이다. 이 욕망은 주로 말과 글과 그림으로 이루게 된다.

사람은 날마다 이것저것 보고 듣고, 온갖 일에 부딪혀 그것을 해결해 가면서 세상을 살아간다. 그렇게 살아가는 동안에 감정이 생겨나고 생각도 가지게 되어, 이번에는 자기가 가지고 있는 느낌이나 생각을 밖으로 내보내고 남들에게 알리고 싶어한다. 이것은 어른이고 아이고 다 같다. 만약 보고 듣고 배우고 겪고 당하기만 하여 끊임없이 밖으로부터 자극만을 받으면서, 마음속에 감정과 생각이 꽉 차 있는데도 그것을 조금도 밖으로 내보내지 못한다면 어찌 되겠는가? 그 사람은 가슴이 터져 죽거나 미치광이가 되거나 흉악한 범죄자가 되거나 달리 치료할 수 없는 병에 걸려 차츰 죽게 될 것이다.

이 자기표현이 얼마나 중요한가 하면 꼭 숨을 쉬는 것과 같다. 숨이란 들이마시고 내쉬고 하는 것이다. 밖에서 들어오는 것을 받아들이고, 자기 안에 생겨난 것을 내보내는 자기표현 또한 삶의 숨쉬기, 생명의 또 다른 숨쉬기다. 사람은 숨을 쉬지 않고 살 수 없듯이 자기표현을 하지 않고 살 수 없다.

만약 아이들이 학교에서 학원에서 교과서를 읽고 베껴 쓰고 외고 하는 공부만을 경쟁으로 하면서 자유로운 자기표현을 할 수 없다면 숨이 막혀 죽는 수밖에 없다. 곧 죽지 않는다고 하더라도 마음속은 이미 골병이 들 대로 들어서 시들시들 죽어 있을 것이다. 마치 길가에 서 있는 가로수가 무지막지한 사람들의 손으로 끊임없이 가지를 잘리고 둥치가 베어져서, 겉으로 보기에는 해마다 조금씩 잎을 피우지만, 속은 다 썩어서 텅 비어 버리고 껍질만 겨우 남아 있는 것과 같다. 이렇게 보면 이 자기표현의 욕망도 사실은 먹고 입고 잠자고 하는 것과 조금도 다름없는, 또 경우에 따라서는 더 한층 절실한, 자기 목숨을 지키려고 하는 본능이 되어 있다는 것을 알 수 있다.

자기표현을 못 하게 하는 교육

내가 어렸을 때 학교에서 배운 그림 그리기는 도화책(미술 교과서)에 나오는 그림을 그대로 베끼는 것이었다. 이렇게 어렸을 때 남의 그림을 보고 그대로 따라 그리는 버릇을 들여 놓으면 평생 자기를 나타내는 그림을 못 그리게 된다. 내가 그림을 못 그리는 그림 병신이 된 까닭이 이렇다.

그런데, 그때부터 60년이 지난 오늘날에도 그림을 그리게 하는 교육은 별로 나아진 것이 없다. 아이들의 그림을 보면 나무든지 산이든지 사람의 얼굴이든지, 어느 지방 어느 학교의 아이가 그린 것도 모두 비슷비슷하여 그야말로 '천편일률'이다. 개성과 생기가 없고, 부자연스럽고, 어린이다운 느낌이 없다. 삶이 없는 것도 한결같다. 이것을 달리 말하면 산과 들에 저절로 피어난 꽃이 아니라 사람의 손으로 만들어 놓은 플라스틱 꽃이라 할 수 있다. 아이들의 그림이 이렇게 된 까닭은 공책 표지나 책받침의 그림이라든가, 아이들이 읽도록 만들어 낸 거의 모든 책의 표지며 책 속의 그림이라든가, 또 만화와 텔레비전 따위의 영향도 크겠지만, 학교에서 가르치고 있는 그림이 그렇게 되어 있기 때문이다. 아이들은 실제로 무엇을 보고 겪고 행동하고 느낀 것을 그리는 것이 아니라 어른들이 좋아하는 것을 어른들이 그리라고 하는 모양과 색깔로 그리고, 어른들이 그려 놓은 그림을 옛날과 다름없이 베끼든가 그것을 흉내 내어 그린다. 그렇게밖에는 배우는 것이 없기 때문이다.

이러이러한 것을 그려라, 이 자리에는 이런 집을 배치하는 것이 구도가 짜이고, 이 나무는 무슨 색으로 그리는 게 어울리고……. 베껴 그리기가 아니라도 학교 교실이나 미술 학원에서 가르치는 그림 그리기란 것이 기껏해야 이런 것이다. 이런 것을 미술교육이라고 믿고 있는 어른들의 머릿속에는 미술대학 같은 데서 배운 그림에 대한 굳어진 틀이 꽉 박혀 있다. 그래서 아이들의 삶이고 느낌이고 하는 것을 찾아내려고 하지는 않고, 그렇게 할 줄을 도무지 모르고, 무엇이든지 어른이 가지고 있는 것을 끊임없이 아이들에게 주려고만 하고 쑤셔 넣기만 하는 것이니, 이것은 자기표현의 창조가 아니라 어른의 흉내만 내는 비참한 꼭두각시를 만드는 노릇이요, 인간 교육의 무덤을 만드는 짓이라 아니할 수 없다.

이러한 병든 미술교육은 병든 글쓰기 교육과 아울러 생각할 때 그 실상을 더욱 잘 잡을 수 있다. 글쓰기도 아이들이 저마다 보고 듣고 행동하고 느낀 것을 그대로 정직하게 쓰도록 해야 자기표현이 되어 싱싱한 글이 나오는 것인데, 학교에서는 오늘날에도 10년 전이나 30년 전과 다름없이, 아니 지난날보다도 훨씬 더 철저하게 쓸 거리를 정해 주고, 써야 할 내용을 지시하고, 글을 꾸미는 것이며 낱말까지 교사가 시키는 대로 따라서 쓰게 하고 있다. 무엇보다도 교과서란 것이 이렇게 되어 있어서 아이들은 꼼짝도 못하고 그저 쓰라는 대로 쓰고, 쓰라는 것만 쓴다. 어디 손톱만치도 자기표현을 할 틈바구니가 없이 꽉 막혀 있다. 참으로 기가 막히고, 어이가 없는 일이다. 학교 교육에서 아이들이 자기를 표현하면서 자라나게 하는 가장 중요한 두 가지 수단인 글쓰기와 그림 그리기가 이렇게 아주 암흑 상태로 되어 있으니, 우리 아이들이 어떻게 살아나겠는가?

그림 그리기는 말하기 다음으로 아이들 누구나 일찍부터 즐겁게 잘할 수 있는 자기표현의 길이다. 그런데 초등학교 1학년부터 이렇게 자기표현을 할 수 없게 하는 비참한 훈련을 받아 온 우리 아이들이, 얼마 전부터는 학교에도 들어가지 않은 대여섯 살 때부터 그만 그 아까운 창조의 싹을 여지없이 짓밟혀 버리고 있다. 유치원에 들어갔다고 하면 아이들은 모두 그림 병신이 되고, 미술학원에 나간다 하면 죄다 평생 그림으로 자기를 나타내는 재능을 잃고 만다고 나는 본다.

여기서 '색칠하기 그림책'의 문제만을 말하겠다. 오늘날 거의 모든 유치원에서 아이들에게 시키고 있는 것이 색칠하기 그림책을 주어 색칠을 하게 하는 짓이다. 이것은 선으로 어떤 모양을 테두리만 그려 놓은 그림에다가 색칠을 하도록 하는 것이다. 이 색칠하기 그림이 얼마나 아이들에게 해독을 주는가 하는 것은 아직도 대부분의 교사와 부모들이 모르고 있다. 부모들은 아이들이 색칠만 해 놓은 그림을 보고 우리 아이가 이렇게 훌륭한 그림을 그렸구나 하고 만족스럽게 여긴다. 아이들 자신도 어른이 그려 놓은 그림에다가 색칠만 하는 편리하고 편안함을 좋아한다. 그런데 이런 색칠하기를 몇 번만 하면 그만 그 아이는 평생 남의 그림에 기대어 흉내 내는 짓밖에 못 하고, 자기 자신의 그림을 창조할 수 없게 된다. 이래서 이런 아이들이 초등학교에 들어가면 다시 또 어른들이 그려 놓은 그림을 베끼거나 흉내 내는 짓을 당연히 해야 할 그림 공부로 알고, 삶이 없고 생기가 없는 죽은 그림을 그리면서 그 자신도 죽어 가는 것이다.

이호철 선생의 그림 지도

이호철 선생의 그림 그리기 지도는 바로 눈앞에 있는 어떤 사물을 보고 그리게 하는 데서 시작한다. 이 지도는 무엇을 얼마나 잘 보고, 본 대로 정확하고 자세하게 그리는가 하는 것이 목표가 된다. 이 목표를 이루기 위해 어떤 용구를 쓰는 것이 좋은가, 어떤 마음가짐으로 그려야 하는가를 가르칠 필요가 있었을 것이다. 또, 선을 어떻게 긋는가, 사물의 테두리나 움직임을 나타내는 데 곡선이 얼마나 중요한가를 깨닫게 하고, 여러 가지 물건이 가지고 있는 바탕에 대한 느낌까지도 나타내기 위해 그 모양을 아주 자세하게 현미경으로 살펴보듯이 보고서 그 특징을 점과 선과 온갖 선의 변화로 나타내는 방법을 찾아내었다. 이래서 여러 가지 나무와 풀을 그리게 하고, 자동차와 그 밖에 온갖 기계 기구를 그리게 하고, 동무들의 얼굴을 그리게 하고, 손을 그리게 한다. 이와 같은 지도를 받아서 그려진 아이들의 그림을 보면 놀랄 만큼 싱싱하게 살아 있는 그림이 되어 있다. 언제나 어른들의 흉내만 낸 그림, 개념으로 된 그림, 생기가 없고 틀에 박아 낸 듯한 그림만을 보아 온 우리 나라 어른들이나 아이들이 이호철 선생이 담임한 아이들의 그림을 보고 놀라고 충격을 받는 것은 당연하다.

대체 이 그림 지도의 비밀은 어디에 있는가? 이 그림들을 보지 않은 사람은 더러 말할 것이다. "그림을 그리는데 무엇을 바로 눈으로 보고 꼭 그대로만 그리게 한다면 얼마나 재미없는 그림이 되고 또 비슷비슷하게 닮은 그림이 되겠는가? 그림이란 느낌이 들어가고 꿈이 나타나야 재미가 있고 산 그림이 되지." 하고 말이다. 마치 글쓰기에서 삶을 떠난 상상을 써야 좋은 글이 된다고 말하는 것과 똑같이.

그러나 아이들에게(어른들도 그렇지만 더구나 아이들에게) 사물이 중요하고 현실이 중요하고 삶이 모든 창조의 근원이 되고 뿌리가 된다는 것은, 백 가지 이론을 말할 필요가 없이 바로 이 그림을 보면 너무나 훤히 알 수 있다. 삶을 떠난 글쓰기가 흉내로 거짓으로 떨어지는 것과 같이 사물을 떠난 그림도 그렇다. 아이들이 죽은 그림을 그리는 것은 어른이 주된 생각, 곧 개념을 그리게 하기 때문이다. 무엇을 바로 눈앞에 두고 본다는 것은 현실이다. 그것을 보고 그대로 그릴 때는, 그때까지 머릿속에 꽉 박혀 있었고 손끝에 길들여져 있던 모든 개념이 산산조각으로 되어 흔적도 없이 시원스레 사라진다. 그래서 오직 사실만이, 진실만이, 감동만이 잡히게 되는 것이다. 창조의 열쇠란 바로 이것이다. 세상에서 진리를 찾는 방법을 말하면 제 눈으로 보고, 손으로 만지고, 냄새를 맡고, 땀 흘려 일하고…… 이보다 더 확실하고 좋은 방법이 어디 있겠는가?

또, 이 창조의 진실은 사람마다 다른 자리와 눈과 마음을 통해서 제각기 달리 나타난다. 여기 가장 단순한 어떤 물체, 가령 물그릇이나 공을 하나 가운데 놓아두고 그것을 많은 아이들이 둘러앉아 그린다고 하더라도 열이면 열 사람, 스물이면 스무 사람이 그려 놓은 것이 모두 다르고, 다를 수밖에 없는 것이다.

이호철 선생의 그림 지도는 무엇을 바로 눈앞에 두고 보면서 그리게 하는 것으로 끝나지 않는다. 그다음에는 사람이 움직이는 것, 일하고 놀고 하는 것, 곧 살아가는 사람의 모습을 그리게 한다. 그리고 사실은 이렇게 사람이 살아가는 모습을 그리도록 하기 위해 어떤 물체를 가까이 두고 자세하고 정확하게 그리는 공부를 하게 하는 것이고, 사람의 얼굴이나 손을 그리게 하는 것이다.

그런데 사람이 움직이는 모습을 그리는 것은 매우 어렵고 힘들다. 나날이 살아가는 사람의 모습을 잡아서 그릴 때는(자기 이야기, 자기가 한 것을 그리는 것도 다 이 경우인데) 바로 눈앞에 그 사람을 보고서 그리는 것이 아니라 이미 지나간 것, 기억 속에 있는 것을 다시 생각해 내어서 그리는 것이다. 따라서 초등학생들이 그리는 생활 그림은 상상화와 사생화의 중간쯤 되는 것, 또는 상상화와 사생화가 하나로 된 것이라 생각한다. 그래서 보고 그리는 그림 공부가 나아감에 따라 이 생활 그림도 상상의 요소가 적어지고 차츰 더 정확한 그림이 되어 가는 것은 당연하다.

대관절 초등학생이 그리는 생활 그림에서 어느 정도의 사실성과 표현의 정확성을 요구할 수 있는가? 이것은 지도하는 사람의 역량에도 달려 있는 문제라 함부로 말할 수는 없을 것이다. 다만 아이들의 그림이 사실성에서 얼마쯤 서투르게 그려져 있더라도 거기 나타난 순진한 아이들의 눈으로 잡혀 있는 재미있는 삶의 모습이라든가, 어린이다운 싱싱한 느낌의 표현은 어른들이 따를 수 없는 귀하고 값진 것으로 보아야 하지 않겠나 싶다.

아이들한테서 배운 그림

여기서 내가 지도한 그림 이야기를 좀 해 본다. 나는 오랫동안 아이들이 무엇이든지 그리고 싶은 것을 마음대로 생각해서 그리는 그림에만 관심을 가지고 있었다. 이런 그림을 자유화, 또는 상상화라고 하는 모양인데, 이런 말도 몰랐다. 다만 도화책이나 미술책의 그림을 보고 베끼게 하는 그림 지도가 아주 해롭다는 사실을 깨닫고, 또 한편 교사가 제멋대로 무엇을 어떻게 그려라, 어떤 색을 칠하라고 하는 지도가 아주 잘못되었다는 사실을 알고, 그런 잘못을 저지르지 않으려고 하다 보니(사물을 보고 그리게 하는 것은 재미가 덜하다 싶어), 그만 '무엇이든지 그리고 싶은 것을' '남의 흉내를 내지 말고 마음대로' 그리라고 했던 것이다.

아이들은 본래 그림 그리기를 좋아한다. 그리기를 어려워하고 싫어한다면, 그것은 자기표현이 될 수 없는 흉내를 내게 하고 어른들이 멋대로 만든 틀에 집어넣으려 하기 때문이다. 그리고 싶은 그림을 열심히 그리고 있는 아이들의 얼굴은 얼마나 행복해 보이고 아름다워 보이는가! 어쩌다가 남들이 그리는 것을 구경하면서 돌아다니는 아이가 한 교실에 한둘쯤 있기는 하지만, 거의 모든 아이들이 그야말로 온몸으로 그린다. 어떤 아이들은 좀 일찍 그리기를 끝내고, 어떤 아이들은 아주 단순한 그림인데도 무척 애를 써서 그리면서 종이 쳐도 일어날 줄 모른다. 이런 아이들은, 자기가 그렇게 정성을 다해서 그려 놓으면 선생님이 반드시 그것을 인정해 준다는 것을 믿고 있는 것이다.

나는 이런 아이들의 그림과 그림 그리기에서 참 많은 것을 배웠다. 그 가운데서 몇 가지만 들어 본다.

첫째, 아이들의 그림은 어디까지나 아이들의 삶을 나타낸다. 가령 어느 아이가 소 한 마리를 그렸다면, 그 소는 어디서나 볼 수 있는 개념의 소가 아니다. 오늘 아침에 자기가 여물을 갖다 준, 마구간에서 여물을 먹고 있는 소거나, 어제 저녁때에 가서 본, 새끼를 낳아서 그 등을 핥고 있는 이웃집 어미 소거나, 아무튼 언제 어디서 본 그 어느 소를 그리는 것이다.

둘째, 아이들은 아무것도 가르치지 않아도 연필로 단순한 선을 그어서 참으로 아름다운 형태를 만들어 낸다. 아니, 가르치지 않기에 이런 창조를 한다. 만약 어른이 이래라 저래라 한다면, 그런 창조는 절대로 할 수 없다. 그리고 크레용이나 크레파스로 그릴 때도 색을 선택하고 색에 맞춰 그리는 것을 놀랄 만큼 훌륭하게 해낸다. 학년이 낮은 아이들일수록(그러니까 그림책이나 어른들의 영향을 덜 받은 아이들일수록) 그렇다. 따라서 특별 활동을 하는 미술부나 학원에서 교사가, 이런 데는 무슨 색이 어울리고 여기는 이런 색을 맞춰야 하고 해서 지도하는 것은 바로 아이들이 날 때부터 가지고 있는 재질을 아주 싹 뭉개 버리는 노릇임을 이 아이들이 잘 알려 준다.

셋째, 시험 점수 따기 공부를 못 하는 아이일수록 남의 그림을 흉내 내지 않고, 순진하고 아름다운 자기 그림을 그린다는 것도 큰 발견이었다. 이것은, 시험 점수가 좋지 않은 아이들 가운데 훌륭한 시를 쓰는 아이가 많았다는 사실과 함께, 오늘날의 학교 교육을 어떻게 해야 할 것인가 하는 문제를 깊이 생각하게 한다.

넷째, 앞으로 온몸으로 그린다고 했는데, '공부'란 것을 잘하는 아이들은 대체로 손끝으로 머리로 그리지만, '공부'를 못하는 '뒤떨어진 아이들'은 이렇게 온몸으로 그린다. 이렇게 온몸으로 그리는 아이들한테서 내가 배운 것은 천천히 그리는 태도다. 이른바 재주가 있어서 공부를 잘한다는 아이들은 책의 그림이나 높은 학년 학생들의 그림을 아주 재치 있게 잘 흉내 내어서 그린다. 그래서 머릿속에 이미 어떤 형태에 대한 개념이 들어 있어서 연필을 빨리 움직이는 것이다. 미술을 가르치는 선생님도 흔히 "대담하게 쓱쓱 그려라." 하고, 그려 놓은 그림을 보고 평가란 것을 할 때도 "이 그림은 아주 힘차고 대담하게 그렸어." 하고 칭찬한다. 이래서 미술교육은 아이들을 다 망치는 것이다. 흉내를 내니까 빠르게 그리고, 개념을 되풀이하니까 쓱쓱 '힘차게' 그리지, 처음으로 무엇을 빚어내는데 어떻게 마구잡이로 쓱쓱 할 수 있겠는가. "될 수 있는 대로 천천히, 생각하면서 그려라." 이것이 내가 아이들에게 자주 해 준 말이다.

다섯째, 아이들의 그림은 아이들 저마다의 몸과 마음과 삶의 환경이 낳은 어쩔 수 없는 열매라는 점도 알게 되었다. 아이들의 그림은 아이들의 건강을 진단하는 귀한 자료가 된다는 주장을 나도 어느 정도 믿는다. 그만큼 '그리고 싶은 것을 마음대로' 그리는 지도는 중요하다.

"무엇이든지 마음대로 그려라."고만 한다고 해서 미술 시간에 아이들을 아주 버려 두고 교사는 딴짓을 하는 것이 아니라는 것은 지금까지 적은 말에서도 대강 짐작할 것이다. 어떤 사람은 "아이들이 그림을 그리는 시간에 교사가 할 일은 그 아이들과 같이 열심히 그림을 그리는 것이다. 그보다 더 좋은 가르침은 없다."고 했다. 정말 그렇게 한다면 얼마나 좋은 교육이 되겠는가?

상상화에서 사생화로

그런데 이 자유 상상화를 여러 해 지도했더니, 그 이상 더 나아가지 못하고 길이 꽉 막힌다는 생각을 하게 되었다. 대부분의 아이들 그림이 늘 그 모양으로 그려져 나오는 상태가 되었고, 이것을 달리 어떻게 해 볼 길이 없었다. 그래서 그 다음에 해 본 것이 무엇을 눈앞에 보고 그리는 것이었다.

가령 연필이나 칼, 나뭇잎이나 해바라기꽃 같은 것을 그리게 한다든지, 동무의 얼굴이나 아버지 어머니의 얼굴을 그리게 한다든지 했다. 그랬더니 뜻밖에 아이들의 그림이 새로워지고 생기를 띄게 되었다. 이호철 선생은 보고 그리는 그림을 4, 5, 6학년 학생들에게 그리게 하면서, 더 낮은 학년에서도 정도에 맞는 방법만 생각한다면 충분히 할 수 있을 것이라고 했는데, 나는 분교장 2, 3학년 아이들에게 지도했다.

동무의 얼굴을 그리게 했는데, 그 방법은 이호철 선생이 한 것과 비슷하다. 다만 크레용을 쓴 것이 다르다. 처음에는 2, 3학년 아이들이 얼굴을 보고 그리겠는가 의심을 했는데, 그리는 것을 보니 아주 놀라웠고, 내가 얼마나 아이들을 모르고 그림의 세계를 몰랐던가를 크게 깨달았다. 지금도 그때 그려 놓은 아이들의 그림을 가지고 있는데, 그 가운데 한 장은 농촌 아이들의 시를 모아 놓은 책《일하는 아이들》첫 장에 나와 있다.

이 사생화 지도에서 내가 깨달은 여러 가지 가운데 하나가 상상화를 어느 학년까지 하는 것이 좋고, 사생화를 어느 학년에서 시작하는 것이 옳은가 하는 문제다. 그때까지 나는 1학년은 거의 상상하는 그림만 그리게 하고, 학년이 올라가면서 차츰 이를 줄여, 보고 그리는 그림을 많이 그리게 해서 6학년이 되면 거의 보고 그리는 그림만 그리게 해야 한다고 생각했다. 이것을 그림으로 그리면 다음과 같다.

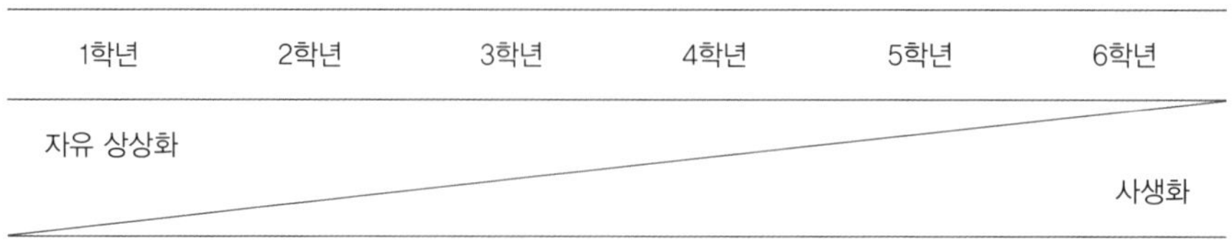

1학년	2학년	3학년	4학년	5학년	6학년
자유 상상화					
					사생화

그런데 분교장에서 2, 3학년 아이들에게 사생화를 그리게 한 뒤로는 그림 지

도에 대한 생각이 많이 바뀌었다. 우선 아이들이 그림을 상상화와 사생화, 또는 생활 그림으로 아주 딱 갈라놓고는 이런 그림들이 아주 딴 세계에서 그려지는 것이라고 보는 생각부터 잘못이라는 것을 깨달았다. 아이들이 그리는 그림은 모두가 생활 그림이다.(어쩌다가 그릴 수도 있는 공상 그림만은 우선 제쳐 놓고) 다만 그림 그리는 방법에서 눈앞에 있는 것을 보고 그리는가, 아니면 조금 전에 본 것, 오늘 아침이나 어제 본 것, 겪은 것을 다시 생각해 내어서 그리는가 하는 다름이 있을 뿐이다. 이럴 때 편의상 앞의 것을 사생화라 하고 뒤의 것을 상상화라 하는 것은 괜찮다.(물론 아이들에게 이런 말을 가르칠 필요는 없다.) 하지만 이 두 가지가 다 삶을 그리는 생활 그림이란 사실만은 잊으면 안 된다.

보고 그리는 그림과 본 것, 겪은 일을 되살려 그리는 그림의 지도 비율은 1학년부터 6학년까지 대체로 반반으로 할 수 있고, 이렇게 하는 것이 좋다고 본다. 이것을 그려 보면 다음과 같다. 중고등학교의 그림 그리기도 이와 같이 하는 것이 옳지 않겠나 생각한다.

	1학년	2학년	3학년	4학년	5학년	6학년
생활 그림	눈앞에 있는 것 보고 그리기					
	겪은 일 되살려 그리기(본 것, 들은 것, 한 것 그리기)					
공상 그림	보이지 않는 것, 볼 수 없는 것 그리기					

여기서 몇 가지 설명을 해 두겠다.

① 눈앞에 있는 것을 보고 그리는 그림은 그 그림 자체가 훌륭한 자기표현이 되기도 하지만, 이 그림 그리기는 또 겪은 일을 되살려서 그리는 삶의 그림을 더 싱싱하게, 자연스럽게, 사실에 가깝게 그리기 위한 바탕을 수련하는 그림 공부이기도 하다. 이 지도에서 1, 2학년이면 눈앞에 갖다 놓거나 그 가까이에 가서 그 대상에 대한 이야기를 해 주고, 또는 그 대상을 이용해서 함께 놀거나 활동하게 한 다음에 그것을 그리게 하는 것이 좋다. 그러면 아이들 가운데는 그것을 여

러 번 보면서 그리는 아이도 있겠고, 잠시 한 번 보고는 마음에 들어온 그것을 그리는 아이도 있을 것이다. 또, 한참 그리다가 생각이 나서 그것을 다시 볼 수도 있다. 아무튼 아주 어린 아이들에게 사생화를 그리게 한다고 무엇을 갖다 놓고 자꾸 자세하게 보라고 하는 재미없는 말은 안 하는 것이 좋다. 4학년 이상이 되면 물론 그려야 할 것을 자세하게 살펴서 그 특징을 잡도록 해야 하겠고, 그것이 갖는 아름다움도 느끼도록 할 수 있을 것이다.

② 겪은 일을 되살려 그리는 그림(상상화)이라고 해서 반드시 자기가 그리는 것이 언제 어디서 있었던 무슨 일이란 것을 스스로 깨닫지 못할 수도 있다. 낮은 학년 아이들이 그러하다.

③ 아주 어쩌다가 그릴 수도 있는 그림으로 공상 그림의 자리를 한쪽에다 겨우 조금이지만 두고 싶은 것은, 아이들의 삶을 공상-초현실의 세계에서 좀 더 넉넉하게 가꾸어 갈 수도 있겠다는 생각에서다. 도깨비 이야기나 호랑이 이야기를 읽고 그림을 그리게 하면 공상 그림이 된다. 그런데 요즘 아이들은 공상 과학 이야기나 공상 과학 만화를 많이 보고 읽고 하여 이런 공상 그림을 그리라고 하면 책에 나오는 그림이나 텔레비전에서 본 것을 그대로 흉내 내기만 하니, 공상 그림으로는 아이들의 창조력을 가꾸기가 어렵게 되었다.

오늘의 미술교육이 안고 있는 문제를 해결하는 길

우리 나라 화가들의 그림을 고루 다 살펴보지 않아서 그런지는 모르지만, 내기 보기로 우리 미술계는 소 한 마리 제대로 그린 그림을 보기가 아주 힘들다. 그러니 사람의 얼굴이며 사람의 삶을 어떻게 제대로 그려 내겠는가? 더구나 요즘 와서는 이제 한창 그리는 공부를 해야 할 젊은이들이 동물이고 나무고 사람이고 할 것 없이 제멋대로 우습게 만화처럼 그려서 책과 온갖 인쇄물에 싣고 있는데, 이런 것이 모두 예술 작품으로 그린 것은 아니라고 하더라도 그림이 죄다 이 꼴이 되고, 이것이 아이들 그림에 영향을 주는 것은 분명하니 여간 한심한 일이 아니다.

어느 자리에서 그림 이야기가 나와서 내가 "요즘 그림 그리는 사람은 풀 한 포기 제대로 그릴 줄 몰라요. 우리 아이들을 그려 놓았다는 것이 서양 아이 얼굴로 되어 있기가 흔하고, 염소를 그린 것이 강아지가 되어 있기도 예삽니다." 이렇게 말했더니 화가 한 분이 대답했다. "그림은 사진이 아닙니다. 사물을 있는 그대로 그리는 것이 그림이 아닙니다."

사실 이렇게 말하면서 제멋대로 된 괴상한 그림을 편드는 사람이 뜻밖에 많다. 이 사람들이 편들어 옹호하는 것이 추상화란 것이다. 사물을 있는 그대로 정확하게 보여 주는 것은 사진이 할 일이고, 그림은 사실과는 다른 모양으로 그려야 예술이 된다는 것이다. 그러니 무엇이든지 제 기분대로 그리기만 하면 다 창조품이 된다. 게으른 화가들로서는 추상화란 것이 참으로 편리하고 고마운 도피처가 되고 핑곗거리가 되는 셈이다. 이렇게 되면 그림을 그리기 위해 자연이고 사람이고 객관 사물을 관찰할 필요가 도무지 없다. 그저 방 안에 앉아 선과 색으로 마음 내키는 대로 장난기만 부리면 그만이다. 미술교육에서도 아이들에게 사생화를 그리게 할 필요가 도무지 없고, 사물을 잘 보라는 말도 소용이 없고, 사물에 대한 관심도 가지게 할 필요가 없다.

나는 실제 사물의 형태를 꼭 그대로 자세하게 그려야만 그림이 되고, 그런 것만 좋은 그림이라고 하는 것이 아니다. 원시인들이 그려 놓은 동굴의 그림이라든가, 옛사람들이 쓰던 여러 가지 생활품들에 새기고 그려 놓은 그림들은 사물을 자세하게 그리지 않았지만 간결한 선과 인상 깊은 색채로 우리를 감동하게 한다. 그런데 염소를 그렸다는 것이 개가 되어 있고, 우리 아이들을 서양 아이처럼 그려 놓고도 "그림은 사진과 다른 것입니다." 하고 변명해서야 어찌 되겠는가?

도대체 나는 오늘날 많은 화가들이 신이 나서 그리는 그 추상화란 것을 의심스럽게 본다. 서양 사람들이 시작한 추상화의 역사까지 들춰낼 것도 없다. 지금 우리 나라 추상화란 것을 보면 그것이 어떤 사회에서 그려지게 되는 그림인가를 환히 깨닫게 된다. 오늘날 화가들은 거의 모두 큰 도시에서 살고 있다. 자연을 볼 수 없는 콘크리트 구조물 안에 갇혀서, 땀 흘려 일하는 사람들의 삶을 모르고 살아가는 사람들이 어떻게 풀 한 포기, 나무 한 그루, 소 한 마리를 제대로 그릴 수 있겠는가? 사람이 살고 있는 모습을 제대로 잡을 수 있겠는가? 그래서 이런 분들이 그리는 것이 어쩔 수 없이 사물의 실상과 삶을 떠난 추상된 그림이 될 수밖에 없다. 오늘날의 추상화란 것은 삶의 예술이 아니다. 자본주의가 발달해서 사람이 도시로 모여들고, 화가들도 도시에 갇혀 살게 되는 역사의 과정에서 필연으로 생겨난 그림의 흐름임이 명백하다. 그래서 이 그림은 자본의 요구에 따라 대량생산을 하는 상품 선전의 수단으로 그 길을 열어 가는 것이다.

여기서 내가 문제로 삼으려는 것은 아이들 교육이다. 아이들은 결코 추상된 그림을 그리지 않는다. 어른이 보기에 추상화 같은 것이라도, 그것을 그린 아이로서는 뚜렷한 어떤 형상을 그리려고 한 것이다. 그러니까 무엇이든지 그 형상을 정확하게 그려 내어야 자기표현이 제대로 되는 것이고, 그렇게 할 수 있도록 도와주고 이끌어 가는 것이 교육이다.

그런데 지금 우리 나라의 그림 교육은 학교의 교실에서고 학원에서고 참된 자기표현이 되는 생활 그림을 그리게 하지 않는다. 삶 속에서 잡은 사물과 감정을 그리게 하지 않고 어른들 따라 어른들 그림의 흉내만 내도록 하고 있다. 아이들 삶이고 마음이고, 그림이란 것부터 제대로 알고 있다고 할 수 없는, 서양 그림과 일본 만화에 빠져 있는 어른들 흉내를 아이들이 내도록 하는 것이 그림 교육으로 되어 있으니 어처구니가 없다.

나는 이번에 이 글을 쓰면서 생각이 나서, 얼마 전에 구해 두었던 일본 미술교육의 고전이라고 하는 《자유화 교육》(自由化教育, 야마모토 가나에)의 복각판을 비로소 펴서 그 첫머리나마 읽었다. 1920년대 초에 서양화를 그리던 야마모토는 그때까지 베껴 그리기 중심으로 되어 있던 그림 교육의 병폐를 날카롭게 비판하여 아이들이 자유롭게 자기가 그리고 싶은 것을 그릴 수 있도록 하는 운동을 펴 나가서 일본 미술교육의 혁명을 일으켰다.

내가 이 책을 읽고 놀란 것은, 지금 우리 미술교육이란 것이 일본에서 70년 전까지 하고 있던 그 베껴 그리기며 흉내 내기 그림교육과 너무도 비슷하다는 사실이다. 일본은 그렇게 하여 벌써 70년 전에 미술교육을 아주 새롭게 하였지만, 우리 교육계에서는 그림교육을 바로잡으려는 운동을 어느 한 구석에서라도 하고 있다는 말조차 들은 적이 없다. 병든 교육을 바로잡는다든지, 교육의 알맹이를 채우는 일을 정치나 행정에서 해 주기를 바라는 것처럼 어리석은 생각은 없다.

아이들이 숨 막혀 소리 없이 죽어 가는 땅, 어디를 보아도 빛이라고는 찾아볼 수 없는 이 캄캄한 한밤중에, 참으로 놀랍게도 등불 하나를 켜 들고 선 사람이 나타났으니, 그 사람이 바로 이호철이란 교육자다. 이호철 선생은 지금까지 글쓰기 교육에서 상상을 뛰어넘는 노력과 정성으로 아이들 살리는 교육을 하여 수많은 교육자들을 일깨우더니, 이번에는 그림 지도에서 또 이런 일을 한 것이다. 이 선생의 교육 실천은 앞으로 더욱더 나아갈 것이지만, 이 책에서 보여 준 성과만으로도 우리 교육계는 물론이고 미술계에까지 큰 충격을 줄 것이라 확신한다. 지금까지 우리 나라 어느 초등학교, 어느 중고등학교의 교실에서도 이와 같이 싱싱하게 살아 있는 그림이 나온 적이 없었던 것이다. 그 숱한 화가들 그림도 이 아이들 그림 앞에서 빛을 잃고 말 것이다.

그런데 들으니까 이 그림을 본 화가들 말이 두 갈래라고 한다. 우리 어른들도 이렇게 못 그리겠다는 말이고, 또 하나는 "뭐 이렇게까지 그리게 할 것 있는가?" 하는 말이란다. 참 놀랍다는 말은 나도 같은 생각이다. 그런데 "뭐 이렇게까지……."란 말은 어떤 뜻에서 한 말일까?

두 가지로 풀이가 되는데, 첫째는 '아이들에게 이렇게까지 그리게 하는 것은 무리하다'는 것이고, 다음은 '이런 그림은 좋지 않다'고 보는 생각이다.

초등학생들에게 이렇게까지 그리는 훈련을 시키자면 얼마나 심한 억압이 있었겠는가, 그러니 이것은 무리한 교육이다, 이렇게 보았다면 이것은 아이들의 마음이고 능력이고 교육이라는 것을 모르는 사람이라고 할 수밖에 없다. 이런 그림을 그리게 하자면 지도 교사의 남다른 관심과 노력이 있었을 것이지만, 이것은 결코 아이들을 억누르거나 채찍질해서 이뤄 낼 수 있는 교육이 아니다. 내가 보기로는 시험 점수 따기 공부에 힘을 들이는 십 분의 일만 들여도 된다. 이것은 채찍이나 꾸중이 아니라 아이들이 즐겨 하고 싶어하는 관심과 흥미와 자기 표현에서 느끼는 즐거운 활동으로 이끌어 가는 것이다.

다음은 '이런 그림은 좋지 않다'고 보는 태도인데, 아마도 추상화란 것을 그리는 사람들이 이렇게 대할 것 같다. 사물을 그대로 자세하게 그리는 그림이 무슨 가치가 있는가 하는 생각을, 정말 이 아이들 그림을 보고 할 수 있는 것인지 모르겠다. 어찌 보면 저들도 못 그린 그림을 아이들이 그린 데 대한 시기심에서 나오는 말 같기도 해서 더 따지고 싶지도 않다. 이호철 선생이 맡은 반 아이들은 날 때부터 모두 그림 그리기에 남다른 소질이 있어서 이런 그림을 그리는 것이 아니다. 이것은 이 선생이 맡은 반 아이들이 또 모두 글쓰기에 별난 재주를 가지고 있어서 훌륭한 글을 저절로 쓰게 된 것이 아닌 것과 같다. 아이들은 그림이고 글이고 노래고 그 밖에 무엇이든지 잘할 수 있는 능력을 가지고 있다. 다만 우리는(교사와 부모와 행정 관리들) 이런 아이들의 숨어 있는 창조력을 싹트게 하고 키워 주지 못하고, 교육이란 이름으로 그것을 짓밟고, 그것이 터져 나올 수 없도록 꽁꽁 틀어막고, 온갖 잡동사니를 아이들 머릿속에 쑤셔 넣어서 숨통을 막아 버리는 짓을 하고 있을 뿐이다.

아이들의 창조력을, 아이들의 목숨을 어떻게 하면 살릴 수 있는가? 그 길은 뻔하다. 아이들에게 삶을 주는 것이다. 교과서와 참고서와 시험 공부와 학원에서 해방시켜야 한다. 아이들이 저마다 주인이 되어 살아가게(놀고 일하고 체험하게) 하고, 그렇게 해서 보고 듣고 활동한 것을 그리게 하고 쓰게 하고 노래하게 할 때 아이들의 창조력은 한없이 뻗어 나고, 그 목숨은 자기표현으로 싱싱하게 자라난다.

어떤 교육자도 교육학자도 교육행정가도 부모도 화가도 이 놀라운 아이들 그림을 외면할 수 없다. 모든 어른들이 그림 앞에서 저마다 어떤 책임을 느껴야 할 것이다. 이제 우리가 할 일은 한 사람의 교육자가 일으킨 이 '살아 있는 그림 그리기' 교육의 불길을 모든 교실에 불붙게 하는 일이다.

1994년 3월

2권 차례

그리기 지도 갈래별로 그림 찾아보기

사람 전체 모습 그리기

사람 몸 부분 자세히 그리기

선의 변화 살려 그리기

질감 살려 그리기

정보가 뚜렷한 물건 그리기

식물 관찰 그림 그리기

동물 관찰 그림 그리기

유물과 유적 그리기

풍경 그리기

생활 그림 그리기

저학년 그림 그리기 지도법

| 사람 그리기

| 식물 관찰 그림

| 동물 관찰 그림

| 생활 그림

빨리 그리기

채색 그림 그리기

살아 있는 교육 39

살아 있는 그림 그리기 1

자세히 보고 그리기

1994년 3월 30일 1판 1쇄 펴냄
2020년 5월 20일 고침판 1쇄 펴냄

글쓴이 이호철
편집 김로미, 박세미, 이경희 | **교정** 김성재 | **디자인** 산들꽃꽃
제작 심준엽 | **영업** 안명선, 양병희, 조현정, 최민용 | **잡지 영업** 이옥한, 정영지
대외 협력 신종호, 조병범 | **새사업팀** 조서연 | **경영 지원** 임혜정, 한선희
인쇄와 제본 (주)상지사P&B
펴낸이 유문숙 | **펴낸 곳** (주)도서출판 보리 | **출판 등록** 1991년 8월 6일 제9-279호
주소 (10881)경기도 파주시 직지길 492
전화 031-955-3535 | **전송** 031-950-9501 | **전자 우편** bori@boribook.com
누리집 www.boribook.com

값 26,000원

• 보리는 나무 한 그루를 베어 낼 가치가 있는지 생각하며 책을 만듭니다.

ISBN 979-11-6314-126-6 04370 (세트)
ISBN 979-11-6314-127-3 04370

이 도서의 국립중앙도서관 출판예정도서목록(CIP)은 서지정보유통지원시스템 홈페이지(http://seoji.nl.go.kr)와 국가자료공동목록시스템(http://www.nl.go.kr/kolisnet)에서 이용하실 수 있습니다.
(CIP 제어번호 : CIP2020018037)